Aconteceu longe demais

FUNDAÇÃO EDITORA DA UNESP

Presidente do Conselho Curador
Marcos Macari

Diretor-Presidente
José Castilho Marques Neto

Editor Executivo
Jézio Hernani Bomfim Gutierre

Conselho Editorial Acadêmico
Antonio Celso Ferreira
Cláudio Antonio Rabello Coelho
Elizabeth Berwerth Stucchi
Kester Carrara
Maria do Rosário Longo Mortatti
Maria Encarnação Beltrão Sposito
Maria Heloísa Martins Dias
Mario Fernando Bolognesi
Paulo José Brando Santilli
Roberto André Kraenkel

Editores Assistentes
Anderson Nobara
Denise Katchuian Dognini
Dida Bessana

PAULO RIBEIRO DA CUNHA

Aconteceu longe demais

A luta pela terra dos posseiros em Formoso e Trombas e a revolução brasileira (1950-1964)

editora
unesp

© 2007 Editora UNESP

Direitos de publicação reservados à:
Fundação Editora da UNESP (FEU)
Praça da Sé, 108
01001-900 – São Paulo – SP
Tel.: (0xx11) 3242-7171
Fax: (0xx11) 3242-7172
www.editoraunesp.com.br
feu@editora.unesp.br

CIP – Brasil. Catalogação na fonte
Sindicato Nacional dos Editores de Livros, RJ

C98a
    Cunha, Paulo Ribeiro Rodrigues da
        Aconteceu longe demais: a luta pela terra dos posseiros em Formoso e Trombas e a revolução brasileira (1950-1964) /Paulo Ribeiro Rodrigues da Cunha. — São Paulo: Editora UNESP, 2007.

        Inclui bibliografia
        ISBN 978-85-7139-756-9

        1. Posse da terra — Goiás (Estado). 2. Posseiros — Goiás (Estado). 3. Camponeses — Revoltas — Goiás (Estado). 4. Movimentos sociais — Goiás (Estado). 5. Formoso (GO) — Condições rurais. 7. Trombas (GO) — Condições rurais. I. Título.

07-1084.   CDD: 333.76098173
                                                             CDU: 333.2.021(817.3)

Este livro é publicado pelo projeto *Edição de Textos de Docentes e Pós-Graduados da UNESP* – Pró-Reitoria de Pós-Graduação da UNESP (PROPG) / Fundação Editora da UNESP (FEU)

Editora afiliada:

Asociación de Editoriales Universitarias de América Latina y el Caribe

Associação Brasileira de Editoras Universitárias

Agradecimentos

Inicialmente, entre os entrevistados que autorizaram a menção de seus nomes, fica aqui meu agradecimento a José Fernandes Sobrinho, Dirce Machado, José Ribeiro, Sebastião Gabriel Bailão, Bartolomeu Gomes da Silva, Geraldo Tibúrcio. E igualmente aos demais militantes do Partido Comunista Brasileiro, especialmente Kallil Dibb, Maria Sallas, Antônio Ribeiro Granja, Lyndolpho Silva, Salomão Malina, Pedro Renoaux Duarte, Marly Vianna e Marco Antonio Tavares Coelho.

Essa gratidão é extensiva ao ex-governador Mauro Borges, pela entrevista a mim concedida, e aos muitos depoentes da luta de Formoso que optaram pelo anonimato em suas entrevistas.

Vale registrar um reconhecimento especial a minha orientadora e amiga Vera Chaia, que muito contribuiu de forma decisiva para este resultado. Foram anos de discussão até a fase final do trabalho, iniciado ainda na graduação. A polêmica respeitosa que se estabeleceu, a confiança que se formou e a amizade como resultado de um profissionalismo acadêmico e palavras escritas naquela ocasião da defesa estão ainda presentes, na medida em que aquele convívio me propiciou uma inserção gratificante no mundo da pesquisa.

Agradeço igualmente a presença e as sugestões da banca de mestrado, formada pelos professores José Paulo Netto e Elide Rugai

Bastos. Em relação à professora Elide Rugai, devo ainda registrar o especial agradecimento pelo estímulo decisivo ao doutorado, que me permitiu a continuidade de minha carreira acadêmica com outra temática, com resultados igualmente gratificantes.

Além deles, vale lembrar Kymie Tomasino e Maria Luiza Garnelo, amigas do mestrado que foram presentes nesse processo, além dos amigos Bosco, Ana e Edgar, a Teca, Silvana (Sil), Jair, Miguel Chaia, Alcides e Zenaide Soares.

Aos membros do Cepec: Bacural, Davi, Cláudio, obrigado pelo convite para participar do "Ciclo 50 anos de Trombas" e o meu reconhecimento por seus esforços em sua realização.

Agradeço aos meus colegas da Unesp de Marília e do Grupo de Pesquisa, Cultura e Política no Mundo do Trabalho; aos amigos do Instituto Astrojildo Pereira (IAP), que mantém acesa a chama de uma bela tradição de lutas e o compromisso com o futuro; aos membros do Núcleo de Estudos de Ideologias e Lutas Sociais (Neils), particularmente seu dinamizador, meu amigo e sempre mestre Lúcio Flávio de Almeida.

A meus pais, vale mencionar o apoio e o entusiasmo diferenciado ao longo deste processo e em minha trajetória; a minha mana Betina, os muitos diálogos; a Tiça, pela opção coragem.

Por fim, a meus amores que me permitem sonhar, viver e acreditar que um outro mundo é possível: meus filhos Gonçalo Luiz, Maíra, e minha companheira Meire.

SUMÁRIO

Apresentação   9
Introdução   13

1 Estratégia política e a questão agrária no período 1945-1964   63
2 A caminho de Formoso e Trombas   113
3 A organização dos posseiros   165
4 Impasses e estratégias de intervenção   221

Conclusão   283
Referências bibliográficas   291

Apresentação

Aconteceu longe demais desvela um dos momentos mais significativos da história brasileira, ao expor os mecanismos que fazem funcionar as lutas sociais, especificamente no campo. O autor, Paulo Ribeiro da Cunha, elege dois grandes eixos de análise que dialogam incessantemente entre si, justificando sua perspectiva marxista: a reconstrução histórica, recuperando a lógica dos acontecimentos, e a construção teórica, fundamentando a compreensão intelectual dos fatos.

O esforço para recuperar a história tem início nas inquietações do intelectual e do militante frente ao silêncio reflexivo e às poucas informações sobre a 'República de Formoso e Trombas', categorização comumente adotada na literatura política e acadêmica como referência a esse movimento camponês. O autor enfrenta assim a "existência misteriosa" de um período da história, assumindo uma posição extremamente consistente no interior da investigação sociológica, entendida no seu sentido amplo, por incorporar também a política e a antropologia.

A mesma curiosidade inicial do autor contaminará o leitor deste livro ao buscar compreender a República de Formoso e Trombas. O que foi esse momento da política brasileira? Para responder essa questão, Paulo Cunha realiza um exercício intelectual minucioso, abordando o período de 1950 a 1964 e centrando-se em Goiás, cenário onde eclode um movimento político envolvendo grileiros e posseiros. Esse processo de luta e de resistência contou com a participação do Partido Comunista Brasileiro – PCB – e de algumas lideranças camponesas que buscaram, num primeiro momento, a mediação do governo estadual de Goiás e obter o registro legal daquelas terras em conflito.

O PCB, ciente da potencialidade revolucionária daquele movimento social, enviou quadros do partido para organizarem a resistência dos posseiros. A fundação da Associação de Lavradores, em 1955, foi fundamental para a articulação desses camponeses e para a ação do Partido Comunista, bem como a criação dos "Conselhos de Córregos", que viabilizaram e facilitaram a comunicação e atuação dos posseiros que resistiam à repressão policial. A preocupação do autor é também analisar o descompasso entre a atuação local dos militantes comunistas e a diretriz traçada pelo comitê estadual em Goiás, o que leva a uma dinâmica própria do movimento, sem a aquiescência da direção partidária.

O movimento de Formoso e Trombas é complexo, envolvendo momentos diferenciados de ação política e de estratégias de luta, desde a busca de registro legal das terras em conflito até a eclosão de confrontos armados entre posseiros, jagunços e soldados, transformando a região em um "campo de luta". O autor busca compreender e analisar todos esses momentos, levanta as especificidades de cada fase e realça as interligações entre elas, com um discernimento e uma clareza que conduz os leitores às entranhas desse movimento.

Para compreender esse período histórico, o autor realiza uma criteriosa pesquisa de campo, entrevistando remanescentes do movimento, lideranças do partido, políticos da região de Goiás, além de analisar documentos que registraram os diferentes momentos de reflexão teórica e de atuação do PCB. Para tanto, realizou várias viagens à região e buscou compreender essa história complexa, cheia de meandros e de artimanhas políticas. Formoso e Trombas precisava ser desvendada para se conhecer esse período de lutas e confrontos no campo.

O segundo eixo que estrutura o livro está baseado na construção teórica para dar conta da análise do movimento. Assim, o autor reativa a discussão teórica sobre o modo de produção feudalista e capitalista no Brasil, retomando as teses de Caio Prado Junior, Alberto Passos Guimarães, Nelson Werneck Sodré, dentre outros, sempre sob o prisma de práticas políticas de grupos ou facções de classe. Também enfrenta e problematiza o conceito de "campesinato" e de "movimentos políticos" e "pré-políticos", retrabalhando teses presentes em Eric Wolf e Eric Hobsbawm.

De Antonio Gramsci, Paulo Cunha recupera dois conceitos que imprimem significados teóricos e políticos à sua análise, ao eleger as noções de "Partido Político", de "Hegemonia" e de "Conselhos". Neste sentido, o autor imprime maior consistência à compreensão da formação do movimento de Formoso e Trombas, focando claramente as ações políticas de indivíduos e instituições.

Como desdobramento deste esforço intelectual para compreender a história e estruturar conceitos explicativos, pode-se detectar duas idéias que pulsam nesta obra.

Primeiro, trata-se de um livro que permite vislumbrar diferentes dimensões da política: a micropolítica, por acolher as formações e lutas individuais, frisar o processo de libertação dos sujeitos e recortar um *locus* mínimo de ação política; a macropolítica, por investigar e esclarecer as atuações das organizações ou instituições (partidos, Estado etc.) e incluir o movimento no fluxo das relações de poder que se estabelecem na instância nacional (até as impossibilidades ditadas pelo golpe de 1964).

E, segundo, o livro expressa a idéia de que o "longe demais" está muito perto – possibilitando emergências no presente e no futuro. Cunha estuda esse movimento para buscar o sentido de permanência histórica – além de frisar a necessidade de resgate da história. O conhecimento dessa época aponta para a necessidade de resguardar a memória dos movimentos sociais no campo, a memória das lideranças camponesas e dos dirigentes políticos e da atuação do PCB, nesse rico período de efervescência política e ideológica do Brasil.

A busca incessante de relatos de testemunhas oculares desse período histórico é outro mérito do livro e do autor, que reconstrói a história desse movimento a partir de depoimentos e de documentos do PCB e reportagens produzidas pela imprensa da época. Paulo Cunha quer contar a história na versão dos vencidos.

As conclusões apresentadas permitem vislumbrar a potencialidade da política, o "estar sempre pronto a emergir" próprio da prática política dos sujeitos. Trazer o longe para perto. Compreender como é surpreendente a (reposição da) história.

*Vera Chaia**[*]
São Paulo, fevereiro de 2007.

---

[*] Professora de Política pela Faculdade de Ciências Sociais e do Programa de Estudos Pós-Graduados em Ciências Sociais e pesquisadora do Núcleo de Estudos em Arte, Mídia e Política da Pontifícia Universidade Católica de São Paulo.

Introdução

Vamos precisar de todo mundo
Pra banir do mundo a opressão
Para construir a vida nova
Vamos precisar de muito amor
A felicidade mora ao lado
E quem não é tolo pode ver
A paz na terra amor
O pé na terra
("O sal da terra", Beto Guedes
e Ronaldo Bastos)

Aconteceu longe demais poderia sugerir um acontecimento datado historicamente, geograficamente localizado, pouco expressivo ou influente nos grandes centros e nas regiões mais importantes do País. A titularidade e a leitura deste livro, todavia, remetem a luta dos posseiros de Formoso e Trombas a uma outra dimensão; talvez se refira mais a um sonho distante, uma utopia em construção e, por que não dizer, também uma vitória na história construída dialeticamente pelo campesinato brasileiro na luta pela terra e que até hoje não teve precedentes. Nada isolado de uma geração de militantes que idealizaram construir um outro País via um projeto revolucionário; mas seguramente, sonharam com uma sociedade mais justa, fraterna, socialista. A vitória foi localizada, mas abria pistas para se pensar a questão camponesa no Brasil, quando veio então o Golpe de 1964. Mas a dimensão maior a ser aprendida, bem como a tese e a hipótese principais que o autor deste livro quis recuperar e abrir possibilidades de diálogo devem-se ao fato de que o movimento de Formoso e Trombas sinaliza com segurança que o povo organizado é sujeito na história. E a história dessa organização e de seus militantes também remete à história do Partido Comunista Brasileiro (PCB) no período 1950-1964, com seus conflitos, tensões e vicissitudes.[1] Isso não é pouco; tanto é que, por um lado, Trombas foi negligenciado conjuntamente com dezenas de movimentos camponeses dos estudos acadêmicos, e os trabalhos mais recentes parecem valorizar somente o Movimento dos Sem-Terra (MST); por outro, a violenta repressão, que não poupou a região, seus militantes e sua história. Sobre este último aspecto, vale fazer um parêntese inicial.

A região de Formoso e Trombas foi invadida violentamente duas vezes: a primeira, pouco tempo depois do Golpe de 1964, por tropas da polícia e do Exército; nos anos 1970, ocorre a segunda invasão, dessa feita, somente com tropas do Exército. Na primeira invasão, dezenas de camponeses são presos e, não duraria muito tempo, parte da antiga liderança comunista na região, que estava foragida ou clandestina, também é presa, e muitos deles são barbaramente tortu-

---

[1] Desde sua fundação, em 1922, até 1961, o Partido Comunista do Brasil tinha como sigla PCB. Quando ocorre a cisão em 1962, passaram a existir o Partido Comunista Brasileiro (PCB) e o Partido Comunista do Brasil (PC do B). Em 1992, no X Congresso do PCB ocorrido em São Paulo, e decorrente de um inconcluso debate do IX Congresso no Rio de Janeiro, mas precipitado pelos acontecimentos do Leste Europeu, o PCB reestruturou-se com uma nova configuração e concepção partidária, adotando um novo nome: Partido Popular Socialista, com a sigla PPS. Nesse Congresso, também ocorreu uma cisão na origem dessa reestruturação, discordante dessa reformulação, que funda o Partido Comunista, sigla PC, reivindicando a continuidade da fundação em 1922 e que, posteriormente, recuperaria a sigla PCB. Para efeito de leitura e compreensão, sempre nos referiremos ao PCB como Partido Comunista ou Partido Comunista Brasileiro a partir da continuidade dessa matriz inicial fundada em 1922, e que, em relação ao núcleo de Formoso e Trombas, bem como aos comunistas do estado de Goiás, continuou sendo a referência política maior até 1964.

rados. Alguns militantes comunistas e mesmo camponeses são acusados de subversão, o que consistia, principalmente, em insinuar que a luta tinha por objetivo emancipar a área num território liberado do Brasil, estabelecendo ali uma república popular[2]. Geraldo Tibúrcio e outros antigos dirigentes são confrontados na prisão com uma cópia da *Constituição do Estado das Trombas*. Nela, dizia-se que Trombas é um Estado situado no Brasil Central, paralelo 14, norte de Goiás, parte integrante e autônoma sob regime russo, e, em seu território, são exercidos todos os poderes que explicitamente não são vedados à Constituição de Moscou. No 1º artigo está escrito que José Porfírio é o ditador; e em Trombas, no artigo 3º, são vedadas a publicação e a liberdade de pensamento. O artigo 8º versa que o direito de matar é livre e ficam impunes aqueles que assassinarem a bem do regime. Nos demais artigos, há um pouco de tudo: aqueles que estabelecem a garantia da inviolabilidade dos chefes no exercício dos mandatos; ou aquele que versa sobre a proibição de entrada de policiais dentro do perímetro do território, entre outros apontamentos.

Os artigos postos naquela *Constituição* em si eram de tal ordem estapafúrdios, que nem foram anexados aos processos acusatórios dos militantes, e até se duvidou durante algum tempo de sua existência. O documento, no entanto, existia e fora largamente divulgado em jornais conservadores,[3] sendo visto por vários militantes e pos-

---

2 Este mito de haver ali um território liberado ou mesmo uma república popular era uma estratégia de propaganda de setores conservadores com o objetivo de forçar uma intervenção em grande escala do Exército; e mais recentemente, esta concepção emancipadora confunde e coincide, com pequenas variações, na reprodução de citações em livros de autores de tendências teóricas e ideológicas diametralmente opostas, indicativas, de alimentar a leitura de um projeto revolucionário camponês que efetivamente encontrou nesse cenário da luta de Trombas elementos de factibilidade e superação, mas não desta ordem. Talvez, o conceito de Comuna fosse uma hipótese mais plausível, embora seja uma possibilidade de investigação. Sobre o conceito de república, como indicativo desta hipótese, ver: Delsy Gonçalves de Paula, Heloisa Maria Murgel Starling, 2006; Gomes, 2006; Moura e Souza, 2002.

3 *Jornal da Tarde* 7/8/1972 e 11/9/1971, e *O Estado de S. Paulo*, 11/9/1971. Há uma cópia desse documento no arquivo do Dops localizado na Universidade Federal de Goiás (UFG).

seiros quando presos. Sua autoria é desconhecida, mas há indícios de que fora elaborado em 1963 no cartório de Uruaçu, tristemente conhecido pela prática de grilagem de terras no estado de Goiás. Já a segunda invasão da região ocorreu em 1971, e foi mais violenta que a primeira. Embora a região estivesse politicamente tranqüila, os militares do Exército suspeitavam de ligações dos antigos posseiros de Formoso e Trombas com a Guerrilha do Araguaia no norte de Goiás, sul do Pará, e mesmo a existência de um plano articulado de revolta contra a ditadura. Conjuntamente a essas novas acusações de guerrilha, mais uma vez se somou a *Constituição do Estado das Trombas* como prova de subversão. Nada se provou, ficaram as seqüelas das prisões, torturas, e não foram poucas.

Nos anos 90, em Goiás, uma polêmica toma conta do estado sobre um dos últimos arquivos do Dops no Brasil ainda não abertos à sociedade civil. Após muitas desculpas, seguidas de recusa das autoridades policiais, muita resistência de setores do governo e até ameaças, o material finalmente foi entregue à guarda da Universidade Federal de Goiás (UFG). Com ansiedade, dezenas de militantes e ativistas sociais debruçaram-se sobre aquele arquivo na esperança de encontrar material para compor seus processos de anistia. A frustração foi geral, já que, sem ao menos terem a preocupação de manter a aparência, grande parte do arquivo praticamente esvaneceu-se com destino ignorado. Alguns dossiês apresentavam somente as páginas iniciais e finais; outros, nem isso, tendo somente a capa com o nome do ativista, tal a pressa em fazer desaparecer com parte daquele material. A preocupação ou tensão política maior na época estava relacionada diretamente com a Guerrilha do Araguaia cujos mortos se recusavam a calar. Mas o material do Dops também sugeria – em tese – que os militantes das lutas camponesas do pré-64 teriam finalmente a possibilidade de ser reconhecidos em seus legítimos direitos à anistia.

Com outras finalidades, pesquisadores estudiosos das lutas camponesas dos anos 50 esperavam encontrar subsídios para o desenvolvimento de suas pesquisas. O argumento era até razoável: a Guerrilha do Araguaia era muito recente, mas a revolta de Formoso e

Trombas é uma parte distante da história. Lamentavelmente, o dossiê sobre esse conflito último e seus militantes pouco acrescentou ao que os pesquisadores já sabiam por outras fontes. Havia alguns incompletos dossiês das lideranças que podiam ser consultados, mas a maioria consistia em informações biográficas e recortes de jornais. Vários tinham partes internas suprimidas, bem perceptíveis pelos saltos na numeração das páginas. De concreto, no restante do material, mas não inteiramente desconhecido de outras fontes, lá se encontrava a ata de fundação da Associação dos Lavradores nos distantes anos de 1950 e uma cópia muito apagada da *Constituição do Estado das Trombas*. Ao que tudo indica, a supressão do restante do material somente veio demonstrar como os movimentos sociais no campo despertam medo nas elites brasileiras, em particular, quando esse personagem – o campesinato – entra em cena.

Pautados pela perspectiva da Ciência Política, demos início ao desafio de compreensão do significado da luta camponesa de Formoso e Trombas e a intervenção do Partido Comunista Brasileiro, especialmente quanto às etapas de desenvolvimento e a penetração do capitalismo no campo no período 1950-1964. Decorre, no entanto, que sua problematização teórica e conceitual é ainda polêmica, particularmente quando relacionada aos movimentos sociais no campo a partir da virada do século, em que a adjetivação até então ideológica necessariamente passou a incorporar outras especificidades, como variáveis étnicas, religiosas, políticas e econômicas, refletindo cada vez mais a complexidade temática envolvida e a sociedade contemporânea. São muitas pistas que sugerem seu desenvolvimento, mas a singularidade desse objeto – a intervenção de um partido político e o campesinato em um processo revolucionário – remete a um estudo de caso específico e indica para o início de nossa reflexão o desenvolvimento de elementos de análise e apreensão, recuperação ou superação do significado político ou pré-político da luta. O debate é profícuo, de certa forma antigo, mas ainda é inconclusivo. Vamos a alguns apontamentos preliminares.

Inicialmente, a concepção de Movimento Social Político ou Pré–político é polêmica, e norteou em grande medida o debate sobre essa temática no final do século XX. Entre várias leituras, Eric Hobsbawm (s.d.) realizou uma interessante reflexão num ensaio que sugere que movimentos camponeses somente podem se constituir em movimentos políticos a partir da intervenção de agentes externos. Em uma outra linha de reflexão muito presente no debate acadêmico brasileiro, José de Souza Martins (1981) critica essa leitura a partir de um trabalho e demonstra a limitação dessa proposição quando confrontada com vários estudos de caso em que as críticas aos agentes de mediação se fazem presentes, bem como o caráter político de vários movimentos ao longo do processo histórico. Todavia, quanto à concepção e à apropriação histórica de movimentos camponeses da sociedade rural, é necessária uma análise cuidadosa, em especial em relação ao camponês e suas várias categorias, e esse é comumente analisado ideológica ou culturalmente no processo histórico pelas correntes marxistas como sendo conservador, atrasado, tradicional, e até mesmo contra-revolucionário. Como sugere Ianni (1988, p.101-13), é conclusivamente apontado que o campesinato não dispõe de condições de se tornar uma classe hegemônica. Nesse sentido:

> Subsiste ao longo do tempo e das lutas, como classe subalterna. Não formula um projeto alternativo para a organização da sociedade nacional. Luta desesperado para defender o seu modo de vida, um modo de vida diferente, dissonante daquele que se instala e se expande com a revolução burguesa.

Por essa razão, a questão do campesinato e a política vêm a ser, a rigor, uma problemática que está longe de seu esgotamento, especialmente quando procuramos analisá-lo por seu universo como um todo, ou por uma de suas características mais visíveis e potencialmente revolucionária, a luta pela terra. Dessa polêmica, verifica-se que o debate sobre o significado interveniente dos partidos comunistas junto ao campesinato é alvo de impasses e contradições ao longo da história.

Retomando a polêmica clássica, Eric Hobsbawm, ao procurar definir conceitualmente camponeses sob a óptica marxista, encontra uma primeira dificuldade ao analisar um conjunto de categorias tão heterogêneas quanto complexas, o que vem contribuir para uma compreensão equivocada desse como político. Hobsbawm seguramente procura diferenciar os camponeses quanto à forma de produção – economia familiar – dentro de um contexto agrário, ainda que tente se abster de realizar um recorte etnográfico rígido do homem do campo. Nessa linha, ainda que reconheça a existência de uma dinâmica social na estrutura camponesa, busca ao mesmo tempo enquadrá-los dentro de um processo de transformação (sendo previsto seu gradual desaparecimento), denominado modernização. Estariam ambas as situações inseridas em dois tipos-tronco: o primeiro comunal, que em princípio não é contraditório ao marxismo; o segundo, seria algo do tipo originariamente descrito por Marx, em que está presente dentro de uma concepção burguesa o elemento parcelar da terra, tendo por fundo a tradição de inibir uma oculta diferenciação social. Contudo, a tradição na maioria dos casos tem um forte caráter coletivo, portanto possível de ser enquadrada em uma sociedade socialista.

Aqui reside o cerne da questão, ou seja, a situação de transição em que o campesinato tradicional envolve-se ou é envolvido em política. Nesse momento, a necessidade de conceituação do campesinato é sentida principalmente pela óptica dos meios de produção – como se eles não fossem diferenciadores –, procurando necessariamente subordiná-lo ao proletariado. Por essa via, observa-se seu enquadramento a uma concepção de análise marxista ortodoxa, que é assumida e preconceituosamente urbana – geográfica – e localizada.

Em outro momento, Hobsbawm procura superar (no bom sentido) a idéia romântica de unidade sociocultural do campesinato, em que as divisões e complexidades de composição desaparecem, principalmente, ante um inimigo externo. Ainda assim, ele procura minimizar as aspirações do campesinato ao mesmo nível que Lenin (em um determinado momento) se referia ao proletariado, ou seja, tendo somente um caráter *trade-unionista*. Sem dúvida, essa leitura deixa margem para confusão, já que, ao procurar analisar o camponês em mais de uma ocasião, ele o faz, de modo geral, pela estrutura econômica e por seu universo local, forçosamente delimitado. Nesse sentido, essa restrição é vista como um empecilho fundamental para sua pouca (ou nenhuma) compreensão da política; e, por essa razão, a possibilidade de sublevação do campesinato é posta em questão, exceto quando influenciado por fatores externos. Para Hobsbawm (s.d.), é improvável: "a eclosão de uma rebelião camponesa em um contexto ampliado, principalmente devido a sua heterogeneidade, tendo por razão maior a impossibilidade de sua aglutinação em um objetivo comum".

Hobsbawm recupera superficialmente alguns exemplos históricos em que havia condições de ter ocorrido um movimento nacional (ou até ocorreu de modo contra-revolucionário) dirigido por agentes externos (mais especificamente os PC) e que não avançaram pelas razões anteriormente mencionadas. Nessa linha de análise, é admitida, quando muito, uma possibilidade de insurreição "foquistas", isto é, localizada e que pode ter um papel decisivo no contexto nacional. Sobre isso, Hobsbawm (s.d.) dirá: "Nem mesmo a coordenação do Partido Comunista produziu um movimento camponês unificado, mas uma dispersão de áreas vermelhas".

No caso de acontecimentos com características incomuns como o mexicano e o peruano, o autor procura enquadrá-los dentro de um contexto circunstancial – políticos, econômicos e espacial – sem procurar analisar essa questão como exemplos de poder do campesinato. Aos críticos dessa tese, a resposta é curta e grossa: o que realmente preocupa é a insurreição dentro da capital e arredores. Ele até admite que, em determinadas ocasiões, o campesinato pode ser o fiel da balança, agindo de modo revolucionário (ou seja, alterando as estruturas socioeconômicas), mas também e principalmente como contra-revolucionário. Para o autor, suas causas estão na "autopercepção de fraqueza, inferioridade e passividade" (em que pese não seja universal e seja exclusivo de áreas específicas), bem como da natureza da economia camponesa.

Curiosamente, um outro economista marxista, Chayanov, ressaltaria que a força do campesinato reside justamente nesse aspecto, especialmente quando mencionada a capacidade de reprodução e sobrevivência dentro das adversidades da unidade familiar camponesa no contexto econômico nacional russo. Penso ser válido estabelecer o debate e apreender sua contribuição ao entendimento do campesinato numa outra perspectiva.

Fundamentalmente, Chayanov opera com instâncias econômicas para conhecer a realidade camponesa russa até a década de 1930. Mas, ao contrário de Marx, ele não opera somente no nível da estrutura como fator determinante do modo de formação da sociedade, mas também na esfera da superestrutura, acrescentando outros elementos de compreensão ao processo de desenvolvimento, redefinindo a concepção corrente da sociedade e elaborando a teoria da *Unidade Familiar Camponesa*, como um tipo de sociedade autônoma, não-capitalista, inserida na economia nacional. Ele dirá que a diferença básica é que a primeira depende somente do "trabalho de seus membros", e a empresa capitalista depende do trabalho assalariado. Para Chayanov, não é possível dissociar as categorias econômicas como *renda, preços, capital* e *trabalho assalariado*. São fatores que se relacionam, sendo, portanto, determinantes para conceituar uma empresa capitalista.

Ao que parece, aqui reside o cerne de sua teoria, quando ele enfatiza a categoria "trabalho assalariado/salário" como inexistente no âmbito da economia familiar, e por essa razão deve-se utilizar e analisar esse contexto sob uma teoria completamente distinta. O aspecto central na análise da economia familiar camponesa é a relação "equilíbrio – trabalho/consumo" e essa é determinada pela satisfação das necessidades familiares, pela fadiga do trabalho que, em última instância, determina o grau de "auto-exploração". Esse último aspecto só pode ser avaliado qualitativamente, já que não pode ser medido na forma monetária de valor. São fatores determinantes nesse processo a "experiência de vida e aspectos culturais" e também "o tamanho da família e o número de membros que trabalham", e a família não pressiona além do ponto que ela necessita a fim de satisfazer as suas necessidades básicas. Nesse diálogo com Marx, a questão "diferença de classes" é substituída pela concepção "diferenças demográficas", em que variáveis como ciclo de vida, família e outros elementos têm uma incorporação no nível da superestrutura. Por essa linha de análise, Chayanov[4] reafirma, no contexto da economia camponesa, que suas particularidades (periféricas ou não) não alteram o cerne de sua teoria, ou seja, a estrutura do trabalho familiar, ao qual ele alerta: "não é exclusivo do contexto nacional russo".

Retomando o diálogo sobre o campesinato e a política, Hobsbawm (s.d.), numa rara menção, coloca afirmativa e contraditoriamente numa mesma passagem que:

> As revoluções podem ser feitas de fato por camponeses que não neguem a legitimidade do que existe como estrutura de poder; a legislação, o Estado e os latifundiários [...] O mais submisso dos campesinatos não é apenas capaz de trabalhar o sistema em seu próprio proveito, ou antes, para seu mínimo desproveito, mas também para resistir e quando oportuno, de contra-atacar.

Percebe-se que esse conjunto de características em que é balizado o comportamento do camponês, identificado em sua grande maioria como um elemento passivo, é, no entanto, percebido como sabedoria, já que ele mesmo aponta que: "Os camponeses são perfeitamente capazes de julgar a situação política local [...] sua verdadeira dificuldade reside em discernir movimentos políticos mais amplos" (idem).

Podemos até sugerir uma afirmativa: como se essas dificuldades não fossem inerentes ao proletariado, aos partidos, aos sindicatos e à sociedade em geral. Hobsbawm admite e até concorda que a passividade é aconselhável quando a correlação de forças não é favorável. Acredito que a prudência também seja aconselhável aos demais agentes da sociedade, já que não é razoável afirmar que somente uma classe tenha dificuldades em elaborar um projeto político estratégico. Persiste, no entanto, a concepção de que a atuação política do campesinato é circunstancial, sendo admitida historicamente no nível econômico.

---

4 Lamentavelmente, não há uma versão em português deste clássico. Para maiores referências sugiro a leitura de Chayanov, 1986.

Para Hobsbawm, as razões levantadas residem em uma tríade ideológica, identificada e globalizada no "rei, na igreja e no protonacionalismo", que vem a ser, em seu conjunto, o mecanismo de alienação do campesinato tradicional. Esse sistema é concebido como estando intimamente relacionado, ainda que cada elemento possua aspectos contraditórios (e até excludentes), sendo, ao final, contabilizado como catalisador da alienação e de sua não-participação política. Assim, existe uma lacuna a ser preenchida por uma investigação em profundidade (aliás admitida por Hobsbawm), ou seja, as exceções em que sobrepõe a fórmula preconcebida do caráter não-participativo e não-revolucionário do campesinato tradicional ou em transição. Também é significativo que em situações políticas modernas é colocado que o campesinato como diferenciação política desaparece, principalmente em razão do desenvolvimento econômico. Nessa polêmica, é admitido circunstancialmente que esse aspecto possa ser superado (na leitura de algumas correntes marxistas e também por Hobsbawm) pela via eleitoral como um comportamento aglutinador de classe, já que seria impossível congregar uma série de contradições intraclasse em um projeto político comum, exceto em âmbito local.

Como indicativo desse debate, vale pontuar para outras interpretações. Gramsci, por sua vez, procurou no estudo do processo de formação do Estado italiano (que tem características semelhantes ao processo brasileiro) revalorizar o papel do campesinato, o que para ele é um elemento fundamental e que, para o sucesso da revolução, deve-se configurar a aliança "operário-camponesa". Por essa linha de análise, podemos traçar um paralelo sob a óptica gramsciana do Bloco Histórico Italiano e do Bloco Agrário Industrial no Brasil, tendo por pressuposto buscar inserir nesse contexto a noção de hegemonia que entre seus vários conceitos, particularmente na questão meridional, significa a dominação e direção dentro do quadro e aliança entre operários e camponeses. Para ele, a criação de um novo Bloco Histórico, por iniciativa da classe operária e camponesa, tem por objetivo contrapor ao bloco reacionário de industriais de terras, que será objeto de uma análise posterior. Contudo, Gramsci (1987, p.160) aponta que:

O nó das relações entre o Norte e o Sul [aqui entre o Sul e o Nordeste, interferência minha], no que se refere à organização da economia nacional e o Estado, é tal que o nascimento de uma classe média de natureza econômica (o que significa o nascimento ulterior de uma burguesia capitalista difusa) torna-se quase impossível. Qualquer acumulação de capitais e de poupança na região é impossível em virtude do sistema fiscal e alfandegário e de fato que os capitalistas proprietários de empresas, por não ser da região, não transformam seus lucros em novo capital, transferindo-o para outras localidades.Quando a emigração, as formas gigantescas características do século XX, as primeiras levas começaram a afluir da América, os economistas liberais proclamaram triunfalmente: O sonho de Sonini se realiza; uma silenciosa revolução se verifica no sul, que lenta mas seguramente modificara toda a estrutura econômica e social da região. Mas o Estado interveio e a revolução silenciosa foi sufocada no nascedouro. O governo ofereceu bônus do tesouro a juros fixos e os imigrantes e suas famílias se transformaram, de agentes da revolução silenciosa, em agentes que forneciam ao Estado os meios financeiros para subsidiar as indústrias parasitárias do Norte!

Essa proposta de análise, ainda que tenha pontos positivos, não deixa de ter os riscos preconcebidos mencionados no início deste texto, principalmente pelas particularidades existentes no âmbito histórico espacial que, em sua maioria, resiste a um estudo de caso aprofundado.

José de Souza Martins, por sua vez, recupera essa problemática de modo distinto e polêmico ao analisar o meio rural brasileiro. Como expoente de uma tendência do pensamento sociológico brasileiro, que tem por eixo norteador em seus trabalhos "a luta pela terra", Martins procura apontar para a necessidade de incorporar ao estudo do campesinato uma nova óptica, na qual a crítica aos agentes de mediação se faz presente e delimita, nessa linha de reflexão, para o aspecto de "exclusão" do camponês em todas as suas variantes. Teses polêmicas e propositivas, como aponta Bernadete Aued (1990, p.108), situando com clareza o eixo de sua reflexão, ao colocar que:

> A dimensão como as implicações do referencial de Martins está muito mais fora de seus textos do que praticamente neles, pois suas aná-

lises desencadeiam uma série de pesquisas e eventos cujo destaque primordial é dado às relações sociais entre os trabalhadores rurais e os movimentos sociais no campo.

Percebe-se que é pela questão do campesinato que o autor aponta para a necessidade de compreensão da sociedade brasileira e, principalmente, para a necessidade de incorporar outras variáveis interpretativas, especialmente sua "identidade" como categoria determinante, e não somente a via do economicismo clássico. O eixo norteador de sua análise, quanto ao papel dos agentes de mediação e o campesinato, pode ser assim sintetizado: "A história política do campesinato brasileiro não pode ser reconstituída da história das lutas pela tutela política do campesinato" (Martins, 1981, p.81).

Aqui reside à crítica de Martins aos marxistas da escola dos PC quanto ao papel político do campesinato. Para ele, a linha de interpretação do camponês sempre foi de exclusão, e, portanto, fora do processo político, sendo apontado circunstancialmente como um aliado ou um perigo; mas incapaz de fazer a história, de definir e atuar senão no sentido de "contê-la". Quando muito, é visto como um aliado factual da classe operária. Nesse sentido, sua exclusão do pacto político é o fato que cercará o entendimento de sua ação política. Ou seja, no processo político brasileiro, o campesinato é concretamente "ausente na apropriação dos resultados objetivos de seu trabalho, que aparece como se fosse desnecessário de um lado, e alheio de outro lado" (idem, p.25).

Ele ainda coloca que a exclusão ideológica é evidente, na medida em que alguns dos mais relevantes acontecimentos políticos do País são desconhecidos, como é o caso de Formoso e Trombas, predominando o aspecto urbano de nossa história, mesmo na esquerda: "Poucos sabem e dão conta que o campesinato brasileiro é a única classe social que, desde a proclamação da república, tem reiterada experiência direta de confronto militar com o Exército!" (idem, p.27).

Em consequência, foi sempre um confronto de ruptura, e por seu radicalismo resultou com frequência na eliminação física total dos camponeses. Evidentemente, é uma reflexão sujeita a controvérsias, que não está isenta de pontos positivos, até porque, a história dos camponeses ainda está por ser escrita, não só no Brasil, mas em âmbito mundial, como sugere Eric Wolf (1984) na introdução a seu magistral estudo *As guerras camponesas do século XX*.

Esses acontecimentos, no entanto, são analisados por outros autores marxistas (o que reafirma Hobsbawm), bem como por Martins em "determinado momento", como movimentos " pré-políticos", ou seja, a partir de fora, de cima. É contraditório, e a polêmica em questão permanece, já que fica posto que somente a partir de uma força de fora (agentes externos) é que esses podem se transformar em movimentos políticos. Como foi apontado, são esses "grupos de mediação" que serão criticados por Martins (1981, p.31) no conjunto de seus trabalhos, já que "estas considerações não pretendem invalidar a distinção entre movimentos pré-políticos e movimentos políticos, mas apenas relativizá-la no que se refere aos camponeses!".

O que se verifica é uma transferência dos tipos de movimentos camponeses, a partir da entrada de novos atores no processo de luta, ou seja, os sindicatos e os partidos (que seria então uma retomada), mas principalmente a Igreja. De qualquer forma, esse posicionamento mais recente do autor só reafirma suas críticas históricas aos PC, já que, em sua interpretação, esses procuraram tradicionalmente enquadrá-los em uma concepção economicista, geralmente mal-fundamentada, em que o processo é analisado somente pelas transformações de ordem econômica, sem reconhecer as mediações existentes.

José de Souza Martins ainda procurou desmistificar esse conjunto de teorias, ao verificar que as lutas no processo histórico no Brasil têm provavelmente sua origem na forma de ocupação da terra. Vale ressaltar que Formoso e Trombas e Porecatu tiveram origem no êxodo de trabalhadores sem-terra excluídos dos núcleos de colonização implementados pelo governo. Em outros episódios, como Contestado e Canudos, o problema da terra manifestou-se sob a forma do messianismo, ocorrendo então a ruptura total com a sociedade existente. Sem dúvida, a ruptura total dos movimentos messiânicos demonstra claramente o potencial de contestação e revolução à ordem vigente e o papel do campesinato na luta contra o regime, especialmente nos casos de identificação de ambos, Canudos e Contestado, com uma idéia monárquica distante da Monarquia então abolida no Brasil com a República dos Coronéis. Aqui Martins (1981, p.62) visualiza seu caráter político:

> A intervenção militar em Canudos e Contestado, em defesa da ordem e do regime constitui a mediação que fez, as guerras camponesas, guerras políticas; que arrancou as rebeliões místicas dos camponeses de sua aparente insignificância localista, municipal e pré-política, descobrindo nelas a dimensão política profunda, o perigo para a ordem constituída, o seu poder desagregador.

Curiosamente, nesses movimentos citados, também observam-se aspectos da tríade ideológica levantados por Hobsbawm, ainda que sob sua concepção de análise não tenha ocorrido a ruptura política que ocorreu nesses casos. Uma outra forma de manifestação camponesa citada por Martins foi o cangaço. Seus membros eram pequenos proprietários rurais que, por motivos variados, desde questões de honra a expropriação de propriedade, questionaram a ordem vigente. São, na verdade, manifestações diferenciadas com um caráter de luta de classe sob a forma de libertação e contestação da ordem social vigente, o que para algumas correntes marxistas é impossível de acontecer. Mas há outras.

Por exemplo, o Nordeste também foi palco de muitas lutas no período, e as primeiras Ligas Camponesas surgem a partir dos anos 50, organizadas pelos trabalhadores de cana que tinham por objetivo a defesa do Foro e as garantias mínimas de alguns direitos assistenciais. Em 1955, a luta do Engenho da Galiléia veio a ser um marco desse processo, ocorrendo o aumento da organização dos trabalhadores. Nesse momento, já estavam envolvidos outros grupos na mobilização dos trabalhadores, assumindo as Ligas caráter político próprio, com influência de outras organizações como a Ação Popular, a Igreja e o Partido Comunista. Pouco mais tarde, essas influências estariam explícitas na condução do projeto político a ser desenvolvido no campo, tanto nas Ligas como em outros movimentos; seja quanto a sua forma organizacional "sindicatos pelo PC e reforma agrária parcial e gradativa" seja quanto a outros grupos que já se preparavam para a luta armada e expressavam palavras de ordem mais radicais. Vale dizer que as Ligas, por exemplo, em seu conjunto, obtiveram um crescimento notável e incorporaram a sua atuação o debate que ganhava corpo no País sobre a natureza da questão da terra. Elide Rugai Bastos (1985) aponta que a mobilização camponesa no Nordeste é resultado do questionamento dos movimentos sociais do campo ao modelo de desenvolvimento capitalista no país, que se viabilizou ao preço da intocabilidade da questão agrária. E completa:

> Um dos marcos principais do desenvolvimento do capitalismo no campo é a crescente subordinação da terra ao capital, o que provoca fenômenos aparentemente diversos, mas indicativos de um único processo; expulsão de foreiros, cujas terras são ocupadas pela produção capitalista; destituição do morador das condições que lhe permitem a produção de seus meios de vida; a extinção de contratos de Parceria; submissão da produção do pequeno proprietário. E, neste processo de transformação, o capitalismo produz tensões, manifesta na eclosão de movimentos, que são expressões de luta pela terra. (idem, p.263)

Por essa linha de análise, é visto que, no caso brasileiro, a terra vem a ser o eixo de confronto no campo, assumindo um caráter revolucionário, principalmente quando ela passa a ter valor, o que gera um agudizamento das contradições. Para Ianni (1988, p.106):

> Em essência, o seu caráter radical está no obstáculo que representa à expansão do capitalismo no campo; na afirmação do valor de uso sobre o valor de troca, a produção de valor, o trabalho alienado; na resistência à transformação da terra em monopólio de capital, na afirmação de um modo de vida e trabalho de cunho comunitário.

Ao que parece, a passividade de Hobsbawm não tem paralelo ante os processos descritos antes, especialmente a partir dos anos 50, quando se verifica um novo patamar de atuação política, a atuação de forma vigorosa das ligas e sindicatos (e em menor medida, a Igreja), derivado da percepção do momento. Para Martins (1981), no entanto, o que estava em jogo não era propriamente a propriedade da terra, e sim a renda capitalista da terra. E mais tarde, ele acrescentaria: "as diferentes formas de luta e os diferentes movimentos expressavam uma só coisa: a luta dos camponeses contra a renda da terra" (idem, p.80).

É nessa linha de interpretação que ocorre uma crítica feroz aos agentes políticos-grupos de mediação que sempre tiveram para o autor uma força dissuasória do potencial revolucionário. Leia-se, os chamados grupos de mediação não conseguem captar a essência do processo constitutivo do campesinato em suas elucubrações teóricas, bem como no dogmatismo de suas propostas políticas. Mais uma vez, o que ocorre no caso brasileiro, para Martins, é que os diferentes grupos que procuravam resgatar a voz dos camponeses e dar-lhes dimensão política empenharam-se de formas diversas em evitar uma revolução camponesa no País, já que a luta pela terra e a luta contra a renda fundiária (que eram as reivindicações mais imediatas) sempre passaram ao largo de suas propostas políticas. Para Hobsbawm e outros marxistas, o problema está no campesinato, e a solução está na modernização econômica, que é condição das transformações sociais e políticas, e por extensão, de conseqüência.

Um aspecto, entretanto, é real e ocorre em determinada medida: as lutas do campesinato estiveram e estão muito à frente dos agentes de mediação, principalmente pelo processo de avanço capitalista no campo ocorrido nos últimos anos; mas, em geral, esses agentes também não têm conseguido incorporar as lutas e perspectivas de classe do campesinato em um projeto político tático e estratégico. Ou seja, ao procurar dimensionar o contexto de participação do campesinato no processo de formação da sociedade, verifica-se paralelamente a "hegemônica" condução política do proletariado (no caso do partido) ou da burguesia; esta teve em seu bojo a própria revolução agrária ou um forte componente agrário no processo de transformação. Aqui, vale lembrar mais uma vez, como sugere a leitura de Wolf (1984, p.331ss), que as grandes revoluções do século XX foram revoluções camponesas, ainda que o processo em si tenha sido contraditório e muitas vezes não tenha alcançado para a massa rural a idealização de suas perspectivas e objetivos de modo revolucionário. Mesmo assim, é preciosa a análise de José de Souza Martins, quando a confrontamos com a leitura de Eric Hobsbawm de modo contundente e a visão dos *outsiders* desse processo. E isso também se apresentou criticamente em outras leituras e análises. Caio Prado Júnior, por exemplo, é propalado como o autor de uma análise desmistificadora dessas categorias ao reconstruir uma reflexão do processo de formação econômica do Brasil e apontar a inexistência do camponês (no sentido clássico), bem como de uma etapa feudal. Embora essa leitura de Caio Prado dos anos 60 já encontrasse alguns pressupostos análogos anos antes em um bem pouco conhecido e ousado livro de Leôncio Basbaum (1934),[5] o que nos interessa ime-

---

5 Esse livro de Leôncio Basbaum foi publicado em 1934 sob pseudônimo (Augusto Machado), mas foi fortemente contestado pela direção do PCB e pouco lido pela militância. Em que pese Basbaum apreenda e busque incorporar osmoticamente as referências clássicas leninistas, bem como as categorias do cenário camponês russo para a apreensão dessa problemática no Brasil, ele inova em visualizar as várias modalidades presentes no campo e consegue, com originalidade, perceber a sua heterogeneidade (que não eram somente camponeses) bem como antecipar conceitos correntes na Sociologia Rural dos anos 70 e sinalizar que, em algumas regiões, por exemplo, a mediação significativa era a Luta pela Terra (e não reforma agrária) ou mesmo sugerir o Cangaço como expressão de luta de classes. Segundo Basbaum, são seis camadas presentes no campo brasileiro, muitas delas subdivididas com detalhes em categorias específicas: a primeira, dos Grandes Proprietários de Terras (grandes proprietários de terras de exploração capitalistas, lavradores ricos e semicapitalistas); a segunda, Camponeses (médios e pequenos, subdivididos em camponeses ricos, camponeses médios e camponeses pobres); a terceira, dos Rendeiros (meeiros, sitiantes, servos da gleba) que trabalham em grandes propriedades feudais; a quarta são os Trabalhadores Agrícolas (trabalhador agrícola propriamente: o peão do Sul, o seringueiro, o vaqueiro do Nordeste; trabalhador agrícola itinerante: constituído pelo jornaleiro, o camarada e o cama de vara; andarilho e flutuante: o Jeca); a quinta é constituída pelo Colono (famílias de imigrantes estrangeiros ou nortistas que vivem nas fazendas de café em São Paulo); a última é formada por trabalhadores imigrantes de várias nacionalidades no Sul do país nas Colônias Coletivas. Para ele, havia camponeses no Brasil, mas o trabalhador agrícola seria o grupo aliado, mais numeroso e potencialmente revolucionário, algo que o aproxima nesse tópico da leitura de Caio Prado, desenvolvida muitos anos depois (cf. Basbaum, 1934).

diatamente neste debate é sinalizar que, a despeito dessa polêmica e, de certa forma, sua inconclusividade, sem falar da boa vontade, do idealismo e dos riscos (já que não foram poucos que tombaram), camponeses (aqui entendido como o conjunto de categorias existente no meio rural) igualmente não se enquadraram nos conceitos e no conjunto de propostas dirigidas a eles.[6]

Retomaremos forçosamente essa reflexão nas páginas subseqüentes, bem como a polêmica com alguns desses autores; mas como bem recorda Wolf (1984, p.10ss), as revoluções em sua gênese explicativa procuraram desconhecer e minimizar o papel desempenhado pelo conjunto do campesinato. Ele não foi o único a demonstrar essa tese. Há outras contribuições teóricas importantes, a exemplo de *Os condenados da terra* de Frantz Fanon (1979), intelectual de uma trajetória singular que elaborou um clássico instigante na apreensão da particularidade camponesa, bem como sua problematização no processo revolucionário e que veio a influenciar decisivamente vários grupos de esquerda no Brasil dos anos 60.[7] Sem nos aprofundarmos em relação a este último autor (embora uma leitura fascinante, em sua obra, os camponeses polemicamente estão na mesma dimensão dos marginais e do lumpemproletariado), podemos perceber somente por esses apontamentos que o debate sobre a dimensão política do campesinato ainda possibilita vários desdobramentos.

Nessa linha de análise, Eric Wolf já indicava no estudo sobre as várias fases das revoluções burguesas ou socialistas, a importância de análise desses processos históricos, bem como a distinção necessária entre a propriedade e sua relação com o mercado e as populações, para então procurar levantar a especificidade do camponês quando falamos de revolução camponesa e, principalmente, em suas origens e na distinção e especificidade dos movimentos revolucionários. Ele também aponta para a importância dos grupos de mediação que se situam entre o camponês e a sociedade mais ampla, ou seja, o pro-

---

6 Para uma aproximação desse debate em relação ao autor, ver Prado Júnior (1981 e 1987).
7 Sobre essa influência, ver Gorender (1987, p.76).

prietário de terras, o comerciante, o chefe político, o sacerdote, nas relações sociais, políticas e econômicas, e que terão papel crucial na vida camponesa e no envolvimento do campesinato nas sublevações políticas. Ao que parece, ele se aproxima e ao mesmo tempo discorda de Hobsbawm, quando afirma que:

> Os camponeses, não raro, abrigam um profundo sentimento de injustiça, mas tal sentimento deve ser plasmado e expresso em organização antes de se tornar ativo na cena política; é obvio, não será qualquer agitador inexperiente a ser bem-vindo nos círculos da aldeia que tradicionalmente suspeita de estranhos, ainda que vindos da cidade! (Wolf, 1984, p.13)

Para Wolf, a própria concepção de campesinato deve ser entendida como instrumento de análise, apontando para eixos norteadores como populações que se dedicam ao cultivo da terra e que tomam decisões autônomas quanto ao processo de cultivo. Dessa forma, podem ser incorporados nessa concepção arrendatários, meeiros e posseiros e outras categorias, principalmente enquanto estiverem em situação de tomar decisões importantes sobre o cultivo de suas terras. Ainda assim, ele faz uma ressalva, já que não inclui os pescadores e os trabalhadores sem-terra. A história recente do MST no Brasil sugere que esse aspecto tem de ser reavaliado na obra de Wolf.

O autor, contudo, levanta aspectos polêmicos quando considera que o objetivo máximo do camponês é a sua subsistência e sua posição social, ressaltando sua resistência em participar do jogo "ameaçador" de mercado, por ser uma garantia de manutenção da família e reprodução social e também da propriedade da terra. É nesse sentido que o camponês se apega ao esquema tradicional que lhes garante o acesso à terra e ao trabalho de parentes e vizinhos, e que, em outras palavras, pode-se dizer que ele produz para um mercado de fatores e produtos restritos. Nessa linha de análise, os fatores de produção, terra-trabalho e equipamentos são objeto de comercialização no mercado com objetivo de auferir a margem de lucro necessária para a compra das mercadorias não produzidas em casa. Wolf (1984) sugere que estar inserido no jogo de mercado, suas leis e concorrência aberta são aspectos que levam à transformação do camponês em fazendeiro. Mas também considera que,

> A transformação do camponês em fazendeiro, no entanto, não é simplesmente questão de orientação psicológica; implica uma modificação profunda no contexto no qual os homens fazem suas opções. Talvez seja precisamente quando o camponês não possa mais confiar em seu contexto institucional habitual para reduzir seus riscos, e quando as instituições alternativas afiguram-se, ou por demais caóticas ou restritivas demais para garantir a viabilidade de um envolvimento em novos modelos de vida, que as tensões psicológicas, econômicas, sociais e políticas se avolumam e desembocam na rebelião camponesa e no envolvimento revolucionário. (idem, p.15)

Esse processo de tomada de consciência e a efetiva participação na luta revolucionária são apontados pelo autor como permeados por dificuldades específicas de suas condições de trabalho. Ao contrário de uma fábrica, que abriga em uma linha de produção um grande número de operários, o camponês trabalha solitariamente em sua terra, sendo ao mesmo tempo um concorrente aos recursos existentes externamente. No entanto, admite outros fatores correlatos, como:

- A tirania do trabalho é também um fardo, já que associa seu cotidiano a um planejamento anual de difícil alteração.
- Seu controle da terra, voltado a uma produção, em sua grande maioria, de subsistência.
- Laços de parentesco e auxílio mútuo, que atenuam choques desarticuladores.
- Interesses comuns entre as várias categorias de camponeses, que resultam, em última instância, em alinhamentos de classe.
- E, por fim, o que ele considera sua "exclusão" de participação de decisões exteriores ao meio em que vive (idem, p.347).

Wolf é taxativo ao afirmar que, em última análise, o fator decisivo que torna possível uma rebelião camponesa está na relação do campesinato com o poder que o circunda. De certa forma, podemos confrontar sua leitura ao mesmo tempo com as teses de Hobsbawm e Martins, quando Wolf (1984, p.345) sinaliza sobre a impossibilidade de o camponês pobre elaborar uma ação tática de ruptura, (aqui reafirmado o caráter pré-político) poder tomar partido de uma rebelião, a não ser que possa confiar em um poder externo para desafiar o poder que os constrange.

Para o autor, a única categoria do campesinato possuidora de força interna é o "camponês médio e o de área periférica", especialmente pelo fato de o primeiro possuir a terra e o segundo, mesmo não tendo as condições de subsistência características do primeiro, possuir outros meios de subsistência num grau maior de liberdade de atuação. O próprio autor sugere aí a existência de um paradoxo, já que esse extrato social é reconhecidamente conservador e tradicional. Wolf também chama a atenção para o fato de esse extrato ser vulnerável às dificuldades de sobrevivência de uma economia capitalista que o confronta, principalmente pelo fato da exposição à influência do proletariado urbano, uma categoria social que pode ser um fator determinante em um processo revolucionário. Segundo ele: "Provavelmente, o que produz atividade revolucionária não é tanto o crescimento de um proletariado industrial quanto o desenvolvimento de uma força de trabalho industrial ainda estreitamente ligada à vida da aldeia" (idem, p.345),

Esse é um fator de mobilização e contestação potencialmente revolucionário, mas que o próprio Wolf considera, a partir dos estudos de várias revoluções camponesas, de caráter limitado e dependente, já que afirma: "Uma rebelião camponesa que tem lugar em uma sociedade complexa, já envolvida na industrialização e na comercialização, tende a ser autolimitadora e, portanto, anacrônica" (idem, p.352).

As lutas camponesas, conclusivamente em sua tese, dissociadas de uma causa nacional, limitam-se ao isolamento regional. Isso será central em nossa leitura. É característica desses processos sua correlação com fatores de origem externa envolventes e, principalmente, no momento de ação (ou reação) que o propicia terá por conseqüência uma alteração na estrutura da sociedade. Ainda que revalorizado nesse contexto, o camponês continua sendo identificado preponderantemente como subalterno ao proletariado em várias abordagens teóricas. Para Martins, o problema está no que ele denominou *grupos de mediação*, e Hobsbawm acrescenta que os camponeses são perfeitamente capazes de julgar a situação política local, mas sua dificuldade real está em distinguir movimentos políticos mais amplos. No caso brasileiro, Martins (1986) trabalha intensamente a questão da "luta pela terra", o que por si só não abrange todas as categorias do campesinato brasileiro: "E a luta pela terra é um instrumento dessa reinvenção, que rompe velhas relações de dominação que questiona um direito de propriedade iníqua, que demole pactos e alianças políticas convencionadas sem a participação dos interessados".

Nisso está a complexidade do problema rural e essa assume a sua magnitude em toda sua extensão, pois seus expoentes gradualmente verificam que suas reivindicações estão intrinsecamente relacionadas. Essa questão pressupõe um estudo profundo, que não seja delimitado ao nível da estrutura, mas também ao nível da superestrutura. E não são poucas as contribuições a esse debate que possuem particularidades semelhantes ao processo rural brasileiro. Ianni (1988, p.110) comenta:

> Mas o movimento social camponês não se limita à luta pela terra. Mesmo quando essa é a reivindicação principal, ela compreende outros ingredientes. A cultura, a religião, a língua, o dialeto, a etnia ou a raça entram na formação e desenvolvimento das suas reivindicações e de suas lutas. Mais que isso, pode-se dizer que a luta pela terra é sempre, e ao mesmo tempo, uma luta pela preservação; conquista e reconquista de um modo de vida e de trabalho. Todo um conjunto de valores culturais entra em conta, como componentes de um modo de ser e viver.

Por fim, uma outra contribuição significativa ao entendimento dessa problemática, objetivando incorporar essas últimas variáveis, verifica-se com Teodor Shanin (s.d.), que, em um primeiro momento, procurou realizar um profundo estudo "antropológico e político" (no que o diferencia substancialmente de Chayanov) de levantamento da heterogeneidade do campesinato russo, particularmente em sua estrutura social. Ele verificou que a Rússia majoritariamente ruraltradicional e, portanto, tradicionalmente complexa, estava sofrendo os reflexos de um processo de urbanização acentuado (parecido com o processo brasileiro pós-1950), estimulado por uma política industrial majoritariamente estatal. É a transformação de uma sociedade feudal em uma sociedade capitalista moderna.

Nesse sentido, o campo veio a ser submetido durante várias décadas a vários processos e tentativas de modernização em que o fosso da sociedade rural e urbana aumentou. Para ele, essas tentativas de transformação (ao qual destaca Stolypin) não foram bem-sucedidas, em razão do desconhecimento da realidade e da complexidade do meio rural em seus contrastes, costumes e pelo modo de produção tradicional. Um outro aspecto por ele apontado é que a industrialização (em suas diversas fases e períodos) se realizou à custa e em detrimento do sobrecarregado setor camponês. Para Shanin, foram os fatores que possibilitaram ao campesinato reagir com uma inimaginável coesão política e capacidade de ação. Fundamentalmente, a negociação das diferenças e do problema camponês não foi assimilada, e o fosso até então existente aumentou a partir da industrialização quando essa foi implementada pelo alto, a partir de Stalin.

Shanin (s.d.) problematiza essa questão, procurando enfatizar outros aspectos (ou seja, não somente categorias econômicas) na relação dos conflitos e modelos socioeconômicos no meio rural. Ele levantou outros elementos determinantes, como a "mobilidade cíclica" e a "diversidade social". Ao polemizar com outras teorias e suas contribuições, teremos um escopo de uma nova sociologia. Em seu trabalho, ele contribui ao debate de modo significativo ao procurar levantar os aspectos do *modus vivendi* do campesinato russo e apontar em um estudo antropológico aprofundado elementos em que a casa camponesa russa tem por particularidade principal "a integração total da família com a propriedade". Os aspectos característicos, ou seja, a composição familiar, bem como os modos de produção estão intimamente relacionados aos membros que trabalham; o patriarca (o que inclui o processo de reprodução), a tradição, o trabalho familiar, bem como a necessidade de sobrevivência. É especialmente ressaltado o caráter comunitário e coletivo ao qual o sistema se assentava (e reproduzia), já que significava a estabilidade da estrutura social do Império russo, principalmente em razão da sociedade dual existente, com poucas linhas de intersecção.

Eric Wolf (1984, p.356) apontaria, nesse caso, para uma mediação central: a atração e expressão do Partido Comunista Russo que forneceram elementos viabilizadores de um processo de transformação social, especialmente quando da tomada do poder de Estado em um quadro de ebulição revolucionária, que permitiu a conjugação de várias forças em um projeto comum ou de conveniência pontual. E faz uma ressalva de que só aqui o Partido, como entidade à parte, vem dominar as outras organizações suscitadas pela revolução.

Nesse sentido, o debate sobre o campesinato e a política remetem a uma outra esfera de análise, embora correlata. Ou seja, apesar de algumas tentativas de análise, verifica-se, por um lado, a complexidade do processo histórico em questão, e, por outro, no caso brasileiro, exceto em momentos pontuais, que não ocorreu ou não foi possível uma unidade de ação dos vários agentes envolvidos. Tudo indica que, no Brasil, especificamente, o processo pode ser também contabilizado às debilidades orgânicas e às crises decorrentes das várias situações políticas que refletiram fortemente no PCB. Mas devemos avaliar como decorrente dessa debilidade a heterogeneidade das formas de produção no campo e, em sua origem, o debate indefinido sobre a formação econômica capitalista ou pré-capitalista, bem como a conseqüente e questionável incorporação das várias categorias de trabalhadores rurais existentes, denominadas em seu conjunto de campesinato, a uma única estratégia de ação.

Conjuntamente, é bem provável que a razão desses impasses decorra da debilidade do Partido Comunista como organização político-partidária no processo de intervenção, especialmente quando verificamos a dificuldade de elaboração e, por conseqüência, a falta de um projeto político-estratégico para o equacionamento da problemática no campo em uma situação de clandestinidade. Isso também se apresentou na reflexão teórica sobre a problemática camponesa. Ou seja, se não podemos negar ou ignorar as debilidades de muitos desses trabalhos teóricos elaborados sobre a questão, vale ressaltar que essa debilidade era inerente à universidade, como também à cultura brasileira, sem excluir, portanto, a contribuição ao debate realizado por outros pensadores marxistas.[8] Por isso, para situar esse debate e essa problemática, um parêntese se faz necessário.

Historicamente, mesmo partindo de pressupostos clássicos da obra de Marx, o PCB elaborou uma teoria revolucionária que, em muitos momentos, apontava, de fato, para uma descontextualização no processo de intervenção de seus militantes no cenário nacional, bem como na análise do modo de produção econômica e social do Brasil. Provavelmente, o equívoco maior foi a generalização desse conjunto de categorias e seu enquadramento na "revolução democrático-burguesa e antifeudal", procurando buscar no contexto revolucionário russo do começo do século, e depois, sob influência da III IC, a sua correspondência no conjunto da realidade brasileira. Essa incapacidade de autonomia do PCB e de seus intelectuais, segundo Del Roio (1990, p.13), refletiu decisivamente na "inviabilização de uma alternativa nacional-popular". Isso, no entanto, não retira o mérito e os esforços teóricos empreendidos em suprir essas lacunas no processo de intervenção, em especial em dois trabalhos originais e referenciais do período 1920-1940: *Agrarismo e industrialismo*, de Octávio Brandão (2006), e o já sinalizado anteriormente *A caminho da revolução operário-camponesa*, de Leôncio Basbaum (1934), bem como alguns raros e recentes documentos sobre a questão agrária na reflexão comunista no Brasil.

No período que nos interessa diretamente – 1950-1964 –, a questão agrária para o Partido Comunista Brasileiro ficou caracterizada por esses vários e inconclusivos impasses teóricos e políticos. Ao que parece, e refletindo as teses e nuanças do período anterior, essa problemática foi objeto de abstrações e conceitos que sugeriam o encaixe na realidade nacional daquelas categorias analíticas relativas ao debate marxista da III IC, e, sem dúvida, resultou circunstancialmente em conseqüências graves para a massa camponesa, particular-

---

[8] Uma referência para perceber a complexidade desse debate entre os intelectuais do PCB pode ser vista em Santos (1996).

mente nos anos 50, quando os militantes comunistas procuraram colocar reivindicações imediatas de modo secundário no processo revolucionário. Isso, inegavelmente, tencionou seus militantes, mas foi nesse contexto extremamente rico, complexo que se originaram dialeticamente a teoria e a prática revolucionária do PCB presentes no final dos anos 60. Os reflexos do período anterior seguramente ainda estavam presentes, tanto é que era corrente apontar que o equívoco maior dessa análise era sinalizar a existência do capitalismo no Brasil somente a partir de 1958 (já que então era negado pelo PCB), e que esse foi precedido de uma fase feudal, e mesmo, que ainda havia resquícios feudais no campo.

Essa polêmica sobre os modos de produção, todavia, ainda está presente na virada do século XXI; embora haja um virtual consenso político e ideológico construído na academia brasileira – particularmente no pós-64 – pontuando que o sistema feudal ou semifeudal nunca tenha existido de fato no Brasil, ou mesmo que fosse admitida essa possibilidade ou que tenha ocorrido em determinados períodos históricos, quiçá aspectos análogos. De qualquer forma, se, por um lado, essa teoria significou para os militantes comunistas que ela fosse apreendida como um dogma, vale mais uma vez registrar, por outro lado, que isso não se fez sem grandes controvérsias.[9] Vamos a alguns apontamentos.

Entre algumas linhas de interpretação diferenciadas que influenciaram setores do PCB ao longo dos anos 60 temos, inicialmente, a leitura de Caio Prado, que historicamente polemizou com as teses clássicas sobre o modo de produção feudal no Brasil, apontando para uma reavaliação crítica, bem como para os impasses e nós relativos à incorporação dessas categorias em uma teoria revolucionária até então vigente. Em seus trabalhos teóricos, Prado já questionava criticamente a parceria como uma categoria de natureza feudal e cons-

---

9 Vale o registro do recente e muito bem construído trabalho de Figueiredo (2004) que recupera a complexidade da temática, e, de certa forma, a inconclusividade desse debate. Entre outras contribuições sobre essa problemática, ver Lapa do Amaral (1980); Hirano (1987).

titutiva dessa fase no meio rural brasileiro, que, no Brasil, se expressava de forma diferenciada do modelo clássico europeu, bem como suas derivações como a "meia" e a "terça" que refletiam uma relação de emprego, com remuneração em espécie. O autor entendia que a relação assalariada que teve programaticamente sua regulamentação como ponto de programa de luta pelo Partido Comunista acontecia somente na lavoura de algodão em razão de suas particularidades (Prado, 1987, p.31ss).

Um outro aspecto relevante nessa leitura é que Prado sustenta que a base de origem da grande propriedade rural no Brasil é a natureza da exploração comercial em larga escala, e o escravo foi um fator determinante. Somente a colonização estrangeira no Sul do país é que veio a constituir-se em uma exploração camponesa que poderia se traduzir por uma exploração de parceria e individual de pequeno produtor que trabalha em terras próprias, suas ou arrendadas, mas reduzida no contexto nacional. Para o autor, quando o PCB insistia em levantar esses restos feudais, incorria no equívoco da generalização do conjunto das lutas dos trabalhadores rurais quanto à forma de ocupação da terra (idem, p.31ss). Prado concluiu que somente em três setores da economia rural agropecuária brasileira poderia apontar de forma diferenciada a questão da terra. O primeiro setor, encontrado na região Nordeste, seguido pela ocupação de terras virgens nas zonas de expansão do País, como o oeste paranaense e o norte de Goiás e, por fim, os setores com a expansão da pecuária que necessitam de grandes extensões de terras para o gado. Nesses três setores, é que Caio Prado (1987, p.31ss) avalia a impossibilidade de incluir restos feudais, tendo por característica comum a luta pela terra.

De forma ainda hoje polêmica há, em contrário, as reflexões de Nelson Werneck Sodré e Alberto Passos Guimarães. Nelson Werneck Sodré (1990) fornece-nos uma exposição condensada de sua obra e do significado do feudalismo em nosso processo histórico em um de seus últimos livros, *Capitalismo e revolução burguesa no Brasil*. Nessa reflexão contemporânea, Sodré valoriza a antiga polêmica sobre essa questão e não admite a possibilidade de o capitalismo ser uma realidade advinda do início da colonização no Brasil. O autor reafirma, nesse sentido, a tese da existência de uma particularidade histórica brasileira, configurada na presença de *relações feudais*, e até admite a existência de *restos feudais* contemporâneos em nosso processo histórico, tendo por resultado o conceito de *regressão feudal*. Esta última categoria analítica adquire centralidade em sua obra.

Nessa perspectiva, é que se pode apreender em sua leitura o conceito de feudalismo e sua originalidade como pensador, ao propiciar uma nova substância ao conceito que, vale ressaltar, se apresenta em sua obra de forma diferenciada dos clássicos.[10] É um aspecto singular em sua reflexão teórica nessa fase inicial de sua obra, já que o feudalismo para o historiador também se dissocia das pontuações de uma leitura marxista e, portanto, das teses da *III IC* e do *Modelo democrático burguês*, como é comumente associada por seus críticos à fundamentação de suas teses mais conhecidas. Em sua elaboração teórica posterior – já como pensador marxista –, Sodré apreenderá como expressão mais elaborada do conceito de feudalismo e como referencial de sua leitura sobre os modos de produção no Brasil um autor que ele foi pioneiro em apreender, Mariategui. Essa leitura nos possibilita mais uma vez contestar a crítica de que sua reflexão teórica é uma transposição pouco original das teses e conceitos da III Internacional. Mas não há dúvidas de que esse aspecto já era uma polêmica processual e em construção em sua obra, e tais tensões e impasses teóricos ainda estarão presentes até 1958, em que pese perceber-se, aliás, que foram aqueles apontamentos e aquela experiência que propiciaram ao autor elementos de reflexão para se pensar a *Revolução Brasileira* como categoria de análise.[11]

Temos ainda a leitura de Alberto Passos Guimarães, que talvez tenha sido o intelectual que mais influenciou as teses do Partido

---

10 Essa leitura pontual que apresento foi desenvolvida anteriormente em um subcapítulo de meu livro que analisa a obra de Nelson Werneck Sodré (Cunha, 2002).
11 Para uma apreensão desse debate, ver Sodré (1967, 1976, 2002).

Comunista Brasileiro sobre a questão agrária no final dos anos 60, como bem sugere o recente trabalho de Santiane Arias (2003) sobre a *Revista Estudos Sociais* (cf. Santos, 1996, p.18), Passos apresentava em artigos e posteriormente em livros o modo de produção feudal como uma característica desde o descobrimento do Brasil, secundada economicamente pelo escravismo em uma fase posterior, debate que, segundo ele, adquiriu contornos variados e diferenciados ao longo de nossa história. Entre as várias polêmicas que o autor sustentou em fins dos anos 50 e início dos anos 60, ele foi especialmente ativo no debate constituinte do modelo democrático burguês, e seu livro mais conhecido publicado em 1963 – *Quatro séculos e latifúndio* (Guimarães, 1989) – é, segundo Santos (1994, p.89ss; 1996, p.18), a expressão mais acabada da tese de feudalidade incorporada pelo PCB. Para este último, associado à retidão intelectual de Passos, intimamente colado à ortodoxia econômica, o livro sugeria o esvaziamento da tese circulacionista (contrapondo leituras – como a de Caio Prado – de um capitalismo advindo do período colonial) no sentido de valorizar a questão camponesa no Brasil na perspectiva clássica (Santos, 1996, p.18), sem, no entanto, abster de incorporar algumas idéias do pensamento renovador característico daquele momento de transição.

Como foi sinalizado, embora haja sugestivos consensos em contrário,[12] inegavelmente a reflexão sobre a factibilidade de uma etapa feudal (ou semifeudal) no Brasil ainda encontra vitalidade teórica e interlocução extramuros acadêmicos, não somente pelas sucessivas reedições das obras seminais desses dois pensadores (e foram muitas no pós-64), mas também pela reavaliação dessa problemática em trabalhos de fôlego recém-elaborados, como *O feudo – a casa da torre*

---

12 Sedi Hirano (1987, p.65), referindo-se a Alberto Passos, afirmou olimpicamente que a produção histórico-sociológica paulista das décadas de 1960 e 1970 já tinha se encarregado de refutar a tese da interpretação feudal. Por sua vez, João Pedro Stédile (2005, p.17), na introdução do mais recente *A questão agrária no Brasil* (que compõe uma série), pontua que apenas na década de 1970 se estabeleceu uma leitura *quase consensual* sobre o escravismo colonial como modo de produção no Brasil.

de Garcia d'Ávila: da conquista dos sertões à independência do Brasil, de Moniz Bandeira.[13]

Além desses autores (Sodré e Passos), podemos perceber que o campo apontava, para os intelectuais pecebistas, para outras reavaliações críticas quanto às formas de ação e compreensão teórica sobre a realidade brasileira, e que, decisivamente, incorporava novas bases de um programa político. Como indicativo dessa reflexão militante e desse esforço de intervenção, temos – paralelos aos trabalhos sinalizados anteriormente – os *Textos dos anos 60*,(A questão agrária no Brasil, 1980), conjunto de ensaios elaborados nesse fértil período histórico de incorporação teórica e prática das experiências acumuladas dos anos 50 por vários intelectuais pecebistas, entre eles Mário Alves, Nestor Vera, Rui Facó, Carlos Marighella, grupo esse que ficou conhecido por "Corrente Esquerdista de Vanguarda",[14] todos com uma longa ação militante no Partido Co-

---

13 A título de ilustração, *Formação histórica do Brasil*, de Nelson Werneck Sodré, encontra-se na 14ª edição (2002), e *Quatro séculos de latifúndio*, de Alberto Passos Guimarães, na 6ª edição (1989). Recentemente, esses autores, Nelson Werneck Sodré em especial, começaram a ser reavaliados e debatidos na universidade brasileira. João Quartim de Moraes (2004, p.10), no prefácio ao recente livro de Figueiredo, critica a leitura circulacionista de Caio Prado Júnior – "um enorme contrabando teórico", segundo ele –, que refletiu na tese de um capitalismo advindo da colonização, bem como na leitura de que a luta pela terra tivesse importância, e mesmo que a reforma agrária fosse necessária. Ele assim finaliza sua análise: "Os fatos, porém, são cabeçudos: não tendo sido notificados, pela leitura de *A Revolução Brasileira*, de que a luta pela terra não estava inscrita na evolução da sociedade brasileira, um grupo de militantes do campo resolveu criar o MST...". Já Moniz Bandeira (2000), mais uma vez recoloca a problemática das relações feudais na história do Brasil e reafirma sua presença histórica a partir do acompanhamento da Casa da Torre de Garcia d`Ávila, família latifundiária que ao longo de três séculos teve significativa importância no Nordeste, abarcando com sua presença vários estados.

14 Paulo Cavalcante (s.d.), militante comunista histórico, autor de várias obras sobre o PCB, é quem aponta na polêmica com Caio Prado o que denominou como "Corrente esquerdista de vanguarda", confirmando a existência dessa corrente de pensamento interna, onde cita especificamente Rui Facó e Nestor Vera. Também nessa linha crítica e indicativa da existência dessa corrente temos a reflexão de Alberto Passo Guimarães (1996, p.76), que se refere aos equívocos dos companheiros de posição "esquerdista", citando especificamente Nestor Vera.

munista e no movimento social. O objetivo desse debate era a superação e a crítica necessárias a uma nova compreensão sobre a questão agrária no Brasil e o papel do campesinato no processo revolucionário em que, particularmente nos ensaios de Mário Alves, Nestor Vera, o camponês adquire centralidade. Nessas leituras, havia uma reavaliação de alguns aspectos que começavam a ganhar relevância no debate político à época, ou seja, o papel a ser desempenhado pela burguesia e a questionabilidade da luta armada.

No período 1950-1964, entretanto, podemos apontar para algumas conclusões: seguramente, a revolução camponesa não chegou a se definir como um projeto para o conjunto do PCB, pois era o Proletariado Industrial, aliado às forças mais dinâmicas da chamada burguesia progressista, que seria o vetor da revolução. Tudo indica que o ponto máximo que se objetivava naquele momento era uma reforma agrária radical, e que se configurasse teria por resultado uma profunda transformação da terra. Malgrado essas debilidades, permanece o mérito dessas intervenções e o pioneirismo com que esses estudiosos procuraram desenvolver uma teoria que se aperfeiçoaria na práxis do meio rural brasileiro.[15] As conseqüências, no entanto, foram de outra ordem. Para Bernadete Aued (1990, p.13), o Partido Comunista Brasileiro, ao ter "que enfrentar as questões sociais resultantes das transformações nacionais e internacionais enredou-se nas propostas desenvolvimentistas e acabou por encaminhar propostas reformistas setorializadas".

---

15 Ver nas referências bibliográficas os trabalhos que influenciaram essa linha de pensamento e a elaboração de estratégias de intervenção de algumas organizações de esquerda e seus militantes, principalmente o PCB até meados da década de 1960. Esse debate, no entanto, também permeou correntes do pensamento conservador brasileiro, e, em relação aos autores da historiografia clássica e tradicional que advogaram uma fase feudal no Brasil, podemos citar Varnhagem, Pandiá Calogerás, Oliveira Vianna, Capistrano de Abreu etc. Vale igualmente sinalizar que o debate comunista não se esgotou, já que outras interpretações se seguiriam no pós-64 a exemplo do já clássico *Escravismo colonial* de Jacob Gorender. Ver especialmente Figueiredo (2004, p.19-242); Hirano (1987, 33-41); Gorender (1980).

Essa afirmação, ainda que aponte para uma análise de conjunto de uma estratégia moderada de ação e que é incorporada ao debate acadêmico, remete na verdade a uma outra concepção de "revolução democrático-burguesa" que, a rigor, permeou em sua linha de ação praticamente toda a história do PCB, como também coabitou – paralelamente – com o amadurecimento de algumas estratégias setorializadas internas que se desenvolveram e superaram a linha oficial do Partido. Isso se deve às particularidades de atuação do Partido Comunista nas várias regiões do País que, de acordo com as características regionais e as exigências políticas do momento, contribuíram para que muitos militantes empreendessem a luta revolucionária em sua variante armada ou inserida no debate político institucional. Como bem observa Wolf (1984, p.357), o esquema de organização ganha força quando engajado em combate.

Desse impasse, permanece ainda o desafio da análise dos agentes de mediação na elaboração teórica e intervenção social objetivando a superação e construção de uma nova ordem, sendo essa uma questão e um processo que permanece inconcluso, até porque, como bem sinaliza Ianni (1988, p.110):

> não é necessariamente uma ruptura abrupta, total, violenta. Pode ser lenta, desigual, contraditória. Sempre engendra ou dinamiza forças adversas, contra-revolucionárias. Vem de longe, vai longe. Em geral, é larga a gestação e a duração do processo revolucionário, a despeito dos seus sinais mais visíveis, espetaculares, dramáticos, épicos.

Neste livro – versão consideravelmente revista de minha dissertação de mestrado defendida em 1994 – particularizo não somente as contribuições dos vários pensadores citados de uma tradição marxista para aprender a problemática do campesinato e a política, mas também valorizo para a compreensão desse objeto, um eixo teórico-metodológico em Gramsci, a fim de resgatar o movimento de Formoso e Trombas, a intervenção do Partido Comunista Brasileiro no fértil período de 1950-1964 e o campesinato; ou melhor, uma de suas especificidades, os posseiros, a partir da mobilização na luta pela terra. Esse pressuposto está associado a um processo de mobilização inserido numa estratégia revolucionária impar, que, em última instância, seria o ponto de partida para a revolução brasileira.

Há, todavia, uma particularidade do PCB que se faz necessário visualizar: a tensão entre a teoria e a prática, as deliberações da Direção Nacional e as bases partidárias e, nelas, a presença majoritária de militantes no movimento operário. Isso é significativo de sua própria história. Como mesmo pontua Leôncio Martins Rodrigues (1986, p.434) numa pesquisa sobre o Partido Comunista e sua organização: "O Partido sempre contou com muitos operários na sua base e nos seus organismos intermediários. Provavelmente, entre todas as correntes de Esquerda (excetuando os anarquistas), foi o PCB que teve mais operários e membros das classes populares em suas fileiras".

Por conseguinte, isso levou alguns estudos a apontarem corretamente o seu caráter majoritariamente urbano e que, a rigor, não é uma análise equivocada. Podemos até partir do pressuposto de que o Partido deveria ter dado uma maior atenção à organização dos camponeses, ainda que fosse uma contradição, já que o proletariado é historicamente para o movimento comunista a vanguarda revolucionária. Há, no entanto, um outro aspecto: a falta de militantes e de quadros do Partido do e no campo era uma característica daqueles tempos. Muitas dessas leituras não contemplam ou refletem algumas tentativas do PCB de superação dessa lacuna, exemplificadas em políticas de intervenção ou mesmo em propiciar cursos para seus militantes, realizados no período. Na pesquisa citada, Leôncio Martins Rodrigues (1986, p.435) recupera elementos conclusivos quando considera que:

> Entre os trabalhadores rurais (campesinato) que teoricamente deveriam ser, ao lado do proletariado, sua principal base de apoio, a ação do Partido foi mínima. No conjunto de seus dirigentes, apenas Nestor Vera aparece como líder "camponês". O PCB foi sempre um partido eminentemente urbano. Isto não quer dizer que não tivesse havido esforços e pequenos êxitos de penetração no meio rural... [...] cumpre notar que as condições gerais do meio rural brasileiro, até a década de 60, eram brutalmente desfavoráveis para quaisquer tentativas de mobilização política e sindical das populações rurais que objetivassem desafiar a coligação dos grandes proprietários e do poder público local.

Tudo indica que esse esforço foi insignificante ante as condições de atraso do campesinato brasileiro, sua complexidade em si, ante a repressão em maior escala no meio rural e, principalmente, a falta de um eixo norteador de análise da problemática de intervenção pautada por um programa coerente, principalmente ante a dimensão da tarefa proposta. Mas, inegavelmente, como foi apontado, havia um profícuo esforço teórico de superação no entendimento dessa problemática, em especial nos fins dos anos 50, e daí sugerimos uma hipótese: o campo penosamente apontava para uma reavaliação crítica em relação às formas de ação e compreensão teórica sobre a realidade brasileira que, decisivamente, incorporava novas bases de um programa em uma linha marxista a ser elaborada e desenvolvida pelo Partido Comunista, e até para o conjunto da realidade brasileira. São vários os exemplos desse esforço teórico que sinalizaremos ao longo deste trabalho e nas muitas intervenções partidárias – entre as quais se destaca o objeto deste livro, a luta camponesa de Formoso e Trombas –, com resultados diferenciados, mas com lições seguramente aprendidas, ainda que não incorporadas em razão do golpe de 1964.

Para esse desenvolvimento, retomaremos as pontuações metodológicas postas por Gramsci, que sugerem que a história do Partido Comunista está intimamente associada à história de um país e, paralelamente, à trajetória de seus militantes. Em relação ao objeto de estudo específico em questão, o campesinato, isso fica mais evidente no período em questão até 64, já que o Partido Comunista Brasileiro (exceto pelo final dos anos 60, quando surgem a Ação Popular e as Ligas Camponesas) era praticamente a única organização a enfrentar política e organicamente essa problemática. Ou seja, não é possível dissociar o objeto em questão, e, em particular, o desafio de apreender o PCB e a Luta Camponesa de Formoso e Trombas, do conjunto de mediações postas dialeticamente em que o partido esteve inserido, tendo que se reconstruir e intervir. Mediações conflitantes como o cenário explosivo da guerra fria, o proletariado como sujeito histórico determinante, quiçá preferencial, bem como as políticas de alianças, muitas vezes contraditórias; sem falar dos vieses da linha política ou a orientação contraditória desenvolvida por seus militantes.

Isso significa uma tensão entre a teoria e a prática, entre outros aspectos, em que o PCB esteve inserido, em um dos períodos mais dinâmicos da história brasileira. De certa forma, essa história é umbilical à história do Brasil, e como diria Gramsci (1978a, p.24), em um de seus últimos trabalhos referenciais sobre essa questão:

> será necessário levar em conta o grupo social do qual o partido é a expressão e o setor mais avançado. Logo a história de um partido não poderá deixar de ser a história de um determinado grupo social. Mas este grupo não é isolado: tem amigos afins, adversários, inimigos. Só o quadro complexo de todo o conjunto estatal (e freqüentemente com interferência internacionais) resultará a história de um determinado partido. Assim, pode-se dizer que escrever a história de partido significa exatamente escrever a história geral de um país.

Com uma singular relação política, o processo desenvolvido em Formoso e Trombas também remete a uma particularidade histórica, já que os camponeses tinham à base de sua organização Conselhos de Córregos e uma Associação de Lavradores, controlada pelo Núcleo Hegemônico (NH), como gerenciador de suas necessidades. Vamos pontuar algumas pistas sobre o desenvolvimento do Conselho em Gramsci como indicativo de uma aproximação que veio a ocorrer posteriormente em Trombas, embora isso não signifique que tenha ocorrido uma apreensão de suas reflexões por seus dirigentes e militantes, até porque esse debate teórico gramsciano somente se apresentou de forma consistente no Brasil no pós-64.

A reflexão sobre a questão dos Conselhos, o Partido Político e a intervenção do campesinato no processo revolucionário em Gramsci é polêmica, particularmente pela riqueza do contexto histórico que se apresenta nessa problemática, bem como pela complexidade dos elementos socioeconômicos e culturais que o autor procurou incorporar à análise. De certa forma, isso também se reflete em sua leitura sobre o papel do Partido e os sindicatos, que tem consonantes variadas e reavaliações futuras, objeto de interpretações conflitantes entre interlocutores. Foge, no entanto, aos objetivos dessa aproximação esse resgate (cf. Gramsci & Bordiga, 1984, p.35). Mas, ao que tudo indica, é no projeto que se configurou o "Ordine Novo", que Gramsci iniciou uma reflexão sobre a prática política dos trabalhadores a partir de seu local de trabalho.

O Conselho em Gramsci apresenta-se como um sistema de representação e organização que se adapta à produção e ao local de trabalho, ou seja, ele avalia a organização dos trabalhadores em uma nova unidade/território que vem a ser o lugar de produção, quer seja na cidade quer no campo. Ele passa a visualizar todo o território nacional como uma fábrica, entendido como local de produção onde acaba o conceito de cidadão, que vem a ser substituído por companheiro, multiplicando-se os laços e sentimentos de solidariedade, fraternidade e afeto. O Conselho então viria a ser o embrião de organização a ser estudado e desenvolvido e deveria apontar para o processo de amadurecimento necessário à articulação da classe trabalhadora. Contudo, era fundamental superar nessa fase histórica algumas limitações, como seu caráter extensivo e limitado de arbitragem na relação capital e trabalho dentro da fábrica capitalista, para que ocorresse uma efetiva ampliação de organização interna para todos os trabalhadores na fábrica, nos bairros (ou seja, a superação de qualquer tipo de parlamento e representação parlamentar), e procurar sua integração com organizações semelhantes dos camponeses.

Ao pensar essa problemática em Gramsci incorporando o campesinato no processo revolucionário, a tarefa, todavia, é sugestivamente complexa e, de certa forma, inconclusiva, algo ainda para ser elaborado, embora o autor, nessas leituras, procurasse superar no camponês o estigma que sempre lhe caracterizou na concepção marxista clássica: a de ser um inimigo potencial do proletariado em razão de seu atraso histórico e do modo de vida tradicional ou como linha auxiliar (pouco confiável) do proletariado na tarefa de fazer a revolução. Para ele, é fundamental o entendimento do contexto histórico das massas camponesas dentro das características peculiares onde ocorreram processos revolucionários para uma análise marxista da questão.

Nesse sentido, a análise do campesinato em Gramsci na fase inicial de sua obra está inserida no contexto da revolução italiana, e incorporaria, em um segundo momento, uma particular reflexão sobre a Questão Meridional. Embora, de forma embrionária, Gramsci sinalizasse que a estratégia dos conselhos e a configuração desses como instrumento de ação revolucionária do operariado no local de produção fossem extensivas ao campesinato (já que ele apontava nos escritos anteriores a 1920 para a necessidade e a importância de "Conselhos operários e camponeses", numa estratégia para a formação do Estado socialista, visualizando um "Conselho Executivo Central", tendo por significado a articulação dos Conselhos de Fábricas com os Conselhos de Camponeses), percebe-se, no entanto, uma lacuna nessa análise sobre a real concepção de uma política de alianças da classe operária com outros grupos sociais e de sua viabilização, particularmente em referência à organização do campesinato em sua aliança com o operariado.

A partir das reflexões da Revolução Russa (onde o movimento revolucionário foi precedido por levantes no campo), e particularmente da Revolução Húngara e Alemã, quando ocorreu o abortamento do processo revolucionário por causa do isolamento das cidades, somando-se à análise do quadro italiano, especialmente após os acontecimentos do "Biênio Vermelho", é que ocorreu uma reavaliação e amadurecimento dessa concepção, na medida em que Gramsci procurou apresentar ao proletariado uma teoria da revolução e do poder operário, reconhecendo nos camponeses um componente essencial da revolução. Essa reavaliação pode muito bem ser observada em uma série de artigos intitulados "Operários e camponeses", escritos em 1919 e 1920, quando percebeu características semelhantes entre o que ele denominou "sociedades atrasadas do ponto de vista capitalista", as semelhanças entre Rússia e Itália (bem como em outros países) e, particularmente, entre operários e camponeses, e a separação entre cidade e campo (cf. Gramsci, 1976).

Gramsci observou ser fundamental analisar a psicologia do camponês para o desenvolvimento de uma ação e estratégia revolucionárias que lhe possibilitasse a superação do espontaneísmo circunstancial de suas revoltas; ou seja, deve haver o necessário entendimento de sua cultura e de suas necessidades, bem como o (re)conhecimento de seus valores. Ou melhor, ele aponta que essa psicologia submissa cotidiana do camponês é tradicionalmente dissimulada, sendo ele um indivíduo alijado e ignorado do processo que o circunda, assumindo também e com freqüência o "banditismo" como expressão de luta de classes. Entender, desvendar essa psicologia para Gramsci é fator fundamental para a superação desse paradigma.

Ao que parece, mesmo em seus escritos dessa fase, e até em alguns artigos anteriores ou naqueles textos posteriores aos acontecimentos do Biênio Vermelho, Gramsci já teria superado a experiência ordinovista. Sem dúvida, a construção do Partido Comunista e a ameaça crescente do fascismo que já se adivinhava no horizonte eram tarefas prioritárias, e por essa razão, a reflexão sobre a "Questão Meridional" que poderia sugerir uma reavaliação da problemática dos Conselhos e o campesinato ficou inconclusiva. Ele concluiria provisoriamente nesse ensaio que a libertação do campesinato viria em conseqüência da vitória do operariado, e não em decorrência de aliança entre as duas classes, sendo o campesinato um fator essencial. Ainda assim, poderíamos inferir que em Gramsci o instrumento básico para a mobilização de grandes massas (com ressalva de que o autor historicamente refere-se ao operariado como agente principal de dinamização) é o Conselho, sendo o Partido, em última instância, sua força propulsora.

Essa reflexão sobre a Questão Meridional, em grande medida realizada antes de sua prisão, sugere ainda pistas importantes para uma (re)leitura dessa problemática, em que há muitas lições desse processo a serem apreendidas. Neste, que é um de seus últimos escritos referenciais, Gramsci (1987, p.117) faz uma importante ponderação sobre a complexidade dessa relação organizacional e que sugestivamente poderia incorporar o campesinato:

> A maior debilidade da organização operária tradicional manifesta-se essencialmente no desequilíbrio permanente (que se tornou catastrófico nos momentos culminantes da atividade de massa) entre a potencialidade dos quadros organizativos do partido e o impulso espontâneo vindo de baixo.

No caso do objeto deste livro sobre a luta de Formoso e Trombas, vale recordar mais ainda as vicissitudes do período, ou seja, o rico contexto internacional do movimento comunista, mas também seus reflexos no quadro interno brasileiro advindo do contexto de guerra fria. Por essa razão, categorias como "hegemonia, Guerra de Posição e Guerra de Movimento, os intelectuais", entre outras, sugestivamente compõem o eixo metodológico com que nos subsidiamos para a apreensão de nossa problemática. Por decorrência, mais um desafio apresenta-se, já que nosso objeto está inserido numa dinâmica em que a teoria da revolução elaborada pelo Partido Comunista Brasileiro foi revisitada e tencionada pela práxis em muitas ocasiões, e no caso do campesinato, era nos anos 50 um novo sujeito a entrar em cena. Isso sem dúvida, refletiu de forma contraditória no cotidiano da política, e em particular sobre seus militantes de base, seja no campo seja nas cidades.

Dessa forma, outros trabalhos teóricos nos auxiliam a desenvolver essa problemática em que o conceito de autonomia está forçosamente presente entre as várias instâncias do Partido Comunista e seus militantes à época em que o objeto deste trabalho se insere; mas em especial, a autonomia é necessária para aprender a riqueza dessa tensão entre direções e base, teoria e prática. Por isso, recorremos e valorizamos o conceito recente desenvolvido por Marco Aurélio Santana (2001, p.39ss), *Homens partidos*, sugerindo, por essa via, a idéia de partidos, autonomia regional ou de grupos e mesmo militantes pecebistas que, em muitos momentos, atuaram autonomamente – por várias razões – ao longo da história do PCB. Em que pese, nessa dicotomia, o autor tenha privilegiado em seu trabalho a relação do partido com o movimento operário, entendemos que essa dinâmica igualmente se aplica junto ao campesinato e às lutas que o partido esteve envolvido, tendo o agravante em relação a este último uma lacuna teórica que seria construída durante na práxis. Como bem considera Santana (2001, p.21ss):

> Porém, se buscou instrumentalizar o movimento dos trabalhadores no sentido dos interesses partidários, o PCB não logrou fazer isso da

forma que queria. Este processo sofreu injunções, desvios e alterações oriundos seja da resistência interna, seja das pressões externas experimentadas pela organização. A implantação das linhas políticas pelo partido não se deu, portanto, de forma lisa e direta; antes, se realizou de forma negociada e perpassada por uma série de condicionantes tais como: o cenário político geral e o quadro de alianças e competição travadas pelo partido dentro e fora do meio sindical, bem, como resistências estabelecidas pelos trabalhadores e ou pela própria militância comunista, que chegou a gerar, na prática, a existência do que se chamou dois PCs.

Nessa particular dicotomia, a particularidade do estado de Goiás deve ser incorporada a essas variáveis já elencadas, em especial no que se refere a um PCB Urbano e outro Rural, que refletem tensões entre os intelectuais urbanos e camponeses. A crítica que comumente se faz aos agentes de mediação por alguns intelectuais, especialmente o Partido Comunista ter procurado obstacularizar o movimento revolucionário no campo, como se fosse uma proposta deliberada e premeditada, perde o sentido e o referencial teórico a partir do momento que as condições objetivas e subjetivas apontadas em vários estudos de casos, se estavam postas, eram localizadas. Ou seja, parece-me um equívoco apontar o amadurecimento de um Partido e de seus militantes na tentativa de elaborar uma estratégia revolucionária no campo como sendo somente uma proposta interveniente e deliberada de contenção de impulsos dos movimentos sociais no campo.

Por essa razão, entendo que a luta do camponês assumiu no passado e assume no presente várias dimensões, com um eixo norteador inalterado, ou seja, além da luta pela terra, também encontra a luta pela preservação de seu modo de vida, de sua cultura, de suas crenças. Desse aspecto decorrem a debilidade de compreensão e o desafio de superação no processo de intervenção dos agentes de mediação. Como recorda Ianni (1988, p.110), o caráter revolucionário do campesinato também está na preservação desse complexo que é anticapitalista, assumindo uma postura radical que é revolucionária na defesa de seus valores. É no sentido de contribuir na busca de algumas respostas que se insere a proposta deste livro, e apreender a dimensão política do campesinato que é ainda um desafio contemporâneo.

O presente livro está estruturado em quatro capítulos, desenvolvidos em um eixo analítico que procura incorporar as diferentes variáveis que influíram o PCB no processo de intervenção da luta de Formoso e Trombas no período de 1950-1964. Para uma contextualização dessa problemática, faz-se necessário levantar a cronologia dos acontecimentos principais, ainda que com a ressalva que poderá ocorrer uma variação de alguns meses entre um fato e outro e eventuais confusões a partir da proximidade de datas de início e finais de anos:

ANO	ACONTECIMENTO
1922	Fundação do PCB.
1930	Nomeação de Pedro Ludovico como interventor do Estado.
1935	Confirmação de Pedro Ludovico como governador por meio de eleição indireta.
1936	Fundação do PCB em Goiás.
1941	Criação da Colônia Agrícola Nacional de Goiás (Cang).
1945	Fim do Estado Novo e nomeação de um novo interventor.
1947	Cassação do registro legal do Partido Comunista. Governo de Jerônimo Coimbra Bueno (1947-1950).
1948	Manifesto de Janeiro. Cassação do mandato dos parlamentares comunistas.
1950	Início do fluxo de camponeses para Formoso. Início do conflito fundiário na região. Manifesto de Agosto. Revolta de Porecatu no Paraná. Eleição de Pedro Ludovico (1951-1954).
1952	II Congresso Camponês de Goiânia, quando é fundada a União dos Camponeses de Goiás (UGG).
1953	Tentativas de equacionamento pacífico em Formoso. Envio de Geraldo Tibúrcio (PCB) à região.
1954	Envio dos primeiros quadros comunistas para fixar posse na região e preparar a organização e a resistência. Suicídio de Getúlio Vargas. IV Congresso do PCB. Eleição de José Ludovico (1955-1958).

	Fundação da União dos Lavradores e Trabalhadores Agrícolas do Brasil (Ultab).
	Fundação da União dos Trabalhadores Agrícolas de Goiás (Ultag)
1955	Fundação da Associação dos Lavradores de Formoso. Envio de armas a Formoso e início da luta. Passagem de um assistente do Comitê Central (não-identificado). Campanhas de mobilização.
1956	Luta por toda a região, alternada por períodos de tréguas. Passagem de um assistente do Comitê Central (Ângelo Arroyo). Denúncia ao culto de Stalin e desestruturação do PCB em âmbitos nacional e regional. Formação dos Conselhos de Córregos (1956-1957).
1957	Envio de tropas a Porangatu com o objetivo de invadir Trombas. Campanhas regional e nacional de mobilização. Instalação de Comissão Parlamentar de Inquérito referente a Formoso sob pressão de opinião pública. Envio de Granja (C.C.) a Goiás e a Formoso e Trombas. Retiradas das tropas da região. Vitória dos posseiros.
1958	A Associação assume o governo do território. Declaração Política de Março. Eleição de José Feliciano (1959-1960). Envio de Assistentes do C.C. para a assistência política e também para o envio de armas (até por volta de 1960/1961).
1959	Revolução cubana. A Associação é o governo do território.
1960	Campanha eleitoral em Goiás e eleição de Mauro Borges. V Congresso do PCB. Eleição de José Ribeiro, de Formoso ao Comitê Central. Guerrilha de Porangatu (início).
1961	Guerrilha de Porangatu (epílogo). Governo Mauro Borges (1961-1964). Renúncia de Jânio Quadros. Mudança de nome e estatutos do PCB, que até então se chamava Partido Comunista do Brasil e identificado pela sigla PCB, para Partido Comunista Brasileiro. Congresso Camponês de Belo Horizonte.
1962	Cisão no PCB que deu origem ao Partido Comunista do Brasil, PC do B. Eleição de José Porfírio Deputado Estadual.
1963	Congresso Camponês-Operário-Estudantil de Goiânia. Emancipação de Formoso.
1964	Golpe de Estado.

A configuração dos capítulos está estruturada da seguinte forma: o capítulo 1 objetiva resgatar a trajetória do PCB no período, procurando apontar as dificuldades de sua intervenção a partir das debilidades de organização e formação teórica, bem como os impactos decorrentes das várias crises nacionais e internacionais em todo o processo. Também procura apontar as dificuldades de intervenção no campo a partir das diferentes linhas políticas e seu reflexo na militância.

O capítulo 2 tem por intenção reconstituir, em um primeiro momento, a formação do PCB em Goiás e levantar os elementos e as dificuldades de sua inserção no campo até a década de 1950; em um segundo momento, em um quadro de desenvolvimento econômico diferenciado, apreende um novo processo de intervenção do Partido Comunista Brasileiro no campo caracterizado pela erupção de várias lutas e por tensões permanentes entre suas várias direções. Pretende, ainda, apontar elementos delineadores da estratégia política do PCB e do Comitê Central relativa à luta de Formoso e Trombas, aspectos esses agravados pela crise do XX Congresso, bem como o quadro de impasses e a dicotomia entre lideranças intelectuais e camponesas forjadas no processo de luta no conturbado período até 1964. O capítulo procura também demonstrar como políticas de colonização do governo foram instrumentos dinamizadores de conflitos no campo, que, em Formoso, teve a Cang como elemento originário e potencializador, e aponta a inserção do trabalho dos militantes comunistas no local. Por fim, recupera o trabalho de organização do Partido Comunista na região, os vários congressos e as estratégias de luta decorrentes da política do Manifesto de Agosto até o IV Congresso, quando as atenções se voltam para a luta de Formoso e Trombas.

O processo de luta na região e a intervenção do PCB no local são resgatados no capítulo 3, que procura apontar as dificuldades de mobilização e organização dos posseiros pelos militantes comunistas enviados ao local. Esses quadros, principalmente, João Soares, José Ribeiro, Geraldo Marques, Dirce Machado, vão compor o Núcleo Hegemônico em Formoso e Trombas, que permanecerá inalterado até o golpe, embora outros elementos ainda sejam incorporados ao longo do processo. O capítulo também analisa aspectos sobre a polêmica Associação e os Conselhos e seus elementos constitutivos no processo de luta e organização na região até 1958, que foi o período mais difícil da luta, e aponta a complexa articulação existente entre o PCB no local e a Associação-Conselhos, demonstrando que o real poder político estava inserido no Núcleo Hegemônico.

O capítulo 4 recupera o terceiro momento da luta de Formoso, configurando o PCB e a Associação no poder político e administrativo do território e a fase de ampla articulação que resultaria na eleição de José Porfírio como deputado estadual, e de José Ribeiro ao Comitê Central; analisa a intrigante personalidade e complexa trajetória política de José Porfírio como um elemento e instrumento partidário, polemizando com vários autores que focalizam a luta dessa liderança como o elemento decisivo e dinamizador de todo o processo; avalia a complexa relação entre o Comitê Central, o Comitê Estadual e o Partido Comunista na região de Trombas em todo o processo histórico, procurando demonstrar o papel político e interveniente e articulador de alguns setores do CC na conduta da luta, e considera o quarto momento histórico de Formoso e Trombas, com a crise e os impasses internos no Partido, decorrentes da conquista da terra, a chegada do capitalismo na região e a virtual desmobilização da maioria de seus quadros na falta de um projeto político que prosseguisse nas conquistas obtidas até então. O capítulo aponta ainda que, paralelamente ao debate nacional do PCB, na véspera do golpe, verificava-se uma alteração política e estrutural no estado e que, no local, ocorria uma gradual recomposição interna do partido em Formoso e um embrionário projeto de intervenção cooperativo que foi sustado pelo Golpe de 1964. Descreve, por fim, sucintamente, o período pós-1964 e a luta política do Partido Comunista na região e demais forças de esquerda, apontando a brutal intervenção na região e as políticas de governo que gradualmente foram alternando a estrutura fundiária de Formoso.

As etapas de desenvolvimento que nortearam a configuração deste trabalho tiveram início a partir de 1987, quando, ainda militante do Partido Comunista Brasileiro, tomei contato com a existência da misteriosa "República de Formoso e Trombas". A curiosidade aumentava à medida que não eram encontradas informações significativas na bibliografia existente e poucas eram as informações nos estudos da academia. Também não eram muitas as referências advindas dos quadros comunistas que tinham tido algum contato com o movimento ou conheciam algum militante. Era possível perceber assim que os tempos recentes da "Abertura Política" ainda assustavam e demandavam cautela.

O projeto teve uma fase inicial extremamente importante configurada em um trabalho de iniciação científica desenvolvido na Pontifícia Universidade Católica de São Paulo (PUC/SP), que possibilitou um amadurecimento quanto à complexidade da temática e um estímulo a sua continuidade. Ao longo do período de mestrado, o levantamento bibliográfico foi sendo enriquecido por intermédio dos cursos seguidos em várias instituições e alguns trabalhos pouco explorados e até desconhecidos que foram sendo incorporados ao conjunto final. Se existe, no entanto, um razoável e até crescente número de estudos sobre o PCB, verifica-se que, em sua maioria, são pouco esclarecedores sobre alguns aspectos, prevalecendo, em geral, uma postura de crítica negativa sobre seu papel e sua importância no período. Esse quadro tem se alterado nos últimos tempos. É paradoxal que, no auge da maior crise de sua história, em 1992, tenham começado a surgir bons trabalhos cujo objetivo seja recuperar o papel do Partido Comunista Brasileiro no processo histórico. Mas se em âmbito nacional o material disponível sobre o PC possibilita um bom manancial de pesquisa, em alguns estados brasileiros esse trabalho está longe de ser considerado satisfatório. Nesse ponto, o processo de resgate histórico do Partido Comunista em Goiás aponta para várias dificuldades, já que a sistematização dessa pesquisa ainda está por ser realizada. No entanto, foram fundamentais algumas teses recentes que muito subsidiaram essa reflexão. Isto implica, no entanto, uma observação.

Alguns aspectos referentes ao quadro teórico e às dificuldades de resgate histórico envolventes e intervenientes podem ser apontados nos dois momentos referentes à luta do PCB no estado de Goiás e que tiveram conseqüências na luta de Formoso e Trombas. O primeiro remonta ao período inicial de 1936 a 1950, portanto o período de sua formação, que está intimamente associado ao processo de desenvolvimento do estado de Goiás, e particularmente com a alteração do quadro político e econômico regional, reflexo esse de uma nova ordem nacional e o posterior período de redemocratização, em que o Partido teve seu curto período de legalidade até a cassação de seu registro. Nessa fase de reconstrução, percebe-se um PCB majoritariamente urbano e em formação, composto por intelectuais e fundamentalmente apontado nos trabalhos de Eliane Garcindo Dayrell (1984, introdução e p.21) sobre o partido, ainda que tenha a ressalva da autora de que "não se tratará aqui de avaliar a eficiência revolucionária, e sim elucidar a configuração partidária enquanto historicamente verificada através da narração de seus agentes".

É um período rico de apontamentos, e neste trabalho a reconstrução da história do Partido Comunista e da luta camponesa de Formoso e Trombas foi sendo constantemente adicionada por outras referências bibliográficas, bem como por algumas entrevistas que me foram concedidas, objetivando a constituição do eixo epistemológico dessa fase inicial, que acredito ser fundamental ao entendimento do período posterior. Esse é o período de 1950-1964, quando o PCB, já na ilegalidade, redireciona seu trabalho político, e a atuação do partido vai se dirigir para o campo, em um quadro político de relativa tranqüilidade nos centros urbanos e fazer frente às dificuldades e hostilidades que o meio rural goiano apresentava. Mas o período envolveu o PCB (pela linha política em vigor, a atuação de seus quadros e das lutas decorrentes) a se empenhar e intervir conflituosamente nesse processo, ainda que essa fase histórica apresente muitas lacunas e esteja para ser reconstruída em sua totalidade.

Em relação a Formoso e Trombas, as dificuldades foram ainda maiores. Vale destacar nesse esforço o pioneiro trabalho de Maria Esperança Carneiro Fernandes (1988), *A revolta camponesa de Formoso e Trombas*, da Universidade Federal de Goiás (UFG), defendido em 1982; como também indicar a contribuição de Janaína Amado (1980) em *Movimentos sociais no campo. 1948-1964*, e o mais recente, *Eu quero ser uma pessoa* (s.d.). Em relação aos demais livros publicados sobre o movimento, esses são bem poucos, ainda que importantes, e puderam contribuir para a reconstrução de todo o processo histórico: Sebastião Abreu (1985), *Trombas, a guerrilha de José Porfírio*, e o romance de José Godoy (1966), *O caminho de Trombas*, um pouco mais antigo. No entanto, todos têm em comum, e de certa forma com um grau maior ou menor, a linha presente na historiografia existente que procura contabilizar ao PCB todos os erros históricos, sem a preocupação de uma análise crítica sobre seu papel e, principalmente, as dificuldades de intervenção em um quadro de repressão e clandestinidade. Por essa razão, são poucas referências consistentes do papel do partido e seus militantes no processo. Pode-se notar, em especial no trabalho de Abreu (1985), que o próprio título aponta a linha de análise do autor que procura galvanizar o processo de luta na figura de Porfírio. Há que registrar também dois belos romances de autores goianos – *Nunila* (Bernardes, 1984) e *O tronco* (Ellis, 1985) – entre teses, dissertações e livros que remetem a pistas valiosas sobre a complexa problemática do meio rural naquele estado e foram importantes fontes de consulta.

Outra fonte de pesquisa foram as várias reportagens publicadas sobre o movimento em jornais e revistas, como *O Cruzeiro, Manchete, Novos Rumos, Problemas, O Movimento, Voz Operária, Terra Livre, O Estado de S. Paulo*, entre outros. Por fim, temos as referências de teses sobre o processo de desenvolvimento capitalista em Goiás e sobre a Colônia Agrícola de Ceres, que vieram a ser um componente fundamental para a compreensão dessa problemática, Nesse esforço, além das entrevistas a mim concedidas, foram incorporados à reflexão seis inquéritos policiais militares, "Arquivo Brasil Nunca Mais", sendo quatro relativos à atuação do PCB em Goiás e dois relativos a Formoso e Trombas, localizados na Unicamp, bem como outros documentos sobre o Partido Comunista no Instituto Cultural Roberto Morena.

O trabalho de campo, no entanto, foi o desafio maior e ser superado, especialmente pelas dificuldades em relação aos contatos e às entrevistas com antigos participantes da luta, que ainda tinham receio de falar do assunto. O pequeno número de participantes de todo o processo, a idade avançada da maioria e a seletividade da memória foram problemas que demandaram paciência e persistência. Foram três as viagens à região, em que foram realizadas várias entrevistas, como também muitas conversas não gravadas, mas que possibilitaram, principalmente a partir da segunda viagem, um resultado gratificante e bem mais proveitoso.

O antigo palco de lutas está consideravelmente alterado desde aqueles anos. Dos dirigentes de Formoso e Trombas, alguns, quando da elaboração desta pesquisa entre 1990 e 1994, ainda possuíam uma discreta participação política vinculada a outros partidos. Em Trombas, existe uma escola com o nome de José Porfírio, e em Formoso, numa das escolas, coletei, na ocasião da pesquisa de campo, uma apostila pela qual os alunos são ensinados que o fundador da cidade foi um antigo grileiro de terras, e não faz menção à luta dos posseiros. Em outra escola do município, já ocorria o contrário: um grupo de professores procurava resgatar a memória das lutas, propiciando debates e palestras aos jovens da cidade com os antigos participantes. Tinha-se ainda certa cautela para falar do passado e havia uma razão: os tempos eram incertos, e como bem apontou uma participante de todo o processo de luta, que freqüentava esses debates, "a onça está solta". Passou o tempo e pouco se falou sobre o assunto, seja na universidade seja nas bem poucas referências novas em livros.

Em 2004, ocorreu em Goiânia o "Ciclo 50 anos de Trombas". O evento organizado pelo Cepec, uma entidade formada por um dinâmico grupo de ativistas sociais, teve o mérito, para não dizer a ousadia, de trazer a público alguns remanescentes da luta de Trombas, muitos deles quase reclusos e sempre cautelosos em sair à tona. O ciclo, mais que tudo, recolocou em público o debate sobre a luta, mas também a questão da anistia, cujo mérito fora aprovado, mas as indenizações, naquela ocasião, estavam vergonhosamente emperradas por questões políticas e burocráticas em várias instâncias oficiais do estado de Goiás. Pessoalmente, fui um dos convidados e lá tive a oportunidade de reencontrar velhos conhecidos das lutas de Trombas e Formoso, e, encontrar outros históricos personagens que até então estavam espalhados por Goiás, alguns numa situação de semiclandestinidade e que participaram de forma variada no conflito, mas que até então não tivera a oportunidade de conhecer. Pude, dessa feita, ouvir prazerosamente as histórias e relatos de Carmina Castro Marino, Paulo Capingote, Aarão de Souza, Valter Waladares, Sebastião de Abreu, entre outros; sem falar que também tive a possibilidade de reencontrar Dirce Machado, Barthô e Sebastião Bailão. Lamentavelmente, José Ribeiro, Geraldo Tibúrcio e José Sobrinho, figuras humanas extraordinárias e destacados militantes nesse processo de luta, já não estavam mais presentes. Mas não foram esquecidos; afinal, o sonho de uma sociedade mais justa que nos legaram não acabou, continua por outras vias na luta do campesinato brasileiro em busca por um pedaço de terra.

Sem dúvida, temos muito ainda que fazer, mas a história da luta camponesa de Formoso e Trombas, seus protagonistas, bem como a intervenção do Partido Comunista nesse conflito, entre outros movimentos ocorridos ao longo do século XX, estão ainda ausentes de um resgate histórico. Afinal, como afirmou Ferreira Gullar: "O PCB não se tornou o maior Partido do Ocidente. Nem mesmo do Brasil. Mas quem contar a História de nosso povo e seus heróis, tem de falar dele. Ou estará mentindo".[16]

---

16 Citação de Ferreira Gullar em 1982 na data comemorativa de 60 anos de fundação do PCB.

1
ESTRATÉGIA POLÍTICA E A QUESTÃO AGRÁRIA NO PERÍODO 1945-1964

Introdução

Ao final da Segunda Guerra Mundial e com a queda do governo Vargas, o Partido Comunista Brasileiro (PCB) insere-se no quadro institucional vigente, favorecido pelo contexto internacional de harmonia entre as potências que participaram do conflito enquanto países aliados. Luiz Carlos Prestes, eleito secretário geral, ressurgiu na política nacional com inegável prestígio (juntamente com outros líderes comunistas presos ou exilados), e o Partido Comunista procurou afiançar o processo democrático em gestação, tendo mesmo levantado politicamente, mas de modo contraditório, a bandeira do pacifismo, de ordem e tranqüilidade, bem como a mensagem de apertar os cintos. Isso não deixou de ser um ponto polêmico, na medida em que essa política refletiu de forma contraditória perante a militância, até porque muitos sindicalistas comunistas conduziram várias greves, o que demonstra o contrário de alguns trabalhos que tratam do tema, que apontam para uma leitura de que a Direção impôs total controle sobre seus militantes, bem como a paralisia das lutas no período.[1]

---

1 Como podemos ver em Santana (2001, p.39ss).

Por essa via, tendo por aliada a burguesia "progressista", o PCB contraditoriamente buscava o entendimento entre patrões e empregados com o objetivo de incrementar o desenvolvimento da economia brasileira. Todavia, a despeito das contradições dessa política, o objetivo maior a ser alcançado era a união nacional contra o fascismo, embora o partido não tivesse clareza do cenário político do País. Quanto à intervenção no campo, havia pistas bem interessantes em relação à estratégia a ser desenvolvida, de certa forma até bem coerentes.

Em discurso no Estádio do Pacaembu em julho de 1945, pouco tempo depois de sua libertação e em plena legalidade partidária, Luiz Carlos Prestes apontou para a necessidade de quebrar o monopólio da terra e superar os restos feudais prevalecentes no País. Ele orientou os militantes com lucidez, para uma preocupação e uma tarefa imediata do Partido e do proletariado: a organização dos assalariados agrícolas, principalmente das grandes massas camponesas que, nas suas palavras, representavam a grande maioria de nossa população rural e sertaneja.

> através de suas reivindicações mais sentidas será possível unir em organismos os mais diversos – clubes, associações ou ligas camponesas – as grandes massas de trabalhadores rurais. Desde os sitiantes e pequenos proprietários, mais ou menos abastados, ou arrendatários capitalistas, mais ou menos independentes, até aquela maioria, a mais miserável, explorada e oprimida de toda população do país, constituída pelos agregados, colonos, moradores, meeiros, posseiros, vaqueiros, peões de estância e trabalhadores do eito.[2]

Prestes considerava essa uma das tarefas mais difíceis de serem iniciadas, tal o grau de servidão característico das relações de produção no campo. Avalia o então secretário geral a necessidade de que o proletariado mais dinâmico e avançado despertasse as massas camponesas em defesa de seus interesses, já que essas, tradicionalmente por sua ignorância e atraso, podiam ser utilizadas pela reação contra um projeto político revolucionário. Ainda assim, Prestes delineou

---

[2] Discurso na *Tribuna Popular* (5/7/1945, p.4).

nesse discurso uma estratégia realista a ser conduzida pelos comunistas no campo, em que pese incipiente e sujeita a desdobramentos táticos posteriores.

Nesses dois anos de legalidade, entre 1945 e 1947, embora pequeno no tempo, o PCB cresceu exponencialmente e, na leitura de Moisés Vinhas (1982), adquiriu feições de um "Partido de massas", chegando a contar com cerca de duzentos mil filiados, ainda que esse número tenha sido desproporcional ao número efetivo de militantes. Na eleição presidencial de 1945, o Partido demonstrou inegável capacidade de trabalho e arregimentação, e o candidato apoiado pelo conjunto dos comunistas, Yedo Fiúza, obteve, em apenas vinte dias de campanha, cerca de 10% dos votos nacionais. Nas primeiras eleições parlamentares, o Partido Comunista elege uma bancada de quinze deputados federais, um senador, centenas de deputados estaduais e vereadores pelo país (idem, p.86ss). Ainda que seus parlamentares fossem minoria na composição do Congresso Nacional, que tinha um perfil majoritariamente conservador (Giovanetti Netto, 1986, p.63ss; Araújo, 1987, p.83),[3] formado basicamente por parlamentares do PSD, com 151 cadeiras – da UDN 77, e setores do PTB com 22 – e com alguns deputados incrustados em vários pequenos partidos, como PSP, PL, a bancada comunista obteve um papel fundamental na consolidação das reivindicações democráticas quando da elaboração da nova constituição.

Os resultados, entretanto, foram diametralmente opostos no capítulo sobre a questão agrária, quando pouco se avançou, tendo os comunistas e outras forças de esquerda encontrado tenaz resistência às suas propostas. Uma das razões deve-se ao fato de a questão agrária ser um aspecto central para as elites, mas também um tabu ao longo da história brasileira, tendo, portanto, essa proposição enfrentado forte oposição das bancadas conservadoras (Giovanetti Netto, 1986, p.63; Araújo, 1987, p.93). Associado a esse fato, outros fato-

---

3 Cf. também "Proposta de reforma agrária da bancada do PCB na Constituinte de 1946: discurso pronunciado na Assembléia Constituinte pelo senador Luiz Carlos Prestes (Stédile, 2005, v.3, p.17-28).

res dificultaram os avanços propositivos da bancada comunista nessa temática. Um deles, talvez o mais problemático, segundo Giovanetti Netto, deveu-se ao apego a um modelo de análise que via o País como semifeudal, a luta pela revolução democrático-burguesa em detrimento da luta pelo socialismo, e até mesmo havia uma lacuna quanto às propostas de reforma agrária nacional que não levavam em conta particularidades regionais. Realizada *a posteriori* e isoladamente, é uma explicação que adquire certa razoabilidade dado o tabu que ainda persiste sobre a reforma agrária na virada do século XXI, já que isso sugeria, à época, uma inversão do processo metodológico, e que de fato tornara vulneráveis muitas das colocações e análises do PCB sobre a realidade brasileira. Como ele mesmo ressalta:

> "A insistência em fazer acoplar a realidade concreta a um esquema teórico pretederminado e marcado pela ortodoxia implicaria inevitavelmente numa certa ineficácia, seja no nível da análise dos fatos, seja ao nível da ação política". (Giovanetti Netto, 1986, p.65)

A contribuição dos parlamentares do Partido Comunista ao projeto constitucional, no entanto, teve esforços bem significativos e com pragmáticas propostas relacionadas ao direito de propriedade – que previa sua função social –, bem como quanto à distribuição de terras, emenda última que abria espaço para uma reforma agrária. Ainda assim, as emendas foram rejeitadas, já que o rolo compressor conservador bem se explicitava em contrário quanto ao direito de propriedade, e até mesmo outras emendas semelhantes mais moderadas de parlamentares de esquerda tiveram o mesmo destino (Giovanetti Netto, 1986, p.65; Araújo, 1987, p.86).[4] A rigor, no artigo final sobre a Questão Agrária na Constituinte de 1946, estava posta uma cláusula quase pétrea que se travestiria em um elemento impeditivo da alteração da propriedade fundiária e combustor de conflitos futuros: a propriedade da terra só seria objeto de desapropriação ante o pagamento prévio em dinheiro, algo que, por anteci-

---

4 Ver proposta de reforma Agrária da bancada do PCB na Constituinte de 1946 (Stédile, 2005, v.3, p.26).

pação, inviabilizava uma reforma agrária por mais moderada que fosse. Por extensão, nisso estavam postos os limites da democracia que o Partido Comunista tanto afiançava, algo que não demoraria a surpreender seus militantes pouco tempo depois.[5]

A revolução entra em pauta

A situação política nacional se deteriora a partir de 1947, particularmente com a alteração do quadro político internacional e o surgimento da Guerra Fria; e ante o inegável poder de fogo e arregimentação do PCB demonstrados na fase pós-constituinte, estava com os dias contados o desejado e proposto namoro com a burguesia nacional. Esta última, utilizando-se de alguns incidentes e provocações, bem como de uma sutil interpretação semântica da Constituição, cassou judicialmente o registro do Partido, sob a alegação de que esse era uma filiação da Internacional Comunista. No ano seguinte, veio a cassação do mandato dos parlamentares comunistas. Jacob Gorender (1987, p.21) assim nos relata como se desenvolveu o processo à época:

> Um mês antes do julgamento, o Secretário Geral fez uma conferência para os militantes comunistas na Casa do Estudante e ali tranqüilizou os presentes: a cassação era inviável, o processo judicial partia de um inexpressivo grupelho fascista, a "Burguesia Progressista" não tinha interesse em tamanho disparate. Diante de tão autorizada apreciação, a militância do PCB se acomodou nas tarefas rotineiras e deixou de promover uma campanha de protestos de massa contra a cassação. Ainda na manhã de 7 de maio, dia do julgamento, Prestes estava seguro de que a sentença confirmaria o registro. À tarde, por três votos a dois, O PCB tinha o registro cassado e de novo era um Partido ilegal. Uma vez que a

---

5 Quanto a uma avaliação da intervenção do PCB no campo, houve o início de tentativas diferenciadas de organizações camponesas e, em alguns lugares, alguns pequenos conflitos localizados em que o Partido interveio. Entre os vários trabalhos sobre a temática, ver Medeiros (1981 e 1989); Costa (1993 e 1996); Cunha (2004); Garcia (2005).

ordem judicial de fechamento se cumpriria no dia seguinte, houve um corre-corre para retirar fichários e queimar papéis.[6]

Mesmo assim, os *Candidatos de Prestes* procuraram participar institucionalmente do processo eleitoral concorrendo nas eleições em novembro de 1947, via outras legendas para várias prefeituras e câmaras de vereadores; os espaços políticos já eram mínimos, para não dizer totalmente asfixiados à participação dos comunistas. Não foi sem surpresa que a burguesia nacional, aliada a setores conservadores e reacionários do País, cassou de forma escandalosa o registro de vários candidatos comunistas, e mesmo anulou alguns resultados como a vitória de Armando Mazzo à prefeitura de Santo André; sem falar em outras cidades a exemplo de São Paulo, onde os vereadores eleitos não foram diplomados. Casuísmos de outras ordens também aconteceram, como a aprovação em prazo curtíssimo de uma lei que acabava com a autonomia política em municípios como Recife, São Paulo, Santos e o Distrito Federal, *coincidentemente* cidades onde os candidatos do Partido Comunista eram favoritos. Isso, no entanto, não impediu a vitória e a posse de alguns dos *Candidatos de Prestes* a vereador em cidades menores, e mesmo a eleição e a posse de um prefeito comunista em Jaboatão, que ficaria conhecida como Moscouzinha.[7]

A reação em contrário do Partido Comunista e sua Direção refletiu radicalmente em 1948, por meio da mudança do eixo de análise e com uma nova linha política, passando a uma orientação diametralmente oposta ao pacifismo anterior para uma virada à esquerda com a pregação da violência revolucionária refletida inicialmente no "Manifesto de Janeiro de 1948". Essa política seria reafirmada posteriormente em 1950 com o "Manifesto de Agosto". Por essa análise, o Partido rompe com a burguesia "progressista" e aponta para uma linha de ação que objetivava a luta direta pela tomada

---

6 Ver também Alves Filho (1997); Falcão (1988).
7 Sobre esses episódios e suas conseqüências, ver Medici (1999); Vietez (1999); Bezerra (1980).

do poder. Em ambos os manifestos, especialmente no "Manifesto de Agosto", o Partido Comunista propõe a formação de uma "Frente Democrática de Libertação Nacional", base de uma ampla organização popular. Quanto ao processo de rearticulação interna advinda dessa luta política, Moisés Vinhas afirma que o partido militarizou-se, sempre com os olhos voltados para o assalto ao poder. Sua direção cai na clandestinidade (que no caso de Prestes é absoluta) e retorna a uma política obreirista de quadros, sob um comando centralizador, que tem por conseqüência o afastamento do PCB da realidade nacional.

Para viabilizar essa nova estratégia, a Direção Nacional promove pelo País os famosos cursos Stalin e Lenin de capacitação política, que tinham por objetivo preparar e orientar os militantes de maior potencial.[8] Ainda assim, o sectarismo que se seguiu trouxe a redução de 90% de seus militantes por volta de 1946. Em relação aos sindicatos, avaliados como órgãos do Estado e de governos burgueses, o Partido procurou criar organizações paralelas e autônomas. Essas organizações tinham por objetivo "greve a qualquer custo", mas que, na prática, demonstraram em seu curto período de existência sua inviabilidade como tática de confronto. A recusa de alianças e a ruptura com o movimento sindical existente tiveram por conseqüência o distanciamento dos comunistas junto às massas. A rigor, é um debate que ainda suscita vivas controvérsias.[9]

Concretamente, é entre 1950-1954 que se delineia a virada à extrema-esquerda do PCB, particularmente reafirmada e aprofundada no "Manifesto de Agosto". A posição em relação ao campo era apontada nesse documento da seguinte forma: "Entrega da terra para quem trabalha". O objetivo imediato dessa proposta era o confisco

---

8 Há vasta memorialística que recupera essa experiência, muitas delas sinalizadas nas referências bibliográficasa deste trabalho, mas poucos são os estudos específicos sobre a temática. Como indicativo dessa reflexão, dialogamos com Almeida (1983) e Ruckert (1988).

9 Sobre esse debate, há alguns livros recentes, e, nesse caso, além das entrevistas, recorremos às seguintes publicações: Costa (1995); Segatto (1995); Buonicore (1996); Mazzeo (1999); Ferreira (2002).

de terra dos latifundiários (sem indenização) e sua entrega gratuita a todos os camponeses sem terra ou possuidores de pouca terra. O documento pregava a abolição de todas as formas feudais, como a "Meia", a "Terça", e exigia o pagamento em dinheiro para todos os trabalhadores. Todos esses aspectos programáticos foram reafirmados posteriormente na "Declaração sobre o Projeto de Programa do Partido Comunista do Brasil" em 1953, confirmando, aliás, o pagamento do salário mínimo como algo fundamental (proposta 39 do IV Congresso) em detrimento dos ganhos da "Meia e da terça". Foram notórias as dificuldades da militância em encampar a proposta, já que na época os proventos tradicionais propiciavam um ganho maior ao proposto (cf. Prado Jr., 1987, p.31ss), contradições e ambigüidades que não escapam à análise de Maria Isabel Faleiros (1989, p.150), que assim comenta o período:

> A duplicidade contida no Manifesto de Agosto, mas já apontada no de janeiro de 48, se expressa na atuação do Partido no campo neste período que encaminha desde reclamações judiciais e tentativas de obtenção de cartas sindicais e criação de associações de caráter civil até greves e manifestações de força como ocorreu em Fernandópolis. A "solução revolucionária" está explícita na condução de dois importantes conflitos rurais que envolvem outras categorias econômicas que não os assalariados, "a luta pelo arrendo" e a "guerrilha de Porecatu" no norte do Paraná.

De fato, entre 1949 e 1954 foram registradas junto aos trabalhadores agrícolas do campo, arrendatários e camponeses cinqüenta greves por todo o país, cujas reivindicações básicas eram o pagamento de salários atrasados, salário mínimo, aumento salarial, não-cumprimento de acordos etc. Dezenas de outras referências de movimentos grevistas apontados no jornal *Voz Operária* bem demonstram o despertar do meio rural e a atuação dos militantes do Partido com essas questões (cf. Costa, 1993, p.9ss; Medeiros, 1989, 44ss).[10]

---

10 Esses trabalhos ilustram aspectos vários de organização do PCB e o processo de sindicalização e intervenção no campo até 1964.

A intervenção política e ação prática posta pelo "Manifesto de Agosto" com vistas à revolução propunha, todavia, a formação de um governo democrático-popular, sem ter clareza de que o momento nacional não propiciava condições de confronto como em 1935, e no tocante à revolução agrária o processo indicava sua condução por etapas, até porque se entendia naquele momento que a violência das massas era inevitável e também necessária. De certa forma, essa política justificará posições à esquerda de alguns setores partidários quanto ao papel a ser desempenhado pelo campesinato, até porque, na mesma época, irrompe a Revolução Chinesa, com Mao Tsé-tung, com a vitoriosa estratégia de "o campo cerca as cidades", que passou a ter um significado diferenciado especialmente no momento coincidente da eclosão do Movimento de Porecatu em 1948 e, mais tarde, nos anos 50, a luta de Formoso e Trombas (Reis, 1981, v.1, p.89). Esse processo da via chinesa em curso veio influenciar decisivamente o PCB, e foi entusiasmaticamente incorporado como uma possibilidade por vários quadros da Direção Central do Partido, que tinham por objetivo a repetição daquele modelo em nosso país e, quiçá, sua reprodução mecânica em nossa realidade.

De qualquer forma, retornaremos a esse aspecto em seguida, mas vale ressaltar que era uma política confusa e contraditória, já que a questão da luta armada se perderia na própria ambigüidade, tanto pela falta de condições políticas quanto pela crescente queda de prestígio do PCB perante as massas e a intelectualidade. Ao que parece, o Partido Comunista não ficou reduzido ainda mais em razão da campanha no plano internacional a favor da paz mundial, contra a ameaça de guerra atômica; e no plano nacional, em defesa do "petróleo é nosso" e contra os trustes. Não demorou muito, a realidade se impôs às teses do "Manifesto de Agosto". Por exemplo, em relação ao movimento sindical, deu-se em 1952 a realização do "Ativo Sindical Nacional", e a partir desse verifica-se uma completa reorientação da prática político-partidário que permite a correção de rumos e sanciona o que a prática indicava: a volta aos sindicatos oficiais, a luta por reivindicações próprias, a realização de alianças e, principalmente, a luta pela sindicalização e pela unidade sindical (Reis, 1981, v.1, p.50; Vietez, 1999, p.48-52). Os resultados dessa rotação não se fizeram esperar, e o Partido Comunista liderou as grandes greves nacionais do período.

Ainda persistia, no entanto, uma postura contraditória em relação ao governo de Getúlio Vargas. O PCB o via como "um governo de traição nacional" e, em decorrência da nova linha política em curso, pregava sua queda. Paradoxalmente, essa proposta estava na mesma política de ataque dos setores mais reacionários do País, incrustados majoritariamente na UDN, bem como no imperialismo americano. Esse equívoco custou caro à militância, na medida em que esses advogavam e trabalhavam com o mesmo objetivo: derrubar Vargas. Somente na última hora Prestes percebeu o erro tático, tendo minimizado essa postura de confronto, sem que, no entanto, isso evitasse o suicídio de Vargas, o que também não impediu que vários jornais ligados ao partido fossem empastelados. Numa análise instigante e longa, Salomão Malina (2002, p.27) bem recoloca o ambiente dos quadros do partido à época:

> Examinando melhor o fato: 1) a maioria do nosso partido é um pedaço do Brasil, com tudo que ele tem de atrasado. 2) estávamos um ano após a experiência revolucionária que, de repente, muda a face do mundo. A revolução na China é algo seriíssimo. Muda a correlação de forças mundial. É uma vitória que pode se considerada das mais importantes havidas até hoje. Quem éramos nós para dizer, "não é isso, é outra coisa". Considere-se ainda a existência da União Soviética, que havia ganho a guerra, derrotado o fascismo. A conclusão possível, naquela época então, é que as idéias do Manifesto de Agosto provavelmente estavam certas. A força dessa visão era muito grande. Seria necessário que tivéssemos aqui uma elaboração teórica muito mais profunda, muito mais séria, com mais tempo, para que pudéssemos pegar essas idéias e passá-las pelo crivo já elaborado. Acontece que o que tínhamos era muito pouco. Esta é a verdade. Hoje, há quem critique essa situação: Por que diziam amém? Diziam amém, como provavelmente diziam amém para o que vinha de Harvard, ou de qualquer outro lugar, mesmo porque não tinham condição de dizer outra coisa... Não é porque necessariamente as pessoas não tinham personalidade nem pensamento próprio. Faltava-lhes bagagem cultural coletiva, nível teórico que lhe permitisse cotejar aquelas idéias, pensá-las melhor e chegar a outras conclusões. Mas,

num primeiro momento, não. Isso vinha com muita força e, no meu caso pessoal, pela minha quase absoluta ignorância em Ciências Sociais, aquele esquema era formidável, por ser todo certinho. É que minha cabeça funcionava dessa maneira, um mais um, dois; dois mais dois, quatro. Então estava tudo resolvido.

O IV Congresso acontece em 1954, confirmando no fundamental a linha adotada a partir do "Manifesto de Agosto" e o programa adotado pelo Comitê Central. A leitura era ainda de um Brasil "semifeudal e colonial", sendo o governo constituído por "latifundiários e grandes capitalistas", o qual só poderá ser derrubado pela força, devendo ser substituído por um governo "democrático-popular", capaz de levar adiante a atual etapa da revolução brasileira. Essa etapa não seria socialista, e sim de caráter "democrático-popular, antiimperialista e antifeudal". Realizado na mais completa clandestinidade, refletiu o sectarismo do momento sendo alijadas do processo de discussão todas as bases e direções regionais, com sérias conseqüências no seio da militância. Gregório Bezerra (1980, v.2, p.118) chegou mesmo a desabafar que o Comitê Central não iria realizar um congresso, e sim uma farsa de congresso, na medida em que ele mesmo, militante experiente e de atuação perante as massas camponesas, foi excluído de toda e qualquer discussão pela ação do núcleo dirigente. Em resposta à indignação do conjunto da militância, Diógenes Arruda afirmaria em uma reunião do Comitê Central, preparatória do Congresso, que não tiraria uma única vírgula do programa, já que esse tinha sido visto por Stalin (Vinhas, 1982, p.134).

Embora a contradição entre o programa do Partido Comunista e a prática dos militantes fosse um fato – posto que, apesar de constar programaticamente como estratégia revolucionária a derrubada do governo em questão, que a rigor poderia ser qualquer um da era pós-Vargas –, isso não impediu o Partido Comunista de apoiar a candidatura de Juscelino Kubitschek (JK), que, pela pequena margem de votos de diferença em relação ao segundo colocado, foi um apoio decisivo para sua eleição. Outro aspecto significativo foi a colocação da burguesia nacional nessa frente ampla que se propunha "antiimperialista e antifeudal".

No campo, além da aliança operário-camponesa com o objetivo de liquidar o latifúndio, os restos feudais, o programa do IV Congresso propunha a entrega das terras a quem nela trabalha e até esboçava uma proposta de reforma agrária e o pagamento de dinheiro com a abolição da meia, da terça, e a anulação das dívidas dos camponeses; e, com o objetivo de ampliar o leque da luta no campo, fazia-se uma ressalva: preservava-se a propriedade legal dos camponeses ricos. Em essência, o programa reafirmava a linha do "Manifesto de Agosto" e a Declaração do Programa de 1953, procurando forjar a unidade de ação e o fortalecimento das organizações de massa. Essas contradições, no entanto, não passaram despercebidas. Prestes, por exemplo, chamava a atenção para as dificuldades entre o programa e as reivindicações da massa camponesa, principalmente quando suas lutas eram colocadas em um segundo plano. Para ele, era primordial que o PCB levantasse e conduzisse a bandeira da reforma agrária radical.

Oto Santos – que na realidade era o professor Calil Cheide, então membro do Comitê Central –, responsável pela condução das atividades do PCB no campo, em intervenção referente ao Programa Agrário e a aspectos organizacionais do Partido Comunista no meio rural, é que apontou elementos interessantes quanto à política a ser desenvolvida, em texto publicado em 1954. Ainda que o autor ressaltasse que a elaboração do programa agrário era objeto de um profundo estudo sobre a realidade brasileira e que a proposta em si era cientificamente formulada, também afirmou que as massas só podiam ser cooptadas se o Partido tivesse um programa agrário "radical". Nada isento de polêmicas como tudo naquela época. Na leitura de Maria Isabel Faleiros (1989, p.180):

> A concepção da estrutura social que subsidia o programa do PCB em 1954 é plágio daquela apresentada por Lenin no II Congresso da Internacional Comunista em 1919 nas "Teses sobre o Problema Agrário" [...] empobrecendo o original, o PCB não elabora, como fez Lenin, táticas correspondentes a cada uma das classes e camadas sociais historicamente existentes, limitando-se a copiar, genericamente, a tática da neutralização dos camponeses e a eliminação dos latifundiários, "restos de uma classe, a classe dos senhores feudais que existia antes do surgimento do capitalismo no mundo".

Entendemos que haja um equívoco da autora quanto a essa conclusão. Nesse documento elaborado por Oto Santos (s. d.), observa-se um esforço de superação de equívocos anteriores e há uma tentativa de apontar para a análise de algumas linhas de intervenção, já que se percebem singularidades marcantes nessa elaboração. Essa reflexão apontava aliás para muitas contradições em si, já que a autocrítica levantada para o período em questão é bem polêmica, na medida em que delineia um quadro revolucionário, ao mesmo tempo, e, paradoxalmente, sugere estratégias reformistas descompassadas com a linha política vigente do PCB (idem, p.244).

O curioso é que esse dirigente observou com inegável lucidez a questão agrária no período, afirmando aliás que os sucessos do Partido Comunista só não foram mais significativos em razão das tendências sectárias predominantes nas atividades entre os camponeses, particularmente depois de 1950. Isso dito bem antes da denúncia ao Culto de Stalin. Ele mesmo entende que o sectarismo se manifesta pelo trabalho de vanguarda e pelo fato de os comunistas trabalharem somente com algumas categorias de campesinato, excluindo as demais. Outro ponto levantado é o desprezo à utilização de todas as formas de luta e indicar às atrasadas massas camponesas apenas as formas de lutas mais elevadas, e o fato de o PCB ainda não ter se voltado resolutamente para o campo. Em sua análise, essa foi a razão principal de algumas derrotas no campo e o conseqüente refluxo da organização desenvolvida perante o campesinato.

A estratégia a ser desenvolvida, para Santos, tem de inicialmente superar a resistência do Partido, e seus militantes, ir ao campo atuar, particularmente, entre todas as camadas camponesas e, concretamente, no local onde trabalham e vivem. Ele ressalta que o trabalho de organização e atuação deve ser de acordo com a situação concreta específica de cada local, não devendo se prender a nenhuma fórmula preestabelecida, utilizando-se de todas as formas de luta e não ignorando as reivindicações específicas das camadas camponesas. Conclui, nesse momento crítico, numa linha diametralmente oposta ao Programa do IV Congresso, sugerindo que as últimas experiências do Partido Comunista com os camponeses demonstrou que as massas camponesas querem fundamentalmente se organizar em associações e sindicatos rurais, legalmente (Santos, s. d., p.244), apontando ainda para o potencial organizacional que pode ser desenvolvido no campo pela União dos Lavradores e Trabalhadores Agrícolas do Brasil (Ultab).

A análise em si apresenta pontos positivos de uma reflexão crítica, bem como uma política correta de intervenção. Percebe-se nessa análise a influência da reavaliação da orientação sindical ocorrida em 1952, que, afinal, trouxe resultados positivos junto ao proletariado, e claro, a incorporação das várias experiências de lutas e tentativas de reorganização partidária no campo. Mas o problema para uma correta apreensão dessa questão era, no entanto, de outra ordem. A falta de quadros camponeses sempre foi um problema de difícil equacionamento em toda a trajetória do PCB. As principais lideranças que recebiam a tarefa de atuar com os camponeses eram, em sua maioria, de origem proletária. Esses militantes foram aos poucos desenvolvendo um eficiente trabalho político de conscientização de elementos forjados nas muitas lutas que começavam a fazer parte do cotidiano do meio rural, a exemplo dos arrendatários. Nos locais de conflito armado, é que surgiram as várias lideranças que se destacariam nos próximos anos no processo organizativo e de luta. Também outros fatores dificultaram a atuação do Partido Comunista no campo. Alguns deles:

a) dificuldades, debilidades e ambigüidade do PCB em intervir de forma contundente, bem como a complexidade de elaborar uma estratégia unitária a ser desenvolvida no campo, que eram muitas vezes embrionárias ante as críticas e as exigências do momento;
b) a falta de quadros preparados e originários do campo, fato que foi sendo superado paulatinamente nas décadas seguintes;
c) o preconceito no interior do Partido e de seus dirigentes e militantes quanto à subalternidade desses ao projeto vanguardista do proletariado;
d) as características inerentes ao próprio campesinato e ao meio em que vive, caracterizado por seu isolamento, atraso e dependência ao proprietário de terras;
e) a ordem institucional vigente, caracterizada pela repressão e ou conivência com os abusos perpetrados no campo;
f) o caráter da legislação existente, que só veio a ser minorada em 1963.

São dificuldades apresentadas por alguns militantes comunistas originários do campo e das cidades, e que, nos vários processos históricos descritos neste trabalho, tiveram importante papel no desempenho de tarefas partidárias no meio rural. É um ponto comum, expresso por esses militantes, que o camponês era, sobretudo, um "desconfiado" do elemento advindo da cidade ou de outro meio que não o de seu universo. Por essa razão, percebe-se uma substancial diferença qualitativa nos movimentos em que o Partido já tinha inserido por algum tempo militantes engajados na produção (leia-se alguma atividade econômica) e que paulatinamente foram sendo aceitos e vistos pela massa camponesa como um dos seus.

Efetivamente onde essa estratégia de inserção ocorreu, os resultados foram positivos. Algo bem diferente de outras situações em que o trabalho militante, resultado em grande medida de contatos parciais ou localizados em sua matriz, longe do meio onde estavam inseridos, se desarticulava ao primeiro golpe da repressão ou progredia muito lentamente e até estagnava quando os elementos de vanguarda eram deslocados para outras tarefas e transferidos para outros lugares, fato que não era incomum à época. Em Formoso e Trombas, temos um depoimento singular de Dirce Machado, no qual essa situação é apontada da seguinte forma:

> O problema é que nós viemos de um ambiente, aqui era de um atraso milenar e os camponeses não tinham a menor noção do que era desenvolvimento, do que era organização, de como defender seus direitos. Era atrasadíssimo em tudo e não é como os operários que nos grandes centros, por muito atrasados que sejam, eles são desenvolvidos, eles sabem que têm que lutar, eles sabem escolher uma orientação e aqui, a Igreja na época, quer dizer, é de muitos anos, influenciava o lavrador e tudo contra o comunismo. Então nós não tínhamos como chegar e derrubar esse tabu de uma só vez, e como o trabalho que a gente desenvolvia veio para cá, pra viver a vida do lavrador e procurar resolver os problemas, fazer ganhar a confiança deles, então eles confiavam todos os seus problemas e foi aí que começou devagar a conscientização.[11]

---

11 Entrevista concedida por Dirce Machado (liderança da luta de Formoso e Trombas) em 18/7/1990.

Sebastião Gabriel Bailão – outra liderança comunista que atuava no campo, tendo passado pela Colônia Agrícola de Ceres e por fim designado pelo PCB para trabalhar com os arrendatários de Itauçú, vindo a ser posteriormente o primeiro tesoureiro da Federação dos Lavradores e Trabalhadores Agrícolas de Goiás (Fetag) e mais tarde o primeiro presidente da Federação dos Trabalhadores Autônomos Rurais de Goiás – recupera em depoimento um outro episódio característico do processo organizativo:

> nós criamos uma diretoria nossa, nós criamos logo uma diretoria assim... pluralista, né? Era eu comunista, né? Tinha uma turma do centro espírita lá e até um pastor da Assembléia de Deus... que naquela época era a coisa mais difícil... que esse próprio pastor era, ele era o único fotógrafo da cidade, e nós precisava [sic] da fotografia para pôr nas carteirinhas... E quando fui pedir pra ele tirar fotos dos associados, ele pensava que estava tirando fotos de comunista, né? Então ele disse pra mim: olha moço, eu sou crente e esse negócio do comunismo é contra minha religião... e eu não posso fotografar... Aí atos nossos, a gente ia pra outros lugares, arranjava umas fotos, que também estava começando a organização.[12]

Bailão recorda que após o processo de luta, e toda participação decorrente, com algumas vitórias, um dia o pastor chegou a sua casa com as fotos, e disse:

> Olha, eu quero tirar as fotografias, vou fazer esses quadros de graça e disse: – eu vim aqui para filiar no Partido seu... Eu falei – não, sindicato não tem nada com agremiação política... – não, eu quero ficar onde você está. E passou a ser membro do Partido... Eu acho que no Brasil, talvez... foi o único pastor que entrou para o Partido.[13]

Leôncio Martins Rodrigues (1986) apresentou dados sobre a composição social do IV Congresso, quanto ao grau de dificuldades de intervenção no campo. Inicialmente, os resultados apontaram

---
[12] Entrevista concedida por Sebastião Gabriel Bailão (liderança da luta dos arrendatários de Itauçú e Presid. da Fetag) em 15/11/1991.
[13] Idem, ibid. No livro de Loureiro (1988, p.72-4), há também relatos dessa aproximação dos militantes comunistas com os espíritas em Goiás.

para a baixa idade média dos dirigentes (que, a rigor, era maior nas direções anteriores ao período), quando a faixa de até quarenta anos correspondia a 73,3% do total, e uma situação em que somente 4% tinham uma idade superior a cinqüenta anos. Mas é na composição social dos delegados que as disparidades são maiores, apontando para um quadro no qual 48% dos delegados são operários e somente 4%, camponeses. Para ele, esse fato chama a atenção para seu caráter urbano (idem, p.421).

Penso que por essa razão a atuação política do Partido era intensa e ao mesmo tempo se desenvolvia dialeticamente com uma prática contraditória, imediatista, descompassada, e muitas vezes autônoma regionalmente de diretrizes nacionais. Tudo acontecia de forma muita rápida naqueles tempos, em que pese verificar-se concretamente uma preocupação do Comitê Central em relação ao trabalho de campo, especialmente no sentido de unificar experiências de lutas locais e regionais objetivando elaborar uma estratégia de luta e, principalmente, viabilizar uma "unidade de ação" entre as várias categorias de trabalhadores do campo. Os esforços nessa linha foram muitos, mas houve outros.

Coincidentemente, para não dizer contraditoriamente, às políticas armadas em curso, é que também teve início a partir de 1954 aquilo que Luís Flávio Carvalho Costa (1996, p.26ss) denominou o moderno sindicalismo rural no Brasil. O processo teve início com a 1ª Conferência Nacional dos Trabalhadores Agrícolas, com predominância de delegados de São Paulo e representantes de outros estados. Já com forte influência do PCB, a conferência propunha a criação de sindicatos e organizações de trabalhadores, e principalmente a fundação de uma entidade nacional. Em 1954, ocorreu o Congresso Nordestino de Trabalhadores Rurais, que foi, no entanto, reprimido pela polícia. No mesmo ano, é fundada a União dos Lavradores e Trabalhadores Agrícolas do Brasil (Ultab) sob a hegemonia do PCB na direção. Na origem da entidade, pode-se observar a forte influência da "Conferência Internacional dos Trabalhadores Agrícolas" realizada em Viena no ano de 1953, onde participaram como representantes do campo alguns dos mais destacados militantes comunistas, como Lyndolpho Silva, José Portela, Geraldo Tibúrcio, originários de vários estados e participantes de conflitos armados no meio rural e que viriam a compor sua primeira diretoria (cf. Faleiros, 1989, p.180ss). A carta de reivindicações da entidade refletia fortemente o programa político do Partido Comunista e apontava para o confisco das terras dos latifundiários e das companhias estrangeiras e sua distribuição gratuita aos assalariados do campo, camponeses sem terra e ou de pouca terra; entrega de títulos legais de posse a todos que recebessem essas terras; garantia da terra aos camponeses médios e ricos; medidas de estímulo à produção; proibição de todas as formas de exploração semifeudal; reforma agrária etc. Lyndopho Silva, que na época era um dos quadros do Partido que atuavam no campo e veio a integrar a primeira diretoria da Ultab relata que, no processo,

> é critério do Partido, naturalmente, critério natural, quer dizer, de colocar na frente da Ultab, na frente do trabalho da Ultab... pessoas na direção, aqueles companheiros que tiveram um certo destaque, mas não só destaque... mas a importância do trabalho que desenvolveram mesmo sem muito destaque, vamos dizer assim publicamente, mas desenvolveram algum trabalho com alguma eficiência em algum lugar onde atuavam. Então, pra você ver o seguinte: quem constituiu a executiva da Ultab, propriamente dito, que veio para cá, foi o Tibúrcio, eu e o José Portela... Tibúrcio lá de Goiás, que participou da campanha... da luta... que, se não me falha a memória, foi a luta de Formoso... veio o Portela que era arrendatário aqui na Alta Sorocabana, companheiro de toda época de colheita e venda de algodão, tinha luta séria ali na região... alguém de luta de posseiros, nas quais ele participou... e eu, que na verdade estava começando um trabalho de organização dos trabalhadores do campo, na área, sobretudo de posseiros, no estado do Rio de Janeiro. Então, esses... não é a toa, entendeu? Que foram esses os companheiros que integraram aqui a direção da executiva... do trabalho do dia-a-dia da Ultab.[14]

---

14 Entrevista concedida por Lyndolpho Silva em 5/9/1991. Designado pela Direção do Partido para atuar no campo, veio a ser membro da primeira diretoria da Ultab, posteriormente, primeiro presidente da Contag e membro do Comitê Central do PCB.

A linha programática da entidade propunha a reforma agrária como uma das reivindicações centrais e a proibição de todas as formas de exploração semifeudal, como a "meia", a "terça" e outras formas de parceria. Ao tratar das reivindicações de arrendatários meeiros e parceiros, propunha uma série de medidas para regulamentar essas relações. Esses aspectos conjugados, inegavelmente, refletem um quadro de novidades e dificuldades de organização, e principalmente a complexidade do cenário com que os militantes comunistas defrontavam a todo o momento quanto às formas de produção e às categorias de trabalhadores envolvidas. Por isso, entendo que houve considerável margem de autonomia das direções locais e regionais em relação às diretrizes partidárias advindas do Comitê Central e ao programa agrário. Essa foi uma característica do PCB durante todo o período 1950-1964, mas não foi a única.

Paralelamente à sindicalização rural, clandestinamente estava em curso o projeto estratégico da revolução via luta armada – ou seja, a implementação de áreas liberadas –, proposta insurrecional que nunca deixou de estar no horizonte do Partido. Vários desses esforços insurrecionais são quase que completamente ignorados pelos pesquisadores acadêmicos e são muitos estudos de caso demandando pesquisas; sem falar que o processo de intervenção armada no campo se desenvolvia com táticas bem curiosas.

Gregório Bezerra (1980, v.2, p.86-7 e 96), ainda que pontue em suas memórias que uma de suas atividades principais ao percorrer o interior de Goiás no trabalho de reorganização do PCB fosse a coleta de assinaturas em prol do "Apelo de Varsóvia" e, posteriormente, do "Apelo de Estocolmo", sugere que havia uma linha política revolucionária exploratória que veio a nortear efetivamente a intervenção do PCB e sua participação desde a luta armada em Porecatu, no Paraná, e posteriormente em Formoso e Trombas, em Goiás. Mas houve outros esforços similares nesse período, alguns deles bem significativos.

Provavelmente, a primeira das muitas ações exploratórias ou embrionárias originárias dessa política insurrecional idealizada a partir da Revolução Chinesa surgiu no Triângulo Mineiro ainda em 1948 (um pouco antes do início da luta camponesa de Porecatu), quando aconteceu, segundo Marco Antônio Tavares Coelho, uma tentativa de implementar uma área liberada. O plano foi elaborado por Ivan Ribeiro, ex-tenente nos anos 20, que, em 1935, já membro do Partido Comunista, comandou a rebelião no Campo dos Afonsos no Rio de Janeiro, sendo, naquela ocasião, um dos mais dinâmicos membros da Direção em Minas Gerais. Ele enxergou ali um cenário promissor ante o quadro de lutas de meeiros e lavradores que emergiam quase que cotidianamente na região, sem falar que havia uma forte presença comunista em algumas cidades do Triângulo Mineiro, como Uberlândia. Tudo isso somado indicava ao ex-tenente pistas bem razoáveis quanto à factibilidade desse projeto. Contribuiu também para essa leitura o significativo desenvolvimento agropecuário do Triângulo, que resultava na migração de muitos lavradores para a área; sem mencionar que outros conflitos camponeses próximos estavam em curso, alguns de grande envergadura, como o de Capinópolis. Ao final, apesar dos muitos esforços, não houve avanços conclusivos. Depois de algumas tentativas de organização (inclusive com o envio de armas e militantes de Belo Horizonte em apoio), tendo ocorrido confrontos com a polícia e muitas prisões, houve uma orientação por parte da liderança comunista para um recuo tático e para se salvar o que fosse possível daqueles núcleos da repressão. Aquilo que se apresentava como uma possibilidade concreta de criar uma área liberada ficou somente em projeto, sendo abandonado posteriormente com a decorrente alteração do quadro socioeconômico da agricultura naquela região.[15]

Em Porecatu, no Paraná, em 1950, explode uma luta de guerrilhas na qual posseiros que habitavam terras devolutas resistiam à grilagem dos fazendeiros e ao governo que pretendia implementar projetos de colonização. Foi concretamente a primeira experiência de intervenção de envergadura do PCB nessa política de áreas libertas, tendo sido enviados vários assistentes políticos à região, como também foram mobilizados vários setores de sua militância para o en-

---

15 Entrevista concedida por Marco Antônio Tavares Coelho em 31/6/2003. Ver também Coelho (2000, p.116).

vio de armas ou em apoio à luta, incluindo o setor militar.[16] Houve resistência vigorosa por parte dos posseiros e o conflito prosseguiu indefinido até meados de 1951. Pouco tempo depois, em face de ampla mobilização do Partido Comunista na região e da firme determinação dos posseiros em resistir, um novo governo estadual assume e ocorre a primeira desapropriação de terras por interesse social no País (cf. Martins, 1981, p.74; Malina, 2002, p.37ss; Priori, 2000). Dali saíram vários dirigentes históricos, como Hilário Pinha.

Há, no entanto, outros esforços inconclusivos de lutas camponesas pouco conhecidos, como Tupã;[17] projetos de intervenção na linha de estabelecimento de áreas liberadas e que tiveram graus variados de desenvolvimento, como foi em Fernandópolis,[18] entre outros que não passaram de estágios embrionários de planejamento ou mesmo de execução; e poucos, como foi o caso de Formoso e Trombas, adquiriram formas mais avançadas de organização e luta. Ao longo dos anos seguintes, também não foram poucos os militantes comunistas que continuaram sendo influenciados por essa linha política à esquerda,[19] ou que em alguma medida intervieram no campo a partir dela como reflexo (e resposta) à violência característica do meio rural brasileiro, seja nas muitas greves de assalariados agrícolas, nas lutas de arrendatários, entre as quais se destaca Santa Fé do Sul,[20] seja na formação das Ligas Camponesas,[21] embora também até o Golpe de 1964 a hegemonia já fosse disputada com outros atores

---

16 Sobre o setor militar do PCB, algumas informações podem ser encontradas em Cunha (2002., cap. I e V).
17 Sobre Tupã e o massacre dos camponeses na localidade, há alguns trabalhos recentemente publicados ou em curso. Cf. Alves Filho (2003); Lima (2005).
18 Especificamente sobre Fernandópolis, o PCB e a luta na região, algumas pistas podem ser encontradas em Bizelli (1993).
19 Podemos sinalizar para as observações em pauta os depoimentos coletados dos históricos militantes comunistas Gregório Bezerra e José Sobrinho ao longo de várias citações neste trabalho, criticando a linha política subseqüente ou mesmo sinalizando que o conflito revolucionário era no campo.
20 Sobre Santa Fé do Sul, ver Chaia (1981).
21 Sobre esse debate, ver especialmente Bastos (1984); Aued (1986); Stédile (2002); Moniz Bandeira (2003).

políticos que entravam em cena. Como observa Maria Isabel Faleiros (1989, p.166):

> Se dissociarmos os interesses dos posseiros, a posse da terra, e os do Partido, enquanto organizador do aliado principal do Proletariado podemos afirmar que Porecatu, como ponto de convergência, foi, na ótica dos agentes diretamente envolvidos, vitorioso. O acesso a terra foi garantido naquele momento. Quanto ao PCB, vários quadros de origem rural foram formados a partir do conflito, a "solidariedade proletária" foi praticada pelas bases, a cobertura dada pela imprensa partidária foi usada como recurso de propaganda e agitação e a criação das ligas e associações na região foi o embrião de outras organizações e os militantes estarão presentes nos Congressos Paranaenses, Conferências Regionais, na Ultab, Congresso de Belo Horizonte em 1961 e até na primeira diretoria da Contag.

Persiste, ainda assim, em círculos acadêmicos e políticos de esquerda, a leitura de que esses movimentos foram tentativas isoladas e que não refletem nenhuma tentativa de articulação em âmbito nacional. Jacob Gorender (1987), em *O combate nas trevas*, afirma que a questão da luta armada nos anos 50 caiu no completo vazio, e nos conflitos de Porecatu e Formoso e Trombas não houve tentativa de expansão, sendo os conflitos equacionados em âmbito local. Essa reflexão induz a equívocos e não está de acordo com o pensamento de alguns círculos dirigentes do Partido Comunista à época, ou mesmo com as tentativas de potencialização desses conflitos, pois leva a uma análise de que as particularidades de cada movimento poderiam ser automática e cotidianamente direcionadas de forma centralizada pelo Comitê Central a uma estratégia de intervenção nacional.

Quanto às críticas de determinados círculos acadêmicos, temos a conhecida leitura de José de Souza Martins (1981), que se refere ao fato de os agentes de mediação terem historicamente procurado conter a erupção dos movimentos sociais e/ou somente controlá-los. Ele mesmo afirma, polemicamente, que a história política do campesinato brasileiro não poderia ser reconstituída separadamente da história das lutas por sua tutela política (idem, p.81). É também uma leitura superficial e pouco coerente com o quadro institucional em que o PCB estava inserido, e particularmente da ação de seus militantes, que atuavam com o objetivo de implementar a luta armada, estabelecer áreas liberadas no interior do Brasil e, dentro das possibilidades, generalizá-la.

A rigor, nesses movimentos localizados, em particular os geograficamente mais distantes dos grandes centros, havia uma autonomia política significativa em muitos momentos das Direções intermediárias partidárias, seja pelo fato da impossibilidade de um acompanhamento *pari passu* do Comitê Central seja, no caso específico de Formoso e Trombas, pelas razões que elencaremos a seguir. Ocorreu de fato em certo período uma ausência diretiva em razão das crises de 1956, tendo, portanto, as Direções locais e regionais do PCB de assumir uma responsabilidade maior na condução de todo o processo. Tudo isso não aconteceu dissociado de contradições internas dentro das várias tendências presentes internamente no Partido Comunista, mesmo naquele período quando a política de áreas libertas sugeria uma hegemonia interna no Partido.

Temos em nossas entrevistas e mesmo em trabalhos recentes vários indicativos comprobatórios dessa hipótese e de seus formuladores, entre os quais destaca-se João Saldanha, naquela ocasião o assistente político em Porecatu. Nessa condição, além de levar armas para os camponeses na luta, consta que ele foi um entusiasmado articulador dessa proposta que consistia em exponencializar uma estratégia de mobilização e organização revolucionária a partir do movimento de Porecatu, e mais tarde incorporaria a luta de Formoso e Trombas. A estratégia – em tese, a Via Chinesa – possibilitaria condições de cerco às cidades a partir do campo, sendo a luta armada o eixo norteador bem de acordo com o programa do IV Congresso (Malina, 2002, p.35ss).

Armênio Guedes, na época membro do Comitê Central, sugere uma análise nessa linha, quando afirma que o conflito de Porecatu era visto da seguinte forma: "Quando surgiu uma luta camponesa em Porecatu, que era uma luta de massa, uma luta de posseiros, uma luta concreta, nós nos metemos nela com o objetivo de transformá-la na centelha que iria incendiar o campo brasileiro, dar início à revolução agrária" (Faleiro, 1989, p.166).

Lyndolpho Silva, ao ser questionado sobre esse ponto, respondeu:

> é uma questão que eu não posso afirmar nem sim nem não... isso por exemplo, eu que estava à frente do movimento camponês junto com outros companheiros, aqui na Ultab... eu não tive conhecimento disso, isso não foi discutido conosco... Pode ser que isso fizesse parte do "Trabalho Especial do Partido"... que naturalmente pretendesse aproveitar esses focos de resistência para desencadear... Não é... não colocaria em causa isso não, porque efetivamente, nossas cabeças nesse tempo andavam por aí... entendeu? Andavam por aí [...] Mas comigo não foi discutido, pelo menos na minha presença não foi discutido e eu não recebi orientação deste tipo.[22]

Quando Lyndolpho Silva chama a atenção para o "Trabalho Especial" (TE), percebe-se que, no âmbito da Direção Nacional, algumas tarefas especiais eram delegadas a determinados quadros, no sentido de avaliar determinadas situações de conflito e confronto, e essas não eram objeto de discussão do conjunto da militância por razões de segurança, já que se desenvolviam em um quadro de clandestinidade. Esse setor, o Trabalho Especial, era o braço armado do PCB, uma característica quase que comum a todos os PC no mundo, e operativo, independentemente de o partido estar inserido em um quadro de legalidade ou de clandestinidade, bem como da situação política geral, já que as tarefas se desenvolviam em uma faixa extra legal sempre com o objetivo de preparação de resistência localizada a golpes da reação, e de suporte à intervenção armada. Não há muitas referências bibliográficas ou documentais sobre esse setor, e num raro, bem como conciso relato sobre o Trabalho Especial, Salomão Malina (2002, p.35ss), um de seus articuladores, destaca que:

> Este trabalho abrangeu um conjunto de tarefas. Mesmo quando o partido não tinha legalidade jurídica, mas era tolerado e desenvolvia uma

---

22 Entrevista concedida por Lyndolpho Silva em 5/9/1991.

atividade legal extensa, também realizava ações clandestinas. Naquele período, num quadro em que dávamos prioridade às lutas estruturais, o PCB colocava uma perspectiva de luta pela transição pacífica ao socialismo. Mas a própria resolução do V Congresso (1960) não afastava inteiramente a hipótese de luta armada. Entendimento que parcialmente vinha de análises anteriores, pois em algumas fases de nossa história colocamos a luta armada como um elemento central de nossa história [...] No período de 1947 até 1958, o PCB imaginava que existia no Brasil uma situação pré-revolucionária [...] Nos anos 50, sofreram altos e baixos as iniciativas para preparar o partido para formas de lutas mais radicais [...] Aqui é indispensável acentuar um dado fundamental. Naquela situação internacional era um fator da maior importância e muito influiu na nossa orientação política. Particularmente o que causava impacto era a revolução chinesa, pois de repente, mais de um bilhão de pessoas liquidou o regime que existia na China, e se propõe a criar uma sociedade socialista. E isso se deu pela via de uma ação militar armada. Essa não foi a única influência que sofremos. Numa série de países foram vitoriosos movimentos revolucionários que seguiram pelo caminho da via armada, como os de libertação nacional na áfrica. Posteriormente na América latina isso culminou com a revolução cubana (1959), na qual foi colocada com muita força da via armada. É claro, portanto, que tudo isso teve uma repercussão enorme nas fileiras do PCB.

No caso de alguns movimentos, em especial de Formoso e Trombas, o TE teve uma participação ativa, fornecendo armas ou orientação tático-estratégica que perdurou até meados de 1960, quando a situação de conflito no local apontava para o fim da luta armada e já delineava como solução para o impasse o equacionamento político da questão. Salomão Malina confirma a presença do TE na região, quando em entrevista a mim concedida nos anos 90,[23] mas posterior-

---

23 Vale notar que essa informação última foi concedida em entrevista para este trabalho, pouco antes de seu falecimento em 2002. É de registrar que Salomão Malina sempre foi muito reticente – como a maioria dos dirigentes de sua geração – em abordar aspectos da trajetória armada do PCB e, em particular, o Trabalho Especial, do qual ele foi um dos articuladores no pré-1964 e seu principal dirigente no período de resistência à ditadura militar. Tudo indica que depois dos acontecimentos do Leste Europeu e o fim da URSS em 1989, e sua

mente, em suas memórias em 2002, minimiza essa intervenção última ao ponderar que a política em vigor naquela ocasião já não era mais de áreas liberadas. Percebe-se, todavia, um equívoco em seu resgate memorialístico, já que ele mesmo sugere que a política em curso naquela ocasião fora ratificada somente em 1958 pela "Declaração de Março" (Malina, 2002, p.35ss), mas, no entanto, a luta de Formoso teve seu início em 1954 quando estava em vigor a política de áreas liberadas. Tanto é que os primeiros registros do envio de armas à região são desse período, encaminhados por um assistente político do Comitê Central (não-identificado). Numa outra passagem de suas memórias, há indícios explicativos dessa aparente contradição. Segundo ele:

> De outro lado, nesse quadro, depois da renúncia de Jânio Quadros da Presidência da República (1961), o Partido se viu diante da eventualidade de uma guerra civil, possível e iminente, no Brasil. E a direção do PCB percebeu que estávamos absolutamente despreparados para atuar face àquela realidade, e, entendeu a necessidade de preparar o partido para novas formas de luta e como essa preparação deveria ser programada. Definiu-se naquela época que o passo inicial era instruirmos os militantes para a organização de autodefesa dos movimentos populares. Para tanto, foram tomadas diversas providências. Por exemplo, realizamos um curso teórico e prático em que foram dadas aulas para alguns companheiros. (idem)

---

vinculação com uma concepção do partido que derivou no Partido Popular Socialista (PPS) (numa linha projetiva de um socialismo democrático), esse posicionamento de cautela do dirigente se intensificou – algo bem perceptível em seus relatos –, e por essa razão, são compreensíveis as parcas informações disponibilizadas por ele em suas memórias publicadas em 2002, pouco antes de seu falecimento. Nas conversas sobre o assunto e na entrevista para este trabalho no período da elaboração do meu mestrado no início dos anos 90, essa atitude não foi diferente. Mas gostaria de registrar meus agradecimentos a Salomão Malina pela última entrevista realizada em 2001 em seu pequeno apartamento no Bairro do Paraíso em São Paulo, quando já estava bastante doente, e que teve o objetivo – na intenção do autor – de complementar alguns dados da primeira entrevista realizada dez anos antes, quando da elaboração da dissertação de mestrado originária deste livro.

Marly Vianna, membro do Comitê Universitário, complementa o relato de Malina sinalizando, em depoimento, com algumas pistas sobre o TE em uma outra esfera de intervenção, e recupera sua breve experiência de participação numa atividade dirigida por esse setor junto com alguns estudantes pouco antes do Golpe de 1964.[24] Ela, conjuntamente aos outros membros do Comitê Universitário, foi convocada naquela ocasião a realizar um treinamento clandestino na zona rural do Rio de Janeiro. Era um grupo grande, heterogêneo, e o intenso trabalho de instrução consistiu, principalmente, em ensinar a fabricar e a jogar coquetel Molotov, fabricar explosivos e treinamento de tiro, não sem algumas dificuldades para a maioria deles. Pouco tempo depois, ela descreve uma segunda experiência com Salomão Malina junto ao TE e que bem demonstra o ambiente preparatório de resistência ao golpe que já se avizinhava no horizonte. Em suas palavras:

> Um dia ele me pediu que o acompanhasse num transporte que precisava fazer, dizendo apenas que havia risco e que eu poderia recusar. Fui sem ter idéia do que se tratava: ele não disse, eu nem perguntei nem suspeitei. Fomos para o então estado do Rio e como não havia a ponte Rio–Niterói, seguimos por terra para as bandas de lá. Andamos bastante e chegamos finalmente a um casebre no meio do mato: literalmente casebre e literalmente meio do mato. O Malina parou o carro, abriu a mala e pediu que o ajudasse no transporte. Eram embrulhos de jornal e mal peguei em um desmanchou-se todo, deixando cair quantidade de granadas. Eu não me alterei e o Malina disse depois que deixara os embrulhos assim de propósito, para ver qual seria minha reação ao ver as granadas. Como não foi nenhuma, fui aprovada (mas logo depois veio o golpe e, seja para o que for tenha sido aprovada, a experiência parou aí). Havia também armas – a mala do carro estava cheia. Levamos tudo para dentro da casa e Malina colocou muita coisa no teto, que era de madeira aparente e tinha bons lugares para esconder fuzis, que era o principal do armamento.[25]

---

24 Entrevista concedida por Marly Vianna em 22/7/2005.
25 Idem, ibid.

O paradoxal é que Salomão Malina – na condição de membro efetivo do TE – levou armas pessoalmente em três ocasiões à região de Formoso e Trombas, e afirmou em entrevista que fez uma última remessa em 1960, quando a área aparentemente estava tranqüila e com o problema fundiário em vias de equacionamento político, tendo passado o pior da fase armada. Naquela última ocasião, houve aliás instrução militar ministrada por ele (que consistia no manejo, uso e tiro, bem como táticas de luta) numa área isolada. É bem factível a hipótese de que essa região já estivesse sendo alvo de atenção pela Direção do Partido Comunista no sentido de preparar militarmente o partido (entre outros locais) para eventualidades naquele conturbado ambiente político do início dos anos 60.

Há outros elementos comprobatórios dessa hipótese. Gregório Bezerra (1980, v.2, p.86-7 e 96), além de ter participado do processo de luta em Pernambuco e posteriormente na clandestinidade, ter sido enviado pelo Comitê Central diretamente para Goiás onde ficou alguns anos a reorganizar o PCB no estado, relata em suas memórias que esteve por último na Colônia Agrícola Nacional de Ceres (Cang), o ponto de apoio e organização próximo de Formoso e Trombas, quando, à época, deu início à intervenção armada dos militantes no conflito. Não deixa de ser curiosa essa "coincidência", principalmente pelo fato de Gregório ser um elemento de massas com reconhecida capacidade de articulação e mobilização, mas também ter sido militar e instrutor, com devida competência em avaliar e elaborar estratégias de intervenção armada, bem como fazer reconhecimento da potencialidade estratégica da região. Ele mesmo conta em suas memórias que, numa das localidades por onde passou antes de se dirigir a Cang, foi preso pela polícia, mas, por um descuido do delegado que não o revistou, teve tempo de destruir um material altamente comprometedor que carregava, inclusive, instruções para a fabricação de explosivos (Bezerra, 1980, v.2, p.92). Ao final desse circuito exploratório, quando teve de sair de Goiás, por estar "queimado", Gregório Bezerra foi enviado a São Paulo e de lá ao norte do Paraná (onde pouco depois eclodiria outra revolta no Sudoeste), e retornando posteriormente a São Paulo onde outros focos de luta como Santa Fé do Sul já começavam a demandar assistência política.

Nessa linha de intervenção, percebemos a marcante atuação de Ângelo Arroyo e Antônio Granja no processo de luta de Formoso e Trombas. Segundo alguns registros, provavelmente, foi Arroyo um dos primeiros dirigentes que levaram armas à região ainda no começo de 1954. O segundo, Antônio Granja, era um quadro de origem camponesa, com larga experiência militante no partido. Ambos tiveram formação política em Moscou durante algum tempo – em geral, os cursos variavam entre um a dois anos –, como também estiveram várias vezes em Goiás em períodos alternados, sendo objeto de várias referências de muitos militantes no sentido da efetiva participação do Comitê Central no processo de luta e que, curiosamente, dependendo das tarefas designadas, estavam clandestinos até para a Direção do Comitê Regional do estado em Goiás. No caso de Antônio Ribeiro Granja, assim que chegou ao Brasil em 1957 após um período de estudos na então URSS, foi enviado diretamente a Goiás e a Formoso e Trombas na condição de assistente político do Diretório Nacional e membro do Comitê Central. Ele mesmo relata:

> Essa era a linha do Manifesto de Agosto de 50... É que se dizia, nesta linha política, que a revolução brasileira estava pelo fio... ela podia surgir de qualquer luta... até mesmo de uma bica d'água, isso está escrito no Manifesto de Agosto... Então, nesse caso, a luta de Formoso, de Porecatu, ou de qualquer outro ponto do país, era dali... era o estopim para a revolução brasileira... Achava-se que até que uma luta de mulheres que queriam um chafariz d'água, era o rastilho da revolução... quanto mais uma luta armada, né? Então... e se procurava e quando eu fui para Formoso em 57, também eu era portador desta aliança... desses focos de política Foquista, quer dizer, focos daqui tem de estar solidários com aquele outro... porque um dia vai incendiar todo mundo... Com a Declaração de Março, passamos a modificar, mostrando uma... de que essa possibilidade de alastrar o Partido de um pequeno foco para outro não era... não tinha base sólida, era um desejo... e mesmo Formoso, ele não tinha condição de ser um ponto de partida para a revolução brasileira, porque era um mundo... um outro mundo... um submundo, o Formoso... como é que ia influir no Rio de Janeiro, em São Paulo, nos centros industriais... Influir eu digo... arrastá-los... Tinha que ter outra verten-

te... e a Declaração de Março é clara nisso... É que só através da negociação, só através da Democracia... esse que era o grande triunfo, que era através da Democracia... o processo brasileiro, e não aqueles focos armados...[26]

Luiz Carlos Prestes, muitos anos depois e já afastado das lides partidárias, também apontou indicativos confirmativos dessa estratégia de intervenção:

> Em Agosto de 50, é lançado o histórico "Manifesto de Agosto", através do qual o Partido rompia com a "Burguesia Progressista" e defendia a luta armada, a ser conduzida pela "Frente Democrática de Libertação Nacional". Dois movimentos guerrilheiros são *instalados* (grifo meu) no país como conseqüência do Manifesto de Agosto: o primeiro, em Porecatu, no Paraná... e o segundo, em Formoso, no interior de Goiás... Foi a época que o Partido adotou a política mais Stalinista e rígida de toda sua existência... (Moraes & Viana, 1982, p.121)

Por fim, um fato curioso ou coincidente é descrito no jornal *O Estado de S. Paulo* que alertava numa série de reportagens para a potencialidade de Goiás como local de sublevação e eclosão de um foco armado comunista. É interessante notar que as razões apontadas pelo periódico refletiam, de certa forma, as mesmas condições ou facilidades levantadas por círculos internos do Partido Comunista, entre as quais: a passagem da coluna Prestes pelo estado e os remanescentes que ficaram na região; o fato de Goiás ser um estado de baixa densidade demográfica, com grandes distâncias e condições de vida primitivas que facilitariam *novas experiências* de ação (o campo cercando as cidades, grifo meu); seu caráter de zona nova, com grande fluxo migratório; a péssima organização do estado, infiltrado de comunistas em todos os órgãos públicos e com uma polícia que o próprio governador não confiava. Nesses artigos de *O Estado de S. Paulo,* Goiânia chegou a ser apontada pela reportagem como "a célula mais ativa do P.C. em todo o país", em que pesem todos os exageros

---

26 Entrevista concedida por Antônio Granja em 25/1/1992.

característicos desse tipo de investigação em um jornal reconhecidamente conservador, especialmente no período da guerra fria.[27]

Crise e ruptura

Um marco significativo veio a ser o divisor de águas na história do PCB em 1956, bem como no movimento comunista mundial, e influenciou diretamente esse processo de lutas e reflexão em curso, tendo exposto a crise interna que já se manifestava entre as várias correntes internas do partido. Acontece naquele ano a divulgação do "Relatório secreto de Kruschov", apresentado no XX Congresso do PCUS. O documento denunciava o culto à personalidade e os crimes de Stalin como indicava uma profunda revisão teórica dos princípios do marxismo-leninismo, apontando para a questão da possibilidade da coexistência pacífica no plano internacional, sugerindo a possibilidade da via pacífica para o socialismo.[28]

O debate que se seguiu dentro do PCB, a partir do momento em que foi confirmada a autenticidade do relatório, trouxe à luz a necessidade de uma nova linha política, e a renovação dos quadros de direção, principalmente o chamado núcleo dirigente ou mandonista. Nesse sentido,

> A crítica então feita, acaba, portanto se concentrando em três direções: no dogmatismo e subjetivismo que permeavam o terreno da teoria política, nos métodos mandonistas de direção centralizada e na política de quadros, cujos destinos eram arbitrariamente decididos pelas cúpulas restritas dos comitês, e finalmente na própria concepção de Partido Comunista, contra sua militarização e pela sua transformação em um partido de massas. (Vinhas, 1982, 179)

Dinarco Reis (1981) bem descreve o quadro da época, e afirma como esse debate causou seqüelas profundas no interior do Partido

---
27 Cf. *O Estado de S. Paulo*, 4/2/1953, 7/2/1953, 11/2/1953, 31/3/1953.
28 Sobre esse debate, ver Santos (1988).

Comunista, levando a sérios conflitos internos e à quase total imobilidade da atividade partidária: "Em duas reuniões do Comitê Central, realizadas em 1956, ficou evidente a total incapacidade do grupo do secretariado, até então dirigente máximo, de solucionar a crise a que estava submetido o Partido, sobretudo em seu trabalho de direção e, particularmente, no Comitê Central" (idem, p.105).

Esse impasse perdurou até o início de 1958, com o Comitê Central praticamente omisso em sua função dirigente, e o partido e sua militância imobilizados (cf. Alves Filho, 1997, p.127ss; Falcão, 1988, p.195ss; Santos, 1988, p.97ss). A crise da denúncia ao culto veio ainda ter reflexos profundos junto ao trabalho desenvolvido no campo, principalmente em seus militantes e na redefinição de propostas de intervenção, bem como na reorganização partidária. Ante os debates internos e os impasses decorrentes, a intervenção do PCB no meio rural, até então crescente, virtualmente parou (Faleiros, 1989, p.180ss). Na imprensa partidária alguns dados são bem ilustrativos dessa crise.

O jornal *Terra Livre*, instrumento fundamental de informação e organização da Ultab e da intervenção do Partido Comunista no campo, bem demonstra o complexo quadro naquele contexto. Mesmo editado com grandes dificuldades e sujeito a interrupções em razão de vários problemas, a periodicidade do jornal foi incerta, e no ano de 1956 circularam dezenove números, mas em 1957 ocorre uma queda brutal, com somente dois números. Quanto ao agravamento do quadro político, isso pode ser ilustrado pelo declínio da intervenção partidária no campo, quando se verifica que a criação de associações e sindicatos rurais, bem como greves, atos e outros acontecimentos caíram de um número registrado de 52, em 1956, para somente seis, em 1957. Quanto à Ultab, a entidade que deveria realizar sua I Conferência em 1956, só veio a realizá-la em 1959. Lyndolpho Silva descreve essa situação com um misto de desabafo e revolta:

> Quando estourou a questão aí do culto do Kruschov sobre a questão do Stalin... entrou também o problema do combate ao culto à personalidade. Essa questão toda refletiu no interior da Direção Nacional, e, sobretudo da Comissão executiva, dessa mesma direção, de tal ma-

neira, que paralisou o Partido. Alguns queriam efetivamente enfrentar o problema, outros não queriam, porque estavam demasiadamente comprometidos com esse passado todo, né... Isso paralisou o Partido e como conseqüência, as finanças do Partido também caíram. A direção impotente diante... de seu trabalho, do trabalho de coordenação e direção do Partido... começou a... como se diz, a se livrar de alguns quadros... pesando alguns do ponto de vista político, outros do ponto de vista financeiro... né? E foi exatamente nesta fase que pegaram os companheiros Tibúrcio, o José Portela, entendeu, o Pedro Renoiax Duarte, que era um companheiro de Pernambuco, que era vice-presidente da Ultab, e que estava foragido aqui... teve que sair de Pernambuco para não ser preso mais uma vez... entendeu? O Geraldo Tibúrcio voltou pra Goiás, o Portela voltou... foi recomeçar a vida outra vez... o Pedro R. Duarte ficou aqui, com a família imensa, como todo nordestino tem, tinha 11 filhos, está entendendo? Todos pequenos... Então aí houve uma injustiça flagrante... e isso não foi feito comigo, não sei por que, porque talvez dentro da política de quadros, talvez eu fosse simpático a algum elemento da direção, ou pudesse jogar outro papel que pra mim não estava claro... Foi aí que em 1959... quando eu estava aqui, também sem muito trabalho, aí eu combinei com o companheiro que fazia a ligação da comissão executiva com o trabalho de campo, de rearticular a Ultab. Foi quando nós fizemos a conferência de 1959, ali pra botar a Ultab de pé outra vez, setembro de 1959, que na verdade veio do Espírito Santo, não me recordo se veio alguém de Goiás, e a grande delegação veio do estado do Rio de Janeiro, que botou a Ultab de pé outra vez, e aí como não tinha ninguém pra ser presidente, fiquei eu...[29]

Geraldo Tibúrcio, outro destacado militante camponês, recuperou o fato e como esse refletiu junto à militância:

> Então, não houve problemas no meio da massa. O que houve foi um arrefecimento foi quase que a mesma coisa de um golpe que deram, na mentalidade dos comunistas. O Stalin era quase um Deus e ficou como um bandido, não é isso?... Eu estava em São Paulo, era Presidente da Ultab, veio o próprio Ramiro... O partido entrou em crise... deixou de

---

[29] Entrevista concedida por Lyndolpho Silva em 5/9/1990.

ser um quadro do Partido para ser um militante... Então acho que o negócio foi mais aí, não na atuação, na atuação em relação à massa, isso até ajudou porque clareou mais...[30]

Redefinição política e acumulação de forças

Nos dois anos posteriores à crise do XX Congresso do PCUS, o PCB começa a apontar avanços – embrionariamente, diga-se de passagem – no processo de redefinição em sua forma de intervenção e que delinearia sua política na virada dos anos 60. Havia, no entanto, uma diferença fundamental, como analisa Segatto (1995, p.130): "Abandona-se em definitivo a política de áreas libertadas, defini-se com maior clareza os objetivos organizativos, a plataforma de luta e a aliança com o movimento operário e a massa camponesa".

Ainda assim, a política em gestação não se fez sem conflitos e crises agudas entre as várias correntes internas. Somente em 1958, após a neutralização do antigo grupo dirigente, constituída principalmente por João Amazonas, Diógenes Arruda e Maurício Grabois e a rearticulação de algumas forças internas é que se consolida uma nova direção capitaneada por Luiz Carlos Prestes e Giocondo Dias; e foi elaborado por um grupo de intelectuais pecebistas "A Declaração Política de Março". O documento delineava toda a reformulação política do PCB e apontava para o aprofundamento de um debate cujo eixo norteador era "a democracia". Nessa declaração, a Direção reconhecia que havia um processo positivo de luta pela democracia, vinculado ao desenvolvimento do capitalismo, e nessa linha teorizava para a necessidade de Frente Única:

> A democratização do regime político do país, que tomou impulso com os acontecimentos de 1930, não segue seu curso em linha reta, mas, enfrentando a oposição de forças reacionárias e pró-imperialistas, sofre

---

30 Entrevista concedida por Geraldo Tibúrcio em 13/7/90. Tibúrcio foi um dos líderes da primeira fase da luta de Formoso e destacado militante camponês em Goiás, vindo a ser eleito primeiro presidente da Ultab.

certos momentos, retrocessos em brutais interrupções, como sucedeu com o Estado Novo, com a ofensiva reacionária de 1947 ou por questão do golpe de 1954. Mas o processo de democratização é uma tentativa permanente [...] As tarefas impostas pela necessidade de desenvolvimento independente e progressista não podem ser resolvidas por nenhuma força social isoladamente. Disto decorre a exigência de aliança entre todas as forças interessadas na luta contra a política de submissão ao imperialismo americano. A experiência da vida política brasileira tem demonstrado que as vitórias antiimperialistas e democráticas só puderam ser obtidas pela atuação em frente única daquelas forças. (Declaração Política de Março, in PCB: 20 Anos de Política,1980).

Um aspecto de fundamental relevância é a compreensão de que a revolução se realizaria em duas etapas: mais uma vez se apresenta o etapismo, que parte da premissa histórica de que o primeiro momento seria o da revolução nacional e democrática, de cunho antiimperialista e antifeudal, realizada pela aliança do operariado, os camponeses pobres, a pequena burguesia e a burguesia nacional. A segunda etapa seria a revolução socialista, afirmando categoricamente que o caminho seria pacífico – ainda que condicionantes conjunturais –, já que essa estratégia é a que seria conveniente à classe operária e à nação. A situação política é analisada como favorável, especialmente pelo quadro positivo ao socialismo no cenário internacional e pela correlação de forças vigente no país (idem, p.8). Mas havia uma ressalva: "No caso em que os inimigos venham empregar a violência contra as forças progressistas da nação, é indispensável ter em vista outra possibilidade, a de uma solução não pacífica" (idem, p.23).

Por fim, a viabilização dessa linha política em sua ação prática terá por eixo de intervenção a luta pelas "Reformas de Estrutura", que veio a ser conhecidas por "Reformas de Base".

Numa tentativa de superar aspectos sectários herdados da linha política do "Manifesto de Agosto" e apontando para um novo programa político, com um delineamento teórico desafiador, mas de certa forma ainda ambíguo, é altamente estimulante a reflexão do "etapismo" sob a óptica gramsciana da "Guerra de Movimento" e da "Guerra de Posições" e procurar avaliar a estratégia revolucionária de ação e a tomada do poder no processo revolucionário brasileiro em curso pelo Partido Comunista Brasileiro. Por essa linha de análise, Gramsci sugere que o primeiro passo seria o enfrentamento direto pela tomada do poder; o segundo, o conflito de classes que amadurece sob a direção do partido revolucionário, quando a luta aberta não é possível, ou então, preparar suas condições. Para Gramsci (1987, p.133ss), mesmo no segundo caso, "a ação visa a subversão da estrutura do bloco dominante, ou seja, não existe imobilismo, pausa, mas sim um novo tipo de guerra distinta do enfrentamento direto".

Gramsci procura comparar a ciência militar à luta revolucionária e exemplifica que a primeira objetiva a conquista lenta, progressiva das trincheiras inimigas, e não a guerra de movimento, isto é, o assalto direto. Para ele, a mesma postura deve ser observada em relação às sociedades modernas, já que a sociedade civil nos Estados modernos tornou-se uma estrutura muito complexa, e que resiste às explosões mais catastróficas da conjuntura econômica. Temos então o início da Guerra de Movimento.

Na fase subseqüente à "Declaração de Março", o PCB emerge da clandestinidade e passa à atividade política aberta, praticamente legal de fato, e na luta pelas reformas de base, com a possibilidade de aplicar uma orientação a realidade brasileira tática, correta, ajustada e coerente com a linha política do partido (Gorender, 1987, p.31). Em relação à intervenção partidária no campo e aos camponeses, o PCB também emergiu para uma outra política.

Como foi sinalizado, nos anos posteriores a 1956, foram realizados vários congressos e encontros regionais de trabalhadores rurais que paulatinamente foram demandando a necessidade de aglutinação de uma estratégia de superação dos impasses decorrentes do período anterior. Nesses encontros houve troca de experiências dos participantes das várias lutas, e os debates ali realizados apontavam paulatinamente para a adoção da palavra de ordem "Reforma Agrária", algo novo, especialmente para os militantes comunistas, na qual as tarefas em nível diretivo tinham chegado à virtual paralisação com a crise da denúncia do culto a Stalin. Mas percebe-se que, ainda que no âmbito do Partido se verificasse um esforço para superar esses impasses com a "Declaração de Março" de 1958, a análise do Partido Comunista, para viabilizar uma nova estratégia no campo, ainda refletia uma maturação teórica inconclusiva, já que, ao mesmo tempo que apontava para a necessidade de superar os restos feudais e os desequilíbrios regionais, que em última instância impediam o desenvolvimento nacional, já havia leituras que confrontavam essas teses. Mesmo em relação ao campesinato havia uma reavaliação: embora fosse admitido como a massa mais numerosa da nação, a "Declaração de Março" ressaltava o seu atraso e pequena organização, e por essa razão, a política em relação às massas rurais ainda deveria ser "cautelosa e não radical".

Em 1959, ocorre a I Conferência da Ultab, de caráter nacional, que, como bem apontou Lyndolpho Silva em sua entrevista,[31] levantou orgânica e politicamente a entidade. Pouco tempo depois, em 1961, advindo desse esforço partidário, ocorre o "Congresso Camponês de Belo Horizonte". Era também um novo momento, já que havia no Congresso a participação de outras forças políticas atuantes: setores da Igreja conservadora; a Ação Popular (AP); as Ligas Camponesas, capitaneadas por Francisco Julião; o Movimento dos Agricultores Sem Terra (Master), muito fortes no Rio Grande do Sul. Com essas presenças, verifica-se uma nova configuração no quadro político no campo, e que refletiu numa nova resolução sobre a questão camponesa no Brasil.[32] Mas no Congresso de BH, as divergências mais significativas ocorreram entre a linha política do PCB e as Ligas Camponesas, especialmente quanto à forma e ao processo a ser conduzido para a Reforma Agrária; ou seja, gradual e etapista para os primeiros, e radical para o segundo. O encontro também definiu propostas quanto ao direito de organização e sindicalização dos cam-

---

31 Entrevista concedida por Lyndolpho Silva em 5/9/1991; ver também Cunha (2004, p.83ss).
32 Além da bibliografia que debate a temática, há um trabalho recente que oferece aos pesquisadores os vários programas de reforma agrária na história do Brasil pós-1945, os da Igreja como também do PCB, de João Goulart, Leonel Brizola, e outras forças políticas. Sobre esse aspecto, ver Stédile (2005,.v.3, 3, p.17-119).

poneses, aplicação da legislação trabalhista no campo e, principalmente, a supressão do artigo que apontava para o pagamento de indenização em dinheiro para desapropriação de terras e a desapropriação de propriedade com tamanho superior a quinhentos hectares, bem como outras medidas suplementares. Divergências à parte, para Leonilde Servolo Medeiros (1989, p.60):

> Se o Congresso de Belo Horizonte é considerado um divisor de águas entre as correntes que disputavam a hegemonia da condução das lutas dos trabalhadores rurais, ele guarda outro significado também. Antes de mais nada ele marcou como nenhum outro o reconhecimento social e político da categoria "camponês", sintetizando um conjunto de forças heterogêneas que lutavam no campo...

Pelo momento, ao que parece, *se* essas contradições refletiram – de certa forma – no empenho do PCB na atuação de cúpula configurado em um objetivo maior de organização das federações em uma entidade sindical nacional (superando a esfera estritamente partidária e incorporando os novos agentes em atuação no campo), percebe-se a forte preocupação, especialmente de algumas correntes internas do partido, na compreensão e necessidade de aglutinar experiências regionais associadas a toda uma experiência de luta e intervenção partidária acumulada. A partir desse processo histórico e apontando para uma nova fase de acumulação e aliança de forças, bem coerente com a nova linha política em curso, é que o Partido Comunista teve de procurar viabilizar uma nova estratégia de luta e intervenção a partir do esgotamento/superação de um processo iniciado no período pós-1945 e no pós-1956. Noutros termos, prosseguindo na década de 1960, o movimento camponês influenciado pelo PCB e pela Ultab reestrutura-se em uma nova linha de ação onde tinha necessariamente de dialogar com outros atores que já despontavam e influíam de forma diferenciada no movimento de massas.

Por essa linha de análise, o PCB procurou viabilizar, nessa estratégia de ação, uma leitura que via a reforma agrária radical como um processo de reformas parciais, em um processo sucessivo de conquistas que resultariam em uma maior mobilização e organização e na superação do problema fundiário. Isso, no entanto, não impediu que as contradições e particularidades estivessem expostas, especialmente no tocante a formas de intervenção (reflexos da linha do IV Congresso) que indicavam apontar uma linha e programa de ação no campo como processo de luta imediata para o socialismo. Fato é que, efetivamente, o PCB tinha a hegemonia na direção da Ultab no momento da realização do I Congresso dos Lavradores e Trabalhadores Agrícolas do Brasil em Belo Horizonte, mas isso não evitou uma dissidência interna entre seus delegados que, em aliança com as Ligas, forçaram a adoção de uma postura mais radical em relação à reforma agrária. Esse processo tinha seus reflexos na dinâmica revolucionária em curso no campo e que, no interior do PCB, apontava para um debate em processo de amadurecimento (e de confronto) que permaneceria inconcluso até 1964.

Tudo indica que essa polêmica ocorreu em vários níveis de direção e até mesmo no Comitê Central, já que algumas correntes influentes advogavam estratégias alternativas e procuravam ganhar espaços, a exemplo de Nestor Vera, que apontava para o fator camponês como a questão central da Revolução, e Mário Alves, que advogava que a luta do campesinato estava no mesmo plano da luta antiimperialista.[33] Dialeticamente, por meio desses encontros e pela superação dessas dificuldades é que se pavimentaria um caminho tático que se configura e resulta em uma difícil unidade construída em fins de 1963 na fundação da Contag.

Uma nova linha política

O V Congresso realizou-se em agosto de 1960 num quadro de semilegalidade, e sua resolução política confirmaria o essencial apontado na "Declaração Política de Março de 1958", endossando em

---

33 Sobre esse debate: artigos de Nestor Vera, que foi membro do Comitê Central e liderança camponesa, no semanário *Novos Rumos*; *A questão agrária no Brasil*. Textos dos anos 60 (1980, p.1-127); Moraes (1989, p.222-40); Costa (1993, p.73ss).

seus aspectos básicos o aprofundamento da questão democrática. Por meio do semanário *Novos Rumos* travou-se um amplo debate democrático nas instâncias partidárias, inconclusivo, que confirmou a linha política advinda no pós-1958, excluindo dos postos de direção e influência a corrente stalinista. Houve outras variáveis que influenciaram as teses, particularmente no plano internacional, quando se agrava a crise no movimento comunista entre a então URSS e a China e ocorre a Revolução Cubana, com reflexos imediatos na militância. Por essa razão, o documento até admite que a revolução brasileira:

> "Pode ter aspectos particulares e singulares" em relação a outras revoluções vitoriosas [...] a conquista da emancipação do país do domínio imperialista e a eliminação da estrutura capitalista agrária atrasada, assim como o estabelecimento de amplas liberdades democráticas e a melhoria de condições de vida das massas populares [...] corporificam uma etapa prévia necessária para o Socialismo. (Resolução Política do V Congresso do Partido Comunista Brasileiro, in PCB: 20 Anos de Política, 1980, p.39-69).

Por essa política, ainda aparece a contradição entre a burguesia e o proletariado, mas colocando ressalvas quanto à impossibilidade de transformações socialistas imediatas. O documento do V Congresso também apontava para a viabilidade de reformas econômicas e políticas nos quadros do regime em vigor, desde que associadas à luta de massas, e, por meio de uma política de Frente Única e objetiva, a hegemonia do proletariado na revolução nacional como fator decisivo, em que pese não condicionasse sua participação a uma "Prévia direção do Movimento". Para o PCB, a direção deve ser conquistada por meio de um processo de luta árdua e paulatina, durante a qual a classe operária forje sua unidade em aliança com os camponeses, seu aliado fundamental, bem como defenda os interesses de todos que participam da frente única. Por fim, o documento coloca a questão da legalidade como um objetivo a ser alcançado a fim de consolidar a democracia no Brasil. É também uma tarefa imediata, para que possa surgir um grande Partido Comunista, poderoso numericamente, organizado e firme ideologicamente (idem, p.69).

Essa linha política ampla, flexível, ambígua de certa forma, visando acumular forças, teve por resultado um aumento inegável de militantes em suas fileiras, bem como sua inserção na classe operária. Há, no entanto, uma reavaliação da análise quanto à estratégia de intervenção no campo apontada na "Declaração de Março" e as teses do "V Congresso do PCB". Como foi dito, verificava-se, provavelmente, uma reflexão tática e diferenciada das camadas do campesinato rural que no curto período de 1958 a 1961 despertaram para a luta de suas reivindicações e tiveram significativa expressão, como os trabalhadores da cana e várias categorias de arrendatários. Era o momento em que ocorria o "acomodamento e a resolução momentânea de alguns conflitos" característicos da década de 50, como Formoso e Trombas, Noroeste do Paraná, e valorizava-se a sindicalização rural como estratégia de organização e mobilização.

Essa nova política refletiu timidamente na composição das Direções Partidárias intermediárias, mas quase nada no Comitê Central. Por exemplo, na composição social dos delegados no V Congresso, a presença de dirigentes de origem camponesa é apontada de forma dúbia, e não refletiu o real potencial revolucionário originário do campo, já que Nestor Vera, Lyndolpho Silva, Gregório Bezerra, lideranças destacadas do Partido Comunista no meio rural, não constam como membros do Comitê Central, fato que somente iria acontecer muitos anos mais tarde. Apenas Antônio Granja, que veio a desempenhar várias tarefas de organização no campo e consta como "trabalhador braçal", vem a ser eleito. Outro dado interessante e contraditório é que o nome de José Ribeiro, liderança destacada do movimento de Formoso e Trombas, apontado em várias entrevistas como membro e primeiro dirigente camponês do Comitê Central, eleito suplente no V Congresso, inexplicavelmente não consta da relação historiográfica existente. De qualquer forma, a política de intervenção propunha que: "A fim de impulsionar a organização das massas do campo é necessário dar atenção especial aos assalariados e semi-assalariados agrícolas [...] Sua organização em sindicatos deve constituir a base para a mobilização camponesa" (Resolução Política do V Congresso do Partido Comunista Brasileiro, in PCB: 20 Anos de Política, 1980, p.60).

Decorrente dessa reflexão, observam-se como ponto central de linha de ação a mobilização e a organização dos trabalhadores rurais, mediante uma tática que procurava ocupar espaços, principalmente pela sindicalização a partir das reivindicações imediatas, como a baixa das taxas de arrendamento, a prorrogação dos contratos, a garantia contra despejos, a permanência dos posseiros na terra e a legitimação das posses. Essa proposta tinha por objetivo desarticular a influência das Ligas de Francisco Julião e da igreja, ambas nesse momento bastante atuantes no meio rural (Medeiros, 1989, p.71ss; Cunha, 2004, p.83ss).

Em 1961, no "Manifesto-programa"[34] observam-se ainda alguns itens relativos à "Reforma Agrária", que consistiu em sua proposta na desarticulação das grandes propriedades incultas, na abolição da "Meia e da Terça", entrega de títulos de propriedade aos posseiros, estímulo ao cooperativismo entre outras medidas de assistência. Concretamente, é a organização dos assalariados e semi-assalariados agrícolas que vem a ser o eixo tático de atuação do PCB, relegando a luta pela reforma agrária a um segundo plano. Mais uma vez, verifica-se uma postura ambígua entre a proposta política e a ação prática decorrente de seus militantes. Por esse documento, também percebem-se as muitas dificuldades em elaborar uma proposta que norteie a ação do Partido Comunista de forma coerente na complexidade da "Questão Agrária" entre as diversas categorias de trabalhadores rurais, avaliando o papel da burguesia e do proletariado e o conflito entre as várias lideranças do meio rural brasileiro.[35]

Leôncio Martins aponta que o PCB teve, por um lado, proporcionalmente mais êxito de intervenção e organização nas camadas do proletariado urbano e com maior nível de qualificação, como os trabalhadores fabris e de serviços, como transporte e docas; e, por outro, uma maior dificuldade perante o campesinato e proletariado

---

34 Manifesto Programa aos Estatutos. *Novos Rumos*, ano III, n.127, de 11 a 17 de agosto de 1961. Também há apontamentos críticos de Caio Prado Jr. (1987, p.77) sobre esse documento.

35 Manifesto Programa aos Estatutos, op. cit.

agrícola, operários e trabalhadores manuais de baixa qualificação, pequenos proprietários urbanos. Ao centralizar nesse período a luta contra o imperialismo como eixo central de sua análise de conjuntura e conseqüentemente subordinar às demais questões, inclusive a agrária, essa estratégia, o PCB apontava para algumas contradições, como sugere o documento, já que o arco de frente única poderia incluir circunstancialmente até grandes fazendeiros.

A polêmica persistia, e de certa forma contraditória às teses em curso, particularmente quando dialogamos com alguns intelectuais pecebistas do período. Vale sinalizar que os *Textos dos anos 60* foram elaborados nesse contexto histórico de incorporação teórica e intervenção militante advinda das experiências acumuladas dos anos 50, indicativas desse esforço de compreensão e reavaliação. Há neles uma singularidade: o campesinato tem seu papel reavaliado, e para alguns desses intelectuais, como Mário Alves, Nestor Vera, adquire centralidade no processo revolucionário brasileiro. Como vimos na Introdução deste trabalho, também encontramos outras vertentes de análise sobre essa problemática e seus agentes de mediação nos trabalhos de Caio Prado Júnior; e, conflituosamente, numa outra esfera de apreensão, nos trabalhos de Nelson Werneck Sodré e Alberto Passos Guimarães. No conjunto, esses autores possibilitaram instrumentais teóricos mais elaborados para aprender essa problemática e sustentar as teses do PCB.[36]

Historicamente no Brasil, qualquer política de intervenção no campo é extremamente explosiva, mas nos anos 60, uma proposta de Reforma Agrária, por mais moderada que fosse, era a questão mais polêmica, e essa diretriz encontrou sérios obstáculos a sua tramitação no Congresso Nacional pelo Bloco agrário-industrial representado pela maioria do Parlamento. Pela ação desse Bloco, eram sustadas todas as tentativas de derrogar o dispositivo constitucional que

---

[36] Cf. A questão agrária no Brasil (1980, p.1-127); Moraes (1989, p.232-40); Gorender (1987, p.25ss); Cavalcante (s. d., p.8-9). Sobre os textos de Alberto Passos Guimarães, Nelson Werneck Sodré, Caio Prado Junior, ver Santos (1996, p.55-162).

condicionava à sua realização o "Prévio pagamento e em dinheiro pela desapropriação de terras". Paralelamente, as Ligas Camponesas pós-Congresso de Belo Horizonte aparecem com uma proposta diametralmente oposta à via pacífica do PCB, tendo por palavra de ordem "reforma agrária na lei ou na marra, com flores ou com sangue". Francisco Julião considerava possível queimar etapas para uma revolução socialista, com o campesinato à frente. Ante a nova polêmica, Julião teve resposta direta em junho de 1962 por ninguém menos que Giocondo Dias (1996, p.93-102), que, numa série de artigos publicados no semanário *Novos Rumos* intitulados "Francisco Julião, os comunistas e a Revolução Brasileira", assim delineou o posicionamento em curso:

> Em suma, consideramos que são errôneas as teses defendidas pelo deputado Julião: é pernicioso caracterizar-se como revolução socialista a presente etapa do processo revolucionário brasileiro e igualmente pernicioso negar-se o papel de vanguarda da classe operária. As tarefas que temos hoje, repetimos, não são as de uma revolução socialista, mas sim a de uma revolução antiimperialista e antifeudal, nacional e democrática. Sabemos muito bem que não existe uma muralha chinesa, como tantas vezes se tem dito, entre uma e outra, mas sabemos também que as condições concretas de um dado momento é que determinam a etapa de uma revolução. Para que uma revolução se torne vitoriosa impõe-se hoje no Brasil a formação da frente única de todas as forças da sociedade brasileira interessadas na libertação nacional, na democracia, no progresso e na paz. Essa frente única se destina a conquistar o governo de coalizão que promova as transformações de estrutura que as condições do país reclamam. Evidentemente, varia o grau de conseqüência das classes e camadas que participam ou podem participar dessa força social, pois enquanto objetivo final da classe operária é o socialismo e o comunismo, o objetivo da burguesia, como classe exploradora, é o lucro. Por isso, é necessário reforçar ao máximo e incessantemente a aliança operário-camponesa como sólido núcleo em que tem de apoiar-se a frente única nacionalista e democrática; isso, por sua vez, exige que se realizem maiores esforços, visando ampliar e consolidar a unidade da classe operária e, ao mesmo tempo, estender e reforçar a combatividade das grandes massas camponesas.

Apesar do explosivo ambiente político daqueles anos, a estratégia das Ligas gerou resultados diametralmente opostos aos esperados. Tudo indica que, ao abandonar a linha legalista em 1962, as Ligas começaram a perder sua influência no campesinato para o PCB e também para setores da Igreja, em particular para a Ação Popular (AP), fato comprovável que pode ser observado pela ausência da entidade no momento da fundação da Contag em 1963. E não seria uma coincidência, já que, no momento que o movimento sindical assume um caráter legal e reformista ampliando seus espaços, ocorre a sua radicalização, como bem coloca Elide Rugai Bastos, chegando as Ligas a propor a fundação de um Partido Revolucionário, com resultados dúbios. Nesse sentido, ao partir para uma estratégia militarizada via Movimento Revolucionário Tiradentes (MRT), a estrela de Francisco Julião, nas palavras de Gorender, "murchava sua luz", e, além de ele ser expulso das Ligas, posteriormente se elege deputado federal com extrema dificuldade – algo contraditório a política propunha –, tendo atuação parlamentar medíocre.[37]

No mesmo ano, ocorre definitivamente a ruptura com a corrente stalinista e os dissidentes fundam o PC do B, proclamando-se o mesmo Partido fundado em 1922 e reorganizado em 1962. Para eles, era inadmissível a mudança de nome e a retirada do programa da palavra de ordem "Ditadura do Proletariado". Com essas mudanças, o PCB pretendia facilitar a sua legalização como agremiação partidária. A medida se mostrou inútil, já que o Tribunal Superior Eleitoral (TSE) negou o registro e os dissidentes afirmaram que o Comitê Central havia criado um novo "Partido Revisionista" e renegado o partido fundado em 1922. Essa cisão não altera o PCB, já que ele estava em crescimento e, como bem analisou Vinhas, com uma linha ajustada à realidade (Vinhas, 1982, p.187ss).

Em 1963, o Partido Comunista Brasileiro teria o maior poderio de sua história, convertido em uma organização com capacidade de

---

37 Cf. Gorender (1987, p.47, 48); Bastos (1985, p.279; 1984, p.100ss); Morais (2002, p.44-6); Moniz Bandeira, 2003, p.14, 15).

intervenção e aglutinação. Aliando-se aos setores de esquerda do proletariado, o Partido passa à direção política e sindical de várias federações e algumas entidades nacionais urbanas e rurais. E após um período de greves nacionais, a Superintendência para a Reforma Agrária (Supra) é criada e a legalização dos sindicatos rurais obtém um impulso considerável. É nesse processo de mobilização que em fins de 1963 é criada a Confederação dos Trabalhadores da Agricultura (Contag), sob controle do PCB, tendo por aliada a Ação Popular (AP), e como foi sinalizado, com a total exclusão das Ligas (Cunha, 2004, p.95ss). Foi, provavelmente, o último ato, já que pouco depois veio o Golpe de 1964 e o PCB e seus dirigentes caem mais uma vez na dura clandestinidade.

Impasses e dilemas característicos dos anos 60

O movimento pelas reformas de base obtém impulso considerável, mas de forma contraditória e dentro dos limites do regime burguês mais progressista. Permanece a incógnita: se as reformas fossem efetivadas, poderiam levar o país rumo a um capitalismo independente, democrático e de participação popular, ou até criar uma situação pré-revolucionária, o que para alguns estudiosos (Gorender, 1987, p.67) era o período em questão.

À guisa de alguns apontamentos preliminares, há vivas polêmicas à época e mesmo atualmente em relação aos desdobramentos possíveis na antevéspera do Golpe de 1964 e quanto à real potencialidade do PCB e seu papel histórico. Objetivamente, o Partido apontava nessa fase para um forte potencial de elaboração teórica e mobilização, principalmente a partir da superação dos impasses pós-1956, a experiência de luta acumulada no campo e nas cidades e, concretamente, o PCB até lidou bem com considerável grau de radicalização de alguns setores a partir da influência da Revolução Cubana. O debate interno quanto à reelaboração de alguns pontos norteadores de análise e atuação, como a questão da democracia e intervenção revolucionária, também apontava para seu aprofundamento teórico e metodológico, em que se delineava uma leitura da realidade brasileira, e à elaboração de uma política que era revolucionária para o país.

Há, sem dúvida, muitas questões ainda em aberto, já que são muitos os elementos confluentes e intervenientes que sugerem como o momento se colocava politicamente para o Partido e seus militantes de uma forma extremamente complexa. Um aspecto relevante é o fato de o PCB atuar em uma linha política contraditória de conciliação e ao mesmo tempo de excessiva e conflituosa prudência, procurando viabilizar sua legalização e estando o conjunto do partido receptivo a essa promessa. Alguns críticos e estudiosos apontam para o fato de que ao se colocar taticamente nessa linha de ação, o PCB não procurou fazer uso de seu potencial de mobilização, especialmente por parte do Comitê Central, e entregou a condução do processo de reformas e até revolucionário a João Goulart, não percebendo que era um presidente burguês esvaziado de apoio de setores significativos de sua própria classe.

Jacob Gorender (1987, p.50), em *Combate nas trevas*, aponta para essa linha de análise crítica, ainda que também faça uma ressalva quanto à ambigüidade de outras forças de esquerda ao terem uma postura de confronto e de derrubada do governo Goulart com o objetivo de acelerar as reformas e atuarem de fato na mesma via das correntes da direita que procuravam obstacularizá-las. Em *A esquerda e o Golpe de 64*, Dênis de Moraes (1989, p.80-93, 232-40) bem recupera as muitas dificuldades de várias correntes de esquerda construírem minimamente uma unidade de ação e viabilizar o processo de reformas de base; e, principalmente, uma reflexão crítica e autocrítica contemporânea de muitas das lideranças políticas à época.

Um outro aspecto relacionado era a pressão do movimento de massas no campo e na cidade, bem como a pressão das bases do partido que nele atuavam. Isso refletiu em algumas isoladas referências de resistência ao golpe por vários núcleos do PCB em 1964. Alguns casos são mais conhecidos, entre os quais se destacam a articulação de Gregório Bezerra em Pernambuco, a mobilização camponesa em Formoso e Trombas, a resistência dos trabalhadores das minas de

Criciúma organizada pelos militantes do Partido, bem como a preparação de um levante armado no interior paulista poucos dias após o golpe. Possivelmente ocorreram outras tentativas de resistência armada em setores diferenciados da militância ou mesmo em setores militares; articulados ou não, mas concretamente ainda ausentes de estudos específicos (Moraes, 1989; Bezerra, 1980, v.2, p.189ss; Welch, 1992, p. 183; Tércio, 2002, p.59ss).

Apolônio de Carvalho (1997, p.185-91), por exemplo, recupera em suas memórias um plano de levante da Vila Militar e de outras unidades do Exército que seria desencadeado algumas semanas depois do Golpe de 1964. Confluindo nessa linha, temos o depoimento de Marly Vianna concedido para fins deste trabalho. Segundo Carvalho, esse plano fora articulado por Carlos Marighella, conjuntamente com setores militares nacionalistas e de esquerda nas Forças Armadas, e, seguramente, envolveria o Setor Especial, bem como incluiria o Comitê Universitário, como nos relata Marly Vianna.[38] Os relatos de ambos confluem e sugerem haver alguma articulação, não sendo, por exemplo, diferenciados quanto ao início do levante. Para Carvalho, a resistência ao golpe (que ainda não estaria consolidado em abril) teria início com um movimento de dois esquadrões de tanques, mas ele mesmo não explicitou em suas memórias qual seria o desdobramento tático – salvo o estopim de anúncio da rebelião com o bombardeio do Palácio da Guerra –, bem como o desdobramento estratégico posterior à deflagração, "o calcanhar-de-aquiles do projeto", em suas palavras. Para Marly Vianna, o sinal combinado junto ao Comitê Universitário para o desencadeamento do levante e resistência ao golpe também seria o bombardeamento do Quartel General (Palácio da Guerra), seguido depois do Palácio Guanabara e do Forte Copacabana (Carvalho, 1997, p.190).[39] É possível inferir na hipótese de que o bombardeio desses alvos relatado por Marly Vianna seria realizado por essa coluna de tanques apontada nas memórias de Apolônio de Carvalho. Após o começo

---
38 Entrevista concedida por Marly Vianna em 22/7/2005.
39 Idem, ibid.

dos bombardeios, a tarefa dos estudantes seria tomar os postos de gasolina para abastecer coquetéis Molotov. Mas ao final de duas semanas de muita tensão e expectativa, houve a desmobilização das várias bases do Comitê Universitário e, com certa amargura, Marly Vianna assim finalizou seu depoimento: "Não se falou mais no assunto. Só é interessante notar que, seguindo totalmente as indicações do Marighella, e do Jover Telles, que o apoiava, o Partido mobilizou-se para a resistência que ele dava como certa".[40]

Passados tantos anos, é uma polêmica em aberto. Paralelamente a essas controvérsias, ainda que a Direção tenha desempenhado uma relação eventual e distante quanto às críticas ao processo de articulação da "reação" às reformas e às instituições, e particularmente quanto às insinuações de imobilismo e desvios de direita, é questionável que a correlação de forças organizadas existentes possibilitasse e viabilizasse ao PCB naquele momento e ao conjunto das correntes de esquerda (como sinaliza Gorender, algumas com um discurso e atuação muito próximos às forças de direita), bem como às demais forças progressistas a unidade e o potencial necessários à superação do capitalismo pelo confronto armado com o objetivo da revolução socialista no Brasil.

Quaisquer que sejam as conclusões e teses em vigor, não há como ignorar os indícios de uma reavaliação em curso na linha política à época. Nas vésperas do Golpe de 1964 circularia o semanário *Novos Rumos* com o suplemento das teses do VI Congresso que se realizaria no mesmo ano. Naquele documento, persistiam a preocupação de aprofundamento do debate iniciado a partir da "Declaração de Março" e a reflexão do período subseqüente, sendo por essa razão confirmadas as teses do V Congresso. Observa-se nas teses um aprofundamento crítico da realidade brasileira, refletindo toda uma experiência de luta acumulada com o objetivo de incorporar novas categorias analíticas à elaboração de uma teoria e práxis revolucionárias. As teses também apontavam e acentuavam o caráter dúplice da burguesia brasileira, ressaltando e restringindo a questão de alian-

---
40 Entrevista concedida por Marly Vianna em 22/7/2005.

ça. Por fim, indicava a luta armada como uma possibilidade ao mesmo nível da via pacífica para o socialismo.

Com o Golpe de 1964, o VI Congresso não se realizou e o documento nem sequer foi objeto de debate. A partir de então, o Partido Comunista Brasileiro, impossibilitado pela ditadura militar de um aprofundamento dessas questões, ante as limitações que a conjuntura repressiva impõe ao conjunto de sua militância, se reestrutura organicamente para as limitações de uma ação clandestina característica das possibilidades e das circunstâncias do período ditatorial. O VI Congresso somente seria realizado em 1967, numa outra conjuntura e com outro conjunto de teses, estando o Partido, naquele quadro político e histórico, na mais completa clandestinidade. Por essa razão e decorrente associativamente das crises internas, adiou essa reflexão e o inconcluso debate até 1992, quando se realizou o X Congresso, em um novo momento histórico. Sob a égide de uma nova conjuntura nacional e internacional ocorre uma segunda ruptura renovadora partidária sob o prisma de uma indefinida continuidade.

2
A CAMINHO DE FORMOSO E TROMBAS

Do Estado Novo à legalidade:
o urbano e o intelectual como eixo nuclear

A formação do Partido Comunista em Goiás entre 1936 e 1950 está intimamente associada ao processo de desenvolvimento e urbanização do estado, especialmente com a alteração do quadro político e econômico regional, reflexo esse de uma nova ordem nacional. Goiás era um estado agropecuário que passava por um gradual processo de urbanização, em que a industrialização não se fazia presente, e lá surge um PCB objetivando organizar o proletariado e centralizar sua atuação predominantemente na esfera urbana. Mas não foi sem conflitos de ordem programática e também de orientação com a Direção Nacional que a proposta "de Partido" se impõe em seu caráter urbano, relegando de forma tímida e secundária uma atuação no campo. Segundo Eliane Dayrell (1984, p.55), o desconhecimento de Goiás por parte da Direção Nacional era de tal ordem, que "Certa feita esta repreende o Comitê Municipal de Jaraguá sob a alegação de não estar atuando junto a operários de indústrias".

Por essa razão é que o Partido Comunista nessa fase é constituído por um amplo arco de segmentos sociais, principalmente sob a direção da pequena burguesia e da intelectualidade. Também se fazem presentes segmentos das classes médias urbanas e os setores populares, trabalhadores em geral, bem como, eventualmente, trabalhadores rurais e até proprietários rurais. Em relação a este último segmento, não deixa de ser uma surpresa a sua incorporação nesse processo. É importante ressaltar que a passagem da Coluna Prestes por Goiás contribuiu de forma decisiva para a formação de vários núcleos comunistas no interior, como bem sinalizou Gregório Bezerra (1980, v.2, p.85-114) em suas *Memórias*, e como decorrência, a possibilidade de incorporação de alguns antigos combatentes as suas fileiras.

Além desses fatos, outros elementos foram decisivos. Ao apontar para esse quadro constitutivo com o processo de ruptura da velha ordem pré-1930 e que, a partir do advento do Estado Novo e a constituição de um novo "Bloco Histórico", o estado de Goiás recebe um grande número de militantes comunistas e integralistas refugiados da perseguição do governo federal e da ditadura de Vargas, que contribuíram decisivamente para a formação do quadro político-administrativo. Esse afluxo de quadros interessava aos novos governantes estaduais e, por essa razão, lá os comunistas encontravam refúgio. Cristiano Cordeiro (1982, v.2, p.86), um dos nove fundadores do PCB em 1922, bem descreve essa situação:

> Em 1939, por conta do Estado Novo, fui deportado de Pernambuco e tive de sobreviver em Santos, lecionando em dois colégios e trabalhando como revisor do Jornal Diário de Santos. Dois anos depois, recebido por Pedro Ludovico, interventor em Goiás, apresentado a ele pelo então Deputado Domingos Velasco, fui ser professor em Goiânia. Como eu, muitos deportados da "Intentona" receberam abrigo de Ludovico. Aos que reclamavam de sua tolerância para conosco, ele costumava responder, citando Euclides da Cunha: "Goiás e Mato Grosso são a Sibéria canicular do Brasil", querendo dizer com isso que nós, de fato, éramos "prisioneiros".

Paralelamente, a marcha capitalista para o Oeste delinearia os contornos de urbanização e de um desenvolvimento localizado, com forte influência da região do Triângulo Mineiro e, posteriormente, com a fundação de Goiânia, seriam fatores que permitiriam apontar como a realidade nacional e regional influía na configuração inicial do Partido Comunista no estado, permitindo ainda compreender os impasses e desdobramentos relativos ao período 1950-1964.

Durante um longo período, o agrário e o urbano se compuseram em Goiás, e essa peculiaridade aponta para a contradição que o PCB e seus militantes se empenharam em relação ao objetivo de superar o Estado Rural (ou feudal, onde tinham como maior representantes os Caiado), característico do período, e preparar uma etapa burguesa e democrática (representado pelo moderno e progressista Estado Novo, bem como por Pedro Ludovico e, mais tarde, por seu filho, Mauro Borges) em uma estratégia revolucionária para o socialismo, sob a hegemonia de um inexistente proletariado, exceto pelos trabalhadores da construção civil, majoritariamente oriundos do campo. Bernardo Ellis (1985), escritor e intelectual do PCB naquela fase, recupera em sua obra *O tronco* esse quadro característico do coronelismo no interior do estado de Goiás e o relacionamento conflituoso entre o poder executivo e os coronéis, bem como o grau de conflito a qualquer tentativa de modernização ou intervenção do poder institucional que dessa polarização resultava, especialmente em áreas distantes da capital (cf. Campos, 1987). Por extensão, no Partido Comunista de Goiás (PCB-GO), os intelectuais terão um destacado e decisivo papel nesse contexto, particularmente com a fundação da *Revista Oeste*, que posteriormente, com a nova capital, simbolizaria os agentes propulsores do progresso no estado. Para Dayrell (1984, p.55, 60 e 109),

> Em Goiás diante da ausência da industrialização, como da ainda perplexa incorporação de setores agrários a uma ordem ainda estranha aos desígnios das atividades rurais, restará aos setores urbanos a condução deste processo [...] Dessa forma, enquanto crescente a hegemonia na configuração do mundo burguês, agilizada aqui, sobretudo, pela liderança da "intelectualidade burguesa", vão se anuançando as tendências "menores" da postura de classe – da direita à esquerda: nenhuma radical e ruptora.

Nessa linha de análise e contextualização é que podemos visualizar a origem do PCB-GO. Segundo essa autora, são duas as vertentes que remetem à "formação local, espontânea, de núcleos convertidos à proposta do partido, ou previamente ao marxismo. Isoladamente alguns elementos permanecem interessados no projeto que o Partido apresenta, - ampliação de organização do PCB efetuada por elementos ou por grupos não locais" (idem, p.55, 60 e 109).

Como foi sinalizado anteriormente, essa "espontaneidade" foi grandemente facilitada pela Coluna Prestes e pelo carisma de Prestes (influência que sempre estará presente), como bem considera Gregório Bezerra (1980, v.2, p.85-114) e facilitada pela "espontânea" vinda de muitos elementos que fugiam do Estado Novo. Outro aspecto decisivo e dinamizador foi o contato próximo e constante com os dinâmicos núcleos comunistas do Triângulo Mineiro, particularmente o de Uberlândia.

O ano de 1936 é apontado como a data constitutiva da organização e coordenação do PCB em Goiás, principalmente em Anápolis e Goiandira. Posteriormente, a coordenação política será transferida conflituosamente para Goiânia a partir de sua consolidação como capital dez anos mais tarde. Mas no período inicial, será em Anápolis, principalmente, e em Goiandira que ocorrerão lutas vigorosas e pulsantes de várias organizações populares, como o Movimento Unificado dos Trabalhadores (MUT), sindicatos e jornais que darão origem a núcleos comunistas, que ao longo do tempo atuarão de forma decisiva e crescente contra a ditadura de Vargas.

Vale destacar a atuação de outro grupo, que se formará na clandestinidade, o de Goiandira. O surgimento desse núcleo foi grandemente facilitado pelo razoável grau de urbanização existente na cidade e pelo fato de vários elementos comunistas (e que mais tarde vieram a compor em grande número na Direção Estadual, como Juca Ferreira, Abraão Isaac e outros) trabalharem na prefeitura. Não deixa de ser sintomático que é a partir desse núcleo que o PCB expande sua influência aos demais no estado; e por essa atuação, Goiandira ficou conhecida pelo nome de "Moscouzinho". Outros núcleos foram aparecendo e chegaram a ter um certo grau de influência, como

Catalão, Jataí Ipameri, que se sucediam a partir ou próximos do Triângulo Mineiro e nos locais por onde passara a Coluna Prestes. Foi nesse quadro que o Partido Comunista se organizou em um trabalho de formação de militantes, de organização de entidades de massa e auxílio a refugiados políticos.

Em relação ao trabalho de inserção no campo nessa fase de sua fundação no estado, os comunistas tiveram uma atuação secundária e pontual, em face às dificuldades existentes de intervenção e arregimentação dos camponeses, ante as características e peculiaridades do meio rural goiano; muito em razão da própria linha política de orientação nacional, que apontava de forma privilegiada para uma atuação nas cidades, e ante a avaliação de que nos centros urbanos do estado de Goiás é que encontraram condições favoráveis a seu desenvolvimento. Ao que parece, ainda que esse componente intelectual e urbano predominasse, alguns elementos consideravam que as determinações orientadas do programa político e a intervenção partidária só teriam efetiva viabilidade quando, no estado de Goiás, a real potencialidade do campesinato e o trabalho no campo não fossem negligenciados, já que: "Atingirmos a etapa capitalista da nossa evolução tão mais rapidamente, quão maior e mais firme a união que soubermos forjar. A base para atingirmos essa etapa está na solução do problema agrário".[1]

Por essas razões e dificuldades, não é de surpreender que foram poucos e pontuais os movimentos significativos no campo até a década de 1950, bem como os núcleos comunistas atuantes existentes no meio rural. Ao que parece, o núcleo mais organizado e a referência marcante desse momento vêm a ser o de Itumbiara, remanescente do período da legalidade, onde foi formado o 1º Comitê Rural. O fato de estar geograficamente próximo de Uberlândia teve o reflexo desse grupo em maior intensidade do que com os grupos comunistas de Goiás. Eliane Dayrell afirma que o trabalho ali desenvolvido teve um

---

1 Discurso pronunciado no ato de fundação do PCB-Goiás publicado no *Estado de Goiás* em 4/8/1945 (in Dayrell, 1984, p.179-82).

caráter muito mais simbólico, de propaganda, já que o comitê contava, aliás, com apoio do proprietário. No local foi montada uma escola, mas ao que parece, o PCB não viabilizou nenhuma proposta de reivindicações ou elaborou alguma estratégia de intervenção, salvo uma relativa divulgação para algumas categorias de trabalhadores rurais como posseiros, arrendatários e garimpeiros. Essa situação só foi alterada completamente com o advento da ilegalidade do Partido Comunista, ainda que muitos quadros do partido que contribuíram para sua inserção no campo tivessem se formado a partir desse núcleo inicial (Dayrell, 1984, p.55, 60, 109).

Um outro aspecto relevante das dificuldades de formação e inserção rural do PCB pode ser contabilizado no fato de que o patronato rural pagava um salário ao trabalhador rural acima da média nacional, valorização essa decorrente das dificuldades de mão-de-obra nas grandes extensões de terras características do estado de Goiás até meados da década de 1950. Nesse caso, o fato de ter relações de convívio muito próximas à do patrão e sua família em última instância dificultava em grande medida a organização e a luta pela reforma agrária. Foram muitos os exemplos de pequenos e médios fazendeiros que ocuparam a presidência de associações camponesas e se tornaram membros ou estavam próximos do PCB. Ainda assim, o quadro era complexo e longe de ser uniforme, já que são muitos os relatos de miséria e dificuldades que militantes comunistas passavam em algumas regiões do campo.

A situação de transição econômica por que passava o estado de Goiás, no entanto, apontava para o acirramento da intervenção partidária e aconteceu principalmente em razão do processo desencadeado com a marcha para o Oeste e o Norte, com a fundação de Goiânia, a construção da Belém-Brasília e a fundação da Colônia Agrícola de Ceres.[2] Esses elementos são confluentes e elucidativos para apontar que o eixo rural do Partido no estado se consolida a partir de 1950, reflexo principalmente da expansão do capitalismo no campo e de

---

2 Sobre o processo de ocupação e avanço do capitalismo em Goiás, ver Campos (1985; 1987); Godoy (1966); Bernardes (1984); Ellis (1985).

suas conseqüências, que dá origem a uma atuação de confronto que passou a ser a característica do cotidiano. Com a queda do Estado Novo, o processo de redemocratização e o advento da legalidade do PCB, o estado não ficou indiferente ao que ocorria no resto do País, e o Partido Comunista em Goiás entra em uma nova fase, com bandeiras políticas a favor das eleições e pela anistia. Mas o quadro que se seguiu em Goiás foi de ruptura do Partido e de um arco de esquerda ante as análises de Prestes, que ganhavam hegemonia na condução de luta pela hegemonia interna, e com reflexos especialmente em Anápolis. Basileu Pires Leal conta que:

> O Cristiano Cordeiro ele teve aqui uma atitude muito boa em Goiás, 'num' tem dúvida. Ele... agora, ele quando surgiu a anistia, ele divergiu do camarada Prestes, porque ele achava, dada a reação contra o nome Partido Comunista, que nós 'devia' criar um partido popular progressista que nós 'tentamo' organizar aqui em Goiânia... E tentamos organizar aqui com a colaboração de todo mundo...(apud Dayrell, 1984, p.175)

Com a subordinação dos elementos do PCB-GO às diretrizes nacionais, a frente de esquerda que surgiu no final da queda de Vargas se dissolve. Alguns dirigentes no estado foram proféticos, como Basileu Pires Leal:

> Fizemos várias reuniões, né? E tentando chegar a um acordo para a fundação do Partido. Quando já estava tudo bem delineado, antes de levarmos a proposta ao Comitê Central... nessa época também existia também o pessoal da CNOP... recebemos uma informação de que não seríamos recebidos e que Prestes não concordaria, o Comitê, não, absolutamente, não concordaria com a Fundação desse Partido, porque esse Partido era diversionista, era isso, era aquilo, e aquilo outro, então... todo nosso trabalho ficou sem efeito. E, eu ainda me lembro, numa das últimas reuniões, no escritório do Chermont, o Velasco, previa o que ia acontecer, disse: "Bom, o camarada Prestes nem quer aceitar nossa proposta, dentro em pouco a reação virá em cima do Partido e nós iremos todos pra cadeia e lá nós vamos discutir nossos erros, fazendo autocrítica pela besteira que estamos fazendo agora, de não organizarmos um grande

partido de massa, um partido de peso, um partido de força...". Nesse tempo, o Comitê Estadual ainda era Anápolis. Nós tivemos assim uma desilusão muito grande, né? Ficamos muito chocados com essa atitude do Comitê Central. Mas tentamos resolver, ou melhor, ficamos só com o Partido mesmo, só com o próprio Partido. (idem, p.175)

Por essa razão, o Partido Popular Socialista (PPS) criado por Cristiano Cordeiro em 1945 como um instrumento aglutinador das frentes de esquerda em Goiás, intimamente associada ao PCB, rapidamente se extingue, ante a firme oposição de Prestes e a legalidade deste último. Curiosamente, como sigla e proposta partidária apontada por Cristiano Cordeiro, o PPS vem se configurar em princípio e continuidade no X Congresso do PCB em 1992.[3]

A legalidade para o Partido Comunista em Goiás começa, de fato, em fins de 1945, com a publicação de seus estatutos no *Diário da Justiça*, quando é também comunicada a formação de diretórios em 32 municípios espalhados por todo o estado. Nesse momento o PCB está sob a total influência do grupo de Prestes e da Comissão Nacional de Organização Provisória (CNOP), que determinou a exclusão das dissidências. Essa determinação política ao longo do tempo atingiria até mesmo Cristiano Cordeiro (1982, p.87), que, mesmo na condição de ter sido um de seus históricos fundadores, foi posteriormente expulso. De certa forma, as divergências que estavam majoritariamente centradas no grupo Anápolis foram equacionadas temporariamente por volta de 1946, com a mudança do Comitê Estadual para Goiânia e já sob a liderança do grupo de Goiandira, que contou, aliás, com a assistência do Comitê Central. O discurso oficial de abertura do PCB em Goiânia foi realizado por Cristiano Cordeiro (1982, p.209) (que ainda não havia sido expulso), lá exilado desde o Estado Novo.

---

3 Como foi apontado na Introdução, no X Congresso realizado em São Paulo em 1992, o PCB se reestrutura com uma nova configuração e concepção partidária, adotando um novo nome, Partido Popular Socialista, com a sigla PPS. Nesse Congresso igualmente ocorreu uma cisão que funda o Partido Comunista, sigla PC, que também reivindica a matriz original fundada em 1922 e que posteriormente recuperou a sigla PCB.

Não deixa de ser curioso, mas paralelamente surgiram no estado de Goiás outros grupos reivindicando a continuidade da herança do Partido, e até um Partido Comunista Cristão que, em sua carta-manifesto, afirmou não ser materialista ou marxista-leninista, e que teria por emblema o "martelo, a foice e a bíblia dentro de um círculo de elos, símbolo do trabalho, da crença e da unificação", apontando como proposta política que seu projeto se desenvolvia segundo "os princípios pregados pela comuna dos apóstolos" (Dayrell, 1984, p.187). Como muitas outras organizações à época, essa também foi de curta duração.

Esse período marcaria profundamente os desdobramentos posteriores. José Godoy, escritor de prestígio e militante do PCB, em carta a Eliane Dayrell (1984, p.203), ressalta – polemicamente, diga-se de passagem – que o estudo do Partido em Goiás somente deverá interessar a partir de 1945, pois em sua avaliação "estudar o nosso passado perdendo tempo com coisinhas de somenos partidárias que existiam anterior a 45 é em verdade uma puerilidade". Ainda assim, superadas várias cisões, o Partido Comunista concentrou-se no trabalho de arregimentação e propaganda, tendo por objetivo transformar-se em um partido de massa, abandonando o trabalho fechado de formação de quadros restritos e procurando ampliar o leque de formação e atuação.

Nesse momento, é grande o afluxo de jovens, bem como de operários e camponeses, sendo freqüentes os cursos de capacitação e assistência às bases que surgiam por todo o estado. Não deixam de ser paradoxais o desconforto e os impasses de direção, particularmente ante as contradições de alguns setores da intelectualidade quanto às tarefas de construção de uma nova forma de Partido, e que, com o desenvolvimento da linha política, será um determinante na compreensão e na relação tensa característica com a embrionária militância camponesa que emergia, e à sua condição militante na fase posterior. Outro ponto que nunca foi adequadamente equacionado no Partido, nem no momento da legalidade e na posterior clandestinidade, foi a histórica rivalidade, até 1964, entre os grupos de Goiânia e Anápolis, e mais tarde com o grupo de Formoso e Trombas. Ao que parece, alguns elementos comunistas, como Abraão Isaac, Juca Ferreira (vindos de Goiandira) e de outros militantes, é que possibilitaram um mínimo de coesão e unidade interna. Isso, no entanto, não impediu que alguns grupos comunistas tivessem políticas localizadas e praticamente autônomas e contraditórias do Comitê Regional, fato que levou o Comitê Central a assistir com freqüência a Direção Estadual.

Os descompassos, entretanto, eram muitos e de outras ordens. Bernardo Ellis, que também foi militante comunista, considera as dificuldades e o abismo cultural existentes entre parte da direção e o restante da militância. E ressalta que igualmente ocorria "uma série de clichês, de clichês, de lugares comuns, de coisas que repetiam e, que a gente percebia também, que as pessoas não tinham compreensão daquilo, eles repetiam tudo maquinalmente" (Dayrell, 1984, p.199).

Para José Godoy, na carta citada anteriormente a Eliane Dayrel, o PCB à época estava isolado das massas e não elaborava uma estratégia de intervenção, pautado pela realidade social do estado, especialmente quanto aos agentes potencialmente intervenientes, ou seja, uma reduzida classe operária (especialmente construção civil que estava presente no Partido e particularmente único grupo operário organizado em Goiás) e um vasto contingente de trabalhadores rurais, que, conforme a autora, tinha presença irrelevante na composição Partidária. Segundo Godoy, o PCB também errava com "os excessos das campanhas que levantamos; campanha de solidariedade ao povo do Paraguai, ao povo da Coréia, campanhas pela imprensa etc. Campanhas só nossas, podemos dizer... sem enfrentar sincera e verdadeiramente este problema" (Dayrell, 1984, p.203).

Outro aspecto mencionado e particularmente confuso quanto a sua elaboração e ao caráter organizacional apontado por Godoy refere-se especialmente a sua concepção de um Partido de Vanguarda, clandestino e revolucionário, já que, para ele,

> a construção de um Partido Comunista como Lenin imaginou na Rússia, poderá dar certo para São Paulo, Rio. Belo Horizonte, Recife. Para

Goiás, não dá muito certo... Não creio que as camadas médias devam ser atormentadas com uma organização muito rígida... Partido deverá estar sempre alerta aos melhores elementos das camadas médias. Eles soltos, garantem muito trabalho proveitoso, e nunca debandam. Em Goiás, o Partido perdeu muito tempo com um grande acervo de elementos da camada média do povo, gente patriota, trabalhadora, heróica mesmo, mas que não tem objetivos concretos no dia-a-dia da luta de classes. (idem, p.199)

Godoy, todavia, chama a atenção e ao mesmo tempo critica e valoriza a assistência do Comitê Central, já que considera que a construção do Partido em Goiás e sua luta sempre foram terrivelmente prejudicadas pelo

> pensamento que vinha de cima, da Direção. Em geral, a direção local se agachava terrivelmente aos ditames da direção nacional, sem discutir nada. Era impossível abrir caminhos próprios; era muito difícil estudar a nossa realidade local e regional [...] Não creio que outro estado da federação tenha conquistado uma equipe que tanto pensava na aplicação do Marxismo em Goiás. Pode parecer contraditório com o item anterior; mas, se estávamos às vezes engajados em campanhas nacionais, em tarefas de caráter nacional, em obediência à ação comum nacional, também estávamos estudando, discutindo enfrentando muitas vezes os problemas locais, com uma inusitada esperança e confiança de criar algo novo em matéria de luta e de defesa de uma política certa local. Não por acaso, obtivemos êxito, em certo tempo, em nossa luta no campo [...] Fizemos, durante muitos anos, uma política de jornal, uma política de setores de classes médias; sem ver e empreender uma política de classe no campo e nas grandes cidades... sempre nos faltou dados sobre a realidade da movimentação das camadas do campo. (idem, p.203)

Tudo indica que a ruptura de setores da intelectualidade ou seu afastamento do Partido vêm a ser uma característica ou um conflito permanente, principalmente com a subseqüente inserção de elementos de base na direção e a atuação do Partido Comunista no movimento de massas. Esse fator se acentuou com a crise interna a partir da denúncia do stalinismo, fato que será discutido posteriormente.

São vários os autores que falam do período nessa linha, e alguns expoentes hoje, quando escrevem ou falam do PCB-GO, praticamente não procuram uma análise crítica contextual, e sim justificar uma ruptura pessoal.

Penso que a referência anterior sobre os impasses do Partido no movimento de massa em Goiás (especialmente pelo não-conhecimento de suas direções sobre a estratégia de classe a ser adotada) reafirma fundamentalmente a autonomia que muitas direções locais adotavam na falta de um projeto unificador de intervenção na legalidade e na clandestinidade, ainda que houvesse tanto na estrutura organizacional do PCB-GO o modelo leninista de aparelho (células, bases, núcleos), como também o "Centralismo Democrático" como instrumento de direção. Isso não quer dizer que não tenha acontecido, nas tarefas de maior ou menor envergadura, "uma unidade de ação", fato que ocorreu em vários momentos, observado principalmente na luta de Formoso e Trombas, em que houve a mobilização partidária no sentido de propiciar apoio material, armas etc., bem como nas campanhas de solidariedade ao movimento que extrapolaram o estado de Goiás.

Na verdade, percebe-se que o contraponto de vários elementos e direções de base que participaram da Direção Regional quando fazem ácidas críticas às direções da capital demonstram o descompasso do PCB urbano e rural. Geraldo Marques, uma das lideranças de Formoso, fala do Partido que:

> 'Num' era organizado. É pobrema orgânico, ele é, a organização em si (o Partido) é uma força, né?... Que ocê tem que aplicá com os companheiro, né? Quer dizer, pra eles organizar a história do trabaio como preocupação. Agora, nessa época, essa mocidade aqui, os mais véio era o Abraão, era o Abraão e tinha mais... o Juca... (A maior parte) dos moços novos e, ocê sabe como é, fii de papai...[4]

---

4 Geraldo Marques, liderança do PCB no campo e em Formoso durante todo o período da luta, in Dayrell (1984, p.196); Geraldo Marques, in Fernandes (1988, p.154-6).

Por essa razão, quando da eclosão da revolta de Formoso e o processo de luta decorrente, os impasses dos diversos núcleos comunistas ficaram momentaneamente adormecidos e só terão ressonância a partir de 1956, já que o confronto entre esses vários grupos só não chegou a se concretizar em uma ruptura principalmente em razão do Golpe de 1964. Sobre isso, ele diz: "O Partido (Comitê Estadual) sempre se apresentou para nós como ditador, a direção desejava impor condições sem debater, por medo de descer às bases. Eles não iam à região por medo e por nós, acatávamos essas ordens quando não baseada na realidade...".[5]

Dirce Machado também aponta para esse descompasso entre as bases e setores da Direção, quando afirma:

> Eu acho seguinte. A maioria dos quadros do Partido toda vida tinha um negócio seguinte, fazer de cima pra baixo seus problemas, não é como fizemos aqui de baixo pra cima, nós viemos pra cá viver a vida aqui, viver a luta aqui, viver todos os problemas pra procurar solucionar os problemas aqui. Importante que se tivesse extraído a lição daqui para outros lugares, mas é que vamos analisar quem são os quadros na maior parte. São da alta burguesia, pessoas que não têm nada a ver com o campo. Pega um jornalista acostumado só no centro da cidade, um filho de médico, uma pessoa da alta sociedade mesmo, companheiro de boa índole, de boa intenção, verdadeiro comunista. Põe ele pra viver lá no campo ele não sabe patavina, ele não sabe viver a vida no campo. Fica completamente destoado.[6]

Ainda assim, foi na fase da redemocratização e da legalidade que o PCB formou núcleos e diretórios, favorecido pelo clima político existente e grandemente auxiliado pelo prestígio de Prestes. Esses núcleos ficaram concentrados nas áreas mais desenvolvidas do estado, ou seja, as grandes cidades e na capital, e é onde também a imprensa partidária assume um vigor renovado, especialmente o *O*

---

5 Geraldo Marques, liderança do PCB no campo e em Formoso durante todo o período da luta, in Dayrell (1984, p.196); Geraldo Marques in Fernandes (1988, p.154-6).
6 Entrevista concedida por Dirce Machado em 18/7/1990.

Estado de Goiás. Contudo, observa-se que nesse processo de transformação a estrutura partidária existente mostrou-se frágil e insuficiente para fazer frente às novas tarefas políticas, e por essa razão o trabalho se desenvolveu concentrado nas cidades. Também ocorreu por parte das sucessivas Direções comunistas no período a preocupação de que o trabalho fosse centralizado, particularmente em relação ao equacionamento de um problema histórico de difícil superação, ou seja, as rivalidades apontadas anteriormente entre os grupos hegemônicos do estado e que, decorrente desse fato, era um obstáculo ao desenvolvimento das atividades partidárias. Um outro aspecto que seguramente dificultava o amadurecimento do PCB e suas direções devia-se ao fato de que, em variadas ocasiões, vários comunistas goianos e outros que aqui estavam refugiados foram chamados para desempenhar tarefas em outros estados por determinação do Comitê Central (Abreu, 1985, p.79ss). Isso inegavelmente criava dificuldades de várias ordens.

Nessa fase de curta legalidade, o PCB participa do processo eleitoral e elege dois deputados estaduais – Abrão Isaac Neto e Afrânio Francisco de Azevedo –, que foram especialmente ativos e tiveram destacada atuação, bem como elege representantes municipais por várias legendas (Dayrell, 1984, p.203ss; Campos & Duarte, 1996, p.37ss). As lutas encaminhadas pelo Partido nesse período apontavam para a implementação de algumas conquistas básicas. Em relação ao campo, essa intervenção foi significativa, especialmente em relação aos arrendatários, pois é nesse momento que ocorre a incorporação à Constituição Estadual de Goiás de um dispositivo que limitava a taxa de arrendo a 20% e se estipularam outras obrigações trabalhistas e de direito, com reflexos importantes no período subseqüente. É nesse clima de euforia, presente em todo o País, que ocorre a cassação do Partido em Goiás. Segundo Dayrell (1984, p.203ss), "O clima entusiástico em que o PCB atingiu a legalidade pode ser, talvez, responsabilizado por uma avaliação irreal da força do Partido".

Percebe-se que não foi diferente do restante do País a tranqüilidade com que esse processo de cassação se consumou. Em Goiás, especialmente em Goiânia, não houve prisões ou repressão, continuando o PCB a atuar em semiclandestinidade, mantendo-se a circulação da imprensa partidária com os periódicos *O Estado de Goiás*, o *Frente Popular* de Anápolis, a *Voz Camponesa*, e, um pouco mais tarde, o *Ranca Touco* na Colônia Agrícola Nacional de Goiás (Cang) em Ceres. Ao que tudo indica, esse quadro é parcialmente explicado por verificar-se em maior ou menor grau uma certa colaboração entre quadros comunistas e os sucessivos governos do estado no sentido de viabilizar um processo de desenvolvimento capitalista e democrático contra as oligarquias rurais, processo esse favorecido pelo clima populista à época. Por essa razão, o PCB vai encontrar em sua nova fase até 1964 a reação presente e forte no campo e que virá a ser uma arena de luta com novas características e um novo processo de intervenção. Noutros termos, somadas às dificuldades de organizar as diferentes categorias de trabalhadores rurais, o Partido Comunista também vai encontrar a feroz repressão dos latifundiários e seus jagunços, que em Goiás terão freqüentemente como aliados as polícias e o Poder Judiciário, especialmente nos locais mais distantes (visto serem esses identificados sempre como um instrumento dos grileiros e freqüentemente fora de controle do poder central), bem como a Igreja.

Impasses e contradições como conflito permanente: quando o fator rural entra em cena

O segundo momento da história do PCB Goiás desenvolve-se entre 1950 e 1964, com especial ênfase para o trabalho no campo. Esse período de intervenção está associado à nova fase de expansão do capitalismo no campo e à colonização do norte do estado, onde o crescimento do partido pôde ser acompanhado por dois elementos importantes: a Colônia Agrícola Nacional de Goiás (Cang) em Ceres e a construção da Belém-Brasília.

No período e sob a égide do "Manifesto de Agosto" é que ocorrem o I e o II Congresso Camponês em Goiânia, 1951 e 1952, respectivamente, com a presença majoritária de delegados do sul do estado, sendo na ocasião fundada a União dos Camponeses de Goiás (UCG). Esses encontros, bem como outros clandestinos, realizados com freqüência na Cang, em Ceres, apontaram basicamente para a necessidade de regulamentação do baixo arrendo e medidas relacionadas a preços mínimos e contra a grilagem de terras. Apesar da linha política militarizada e sectária do Manifesto, percebe-se que o PCB apontava para reivindicações imediatas, sugerindo taticamente que outras bandeiras indicativas de uma maior organização amadurecessem para uma estratégia a ser desenvolvida em etapa posterior, que então começava a surgir nas frentes de expansão.

Em 1954, a partir das diretrizes do IV Congresso, bem como das resoluções, dos debates e dos encaminhamentos de encontros anteriores, o Partido percebe que a realidade apontava para uma nova fase de luta, e havia a necessidade de uma organização regional que incorporasse politicamente as lutas no sentido de criar condições para a implementação de uma reforma agrária. É por essa razão e orientação política que a UCG se transforma na União dos Trabalhadores Agrícolas de Goiás (Ultag). A partir dessas resoluções, a bandeira da reforma agrária passou a ser o eixo programático sob o qual a luta política deveria se desenvolver,[7] e a força do movimento camponês goiano é demonstrada em âmbito nacional e é exemplo de organização, particularmente quando Geraldo Tibúrcio, uma de suas lideranças regionais no campo, veio a ser posteriormente eleito o primeiro presidente da Ultab em São Paulo.

Como foi sinalizado, entre 1950 e 1964, há algumas particularidades do processo de inserção do PCB no campo, o que vem a ser a característica maior desse momento, já que a atividade partidária continuava se desenvolvendo timidamente nas cidades. Foram freqüentes os assistentes políticos enviados a Goiás, destacando-se Gregório Bezerra, que desempenhou várias tarefas, entre as quais a

---

7 Sobre esse debate, ver Guimarães (1982, p.43). Também o artigo "Marchar no leito certo", publicado no *Estado de Goiás* em 27/5/1951 e reproduzido in Dayrell (1984, p.472) é indicativo dessa reflexão, que aponta para a necessidade de uma nova estratégia do PCB-GO voltada para o campo.

reorganização dos núcleos comunistas em vários municípios e a coleta de assinaturas em campanhas pela paz. Segundo ele, a ilegalidade afastou a grande maioria dos ativistas ou militantes e a intervenção partidária foi se desenvolvendo de forma sectária, passiva e praticamente rotineira, e grande parte do trabalho realizado no período anterior, incluindo assistência às direções dos demais municípios, havia praticamente desaparecido. Por essa razão, Bezerra desempenhou nessa etapa um papel determinante na reestruturação do Partido Comunista em Goiás. Godoy (1966, p.151) relata que sua passagem significará:

> um acontecimento que haveria de marcar a vida nos campos de Goiás, sinal remoto da marcha da história, vago prelúdio das pugnas futuras [...] a terra só estaria conquistada quando as massas do campo, por cima das leis, tomassem os pedaços de chão com a força de seus braços. A lei justa da terra não seria feita por ninguém mais, senão pelo combate dos homens e mulheres do campo.

Sob sua orientação, o PCB começou um novo processo de reorganização a partir de um "ativo" com 42 comunistas de dez municípios. Nesse encontro, foi decidida uma pauta de trabalho na qual se propunha:

1) reorganizar o partido em todos os municípios onde tivesse havido um comitê municipal ou distrital, onde tivesse uma organização de base ou existisse um grupo de militantes (ou até 1 militante);
2) conseguir no mínimo 100 assinaturas pela paz e contra a guerra, contra a bomba atômica (campanha de atendimento ao apelo de Varsóvia) [...];
3) pagar as dívidas de dinheiro que Goiás tinha em relação ao Partido, saldar os débitos referentes às publicações de Novos Rumos e Estado de Goiás, aumentando em 20% as nossas contribuições e evitando a todo custo novos atrasos;
4) recuperar todos os militantes flutuantes e recrutar novos militantes para o Partido, à base das lutas de defesa dos interesses populares de cada região, de cada município, de cada localidade onde vivesse algum militante nosso. (Bezerra, 1980, v.2, p.86-7 e 96)

O eixo central desse conjunto de tarefas a ser conduzida, *ao que parece*, foi a coleta de assinaturas em favor da paz, tarefa essa de caráter nacional. Gregório Bezerra aponta o sucesso dessa atividade realizada paralelamente com o trabalho de reorganização e contato com as antigas organizações. *Coincidentemente*, percebe-se também que era uma tática de fácil reconhecimento e aglutinação de ex-militantes, bem como de aproximação com a população onde quer que chegasse; afinal, era "um apelo de assinaturas contra a guerra e a favor da paz", e até possibilitava propiciar uma certa segurança contra a ação da polícia mascarando os reais objetivos, como vimos no capítulo anterior. Ainda que em relação a este último aspecto, essa panfletagem nem sempre tenha sido um artifício de fácil assimilação pela polícia e fazendeiros do interior, foi um artifício que o salvou algumas vezes justamente pelo apoio do povo que tinha assinado.

Gregório Bezerra sugere, contudo, que o espírito e a euforia da legalidade foram trocados pelo medo ou pela cautela. O trabalho obteve considerável sucesso em algumas localidades, particularmente no campo, embora cite muitas outras onde faz algumas referências de núcleos e contatos, mas não detalhe seus resultados. Nos centros urbanos, em sua maioria, o processo não foi sempre tranqüilo. Percebe-se que nesse momento havia uma certa ambigüidade dos antigos quadros, militantes ou filiados à época da legalidade na retomada do trabalho de massas na clandestinidade, bem como dificuldades em absorver as novas resoluções diametralmente opostas do "Manifesto de Agosto". Há um fato curioso e característico que Bezerra (1980, v.2, p.86-7, 96) conta:

> Em Nazário, reuni-me com quatro camaradas, que me colocaram a par da situação local. Ouvi com atenção o que me diziam e, no final, perguntei-lhes:
> – Quais são as possibilidades para organizarmos aqui um bom partido, com raízes no campo? Abanaram a cabeça pessimistas:
> – Ah, companheiro... aqui é difícil.
> – Por quê?
> – A reação é muita dura!
> Indaguei:

– O Delegado de Polícia é muito reaça?
– Não, isso não. Ele é até simpatizante. Contribui para o Partido.
– E o Promotor?
– Ah, esse é até membro do Partido! Só não veio à reunião de hoje porque viajou para Goiânia.
– E o Juiz de Direito?
– É um democrata. Leu o Programa do Partido e disse que está de acordo com o essencial que esta aí.
– E o Prefeito?
– O Prefeito foi eleito com o nosso apoio. Também é um democrata. E tem uma posição antiimperialista.

Passei a mão na cabeça e falei:
– Companheiros, diante do que acabo de ouvir, só posso chegar à conclusão de que a reação só existe na cabeça de vocês!

Fiz-lhes, então, uma preleção sobre o sentido da nossa luta e a importância do trabalho de massas que poderiam realizar, se tivessem disposição e coragem, se correspondessem à responsabilidade que lhes cabia, como comunistas.

Nesse rico relato, Gregório Bezerra (1980, v.2, p.86-7, 96) coloca as dificuldades de reorganização na maioria dos municípios, e esclarece que:

fui então, enviado ao setor de Anápolis, Jaraguá, Barranca, Ceres, Itapaci Nortelândia, Uruaçu, Amaro Leite e Porangatu, aonde já tinha chegado a picada da estrada que liga Goiás a Belém do Pará [...] Parti muito animado, pois era o setor de minhas ambições, desde que chegara a Goiás. Cheguei à Colônia Agrícola Nacional de Goiás (Cang) e dei início à minha atividade, apoiado na colaboração que me davam um camarada que era farmacêutico, mais o camarada Patrício e o Camarada Geraldo Tibúrcio.

Alguns aspectos dessa passagem permanecem inconclusivos, pois Gregório Bezerra foi um elemento fundamental na organização do PCB na Colônia de Ceres (próxima a Formoso) e na rearticulação de muitos antigos militantes que por ali se encontravam estabelecidos. Vale mais uma vez lembrar sua sorte ao ter tempo de destruir um material comprometedor que portava (mas não oferece maiores detalhes sobre o conteúdo), entre os quais havia instruções para a fabricação de explosivos quando foi preso pouco antes de chegar à Cang. Amaro Leite e Porangatu eram municípios que faziam parte da região de Formoso e Trombas, já ocupada por posseiros, e Geraldo Tibúrcio veio a ser um dos quatro militantes comunistas enviados para viver na região e organizar a luta, tendo, no entanto, ali ficado pouco tempo. Esses foram uns dos últimos locais por onde Gregório Bezerra passou; por *coincidência*, ali estavam acontecendo a fase inicial da luta e a incorporação dos quadros comunistas no local. São várias as indicações desses militantes quanto à importância de sua passagem e o processo decorrente desse trabalho. O relato memorialístico finaliza quando Gregório Bezerra (1980, v.2, p.92, 96), por ser um elemento de fora e muito conhecido dos órgãos de repressão, teve de sair do estado, não antes de ter feito o mapeamento de toda a região.

Ao que tudo indica, a linha política do "Manifesto de Agosto" e do IV Congresso encontrou no estado condições e vontade política consistentes no campo, tendo sido incorporada entusiasticamente pela militância de base particularmente nos locais de conflito resultantes do processo e agudização das frentes de expansão capitalista. É o período em que ocorre uma preocupação nacional do PCB com a formação de quadros e no qual tiveram início os "Cursos Stalin", sendo enviados aos estados assistentes políticos com essa tarefa, como também para auxiliar os camponeses em sua organização em associações, ligas e sindicatos (Bezerra, 1980, v.2, p.86-7, 96; Coelho, 2000; Almeida, 1983: Ruckert, 1988). Esse trabalho em Goiás esteve direcionado principalmente à presença de elementos de massa, ou seja, do campo, e que refletiria ao longo dos anos seguintes numa gradual alteração da composição partidária. Ante a situação de estrita clandestinidade dessas atividades, não deixa de ser curioso que algumas situações imprevistas ocorressem, e uma delas é relatada por Ribeiro:

> foi um curso que foi realizar aqui em Goiânia, um curso secreto... ninguém sabia aonde [...] estava todo mundo dentro da casa e aí no alto-

falante (o vendedor de frutas que passava anunciou) – alô, atenção e... –, aí identificaram no bairro [...] aí cancelaram o curso e tiveram que arranjar outro lugar. O próprio Moacir, que era o professor do Partido, aí soltou todo mundo – não, vamos mudar de ponto que aqui não serve – [...] depois teve um outro professor do Comitê Central [...] não me lembro do nome. Também nem adianta também lembrar, porque às vezes eles não dão o nome certo, dão o nome de guerra. Foi quando estourou o negócio lá nas Trombas.[8]

A apreensão programática da nova linha política pelos militantes não deixou, todavia, de incorporar no processo de intervenção as especificidades locais, e por essa razão a relação e as tarefas partidárias sempre foram desenvolvidas com habilidade em Goiás, freqüentemente de forma diferenciada e pragmática nos vários conflitos armados e políticos. É por essa razão que em muitas ocasiões aconteceram políticas de intervenção à revelia da orientação partidária regional e até mesmo nacional nos movimentos camponeses no estado. Em geral, percebe-se que o trabalho de inserção desenvolvido pelos militantes comunistas com os camponeses encontrava obstáculos, como o atraso secular desse segmento propiciado por seu isolamento até a necessidade de quebra de "tabus" de várias ordens, bem como a desinformação da realidade existente para implementar uma orientação partidária. Nos locais onde os resultados foram positivos, o processo acontecia a partir do momento que as dificuldades iniciais de entrosamento eram superadas (o que não necessariamente ocorria, já que muitos procuravam pregar a linha do Partido a ferro e fogo) e se estabelecia uma relação de confiança.

Nessa relação, havia freqüentemente, entre o quadro do Partido e o Camponês, a necessidade de se formar uma identificação de indivíduos iguais, facilitada quando o militante comunista era de origem camponesa. Ao procurar desenvolver as tarefas partidárias com habilidade, ou seja, inicialmente, estabelecendo-se no local, e vivenciar o mesmo modo de vida do camponês tendo o respeito ao *modus vivendi* ligado à produção, estavam estabelecidas as condições míni-

---

8 Entrevista concedida por José Ribeiro em 19/7/1995 (Goiânia).

mas para uma efetiva inserção do trabalho político no local. Onde ocorreu esse processo de compreensão das particularidades do camponês e o desenvolvimento de luta percebe-se que freqüentemente houve um saldo político e qualitativo que resultou na formação de quadros e em sua incorporação. E ao que parece, foram as situações de intervenção partidária em que ocorreu a inserção de elementos de origem camponesa e que, principalmente, houve o entendimento sobre as questões do processo na luta do campo que fizeram surgir para o Partido Comunista militantes camponeses que se destacariam posteriormente nas tarefas partidárias com um zelo quase religioso. A elaboração tática e flexível do programa partidário resultante dessa linha de ação, já verificada anteriormente na luta de Porecatu, é que apontou e criou condições embrionárias às bases camponesas do partido em Goiás para uma identidade determinante do camponês como agente revolucionário. E isso foi expresso no estado de várias formas.

Podemos sinalizar brevemente alguns exemplos diferenciados de intervenção política no campo em Goiás. Os movimentos dos posseiros de Formoso e dos arrendatários Itauçú são bem significativos quanto às formas de organização e métodos de luta diferenciados e como se desenvolveram as particularidades de ação em seu desenvolvimento, seja, por um lado, quanto à política partidária em uma linha de apreensão programática, seja, por outro, quanto à especificidade pragmática posta pelos militantes comunistas nesses cenários. Em ambos, com bons resultados na formação e incorporação de muitos camponeses e elementos de massa no PCB. O movimento de Itauçu é bem ilustrativo quanto à forma de equacionamento político em uma linha pacífica em Goiás. A luta naquela área surge no processo de consolidação do capitalismo no campo, principalmente em conseqüência da mobilização dos trabalhadores contra o que se convencionou chamar a ilusão de conquista de terra em uma frente de expansão agrícola no norte de Goiás. Ou seja, a exigência de permanência na terra no sentido de viabilizar sua própria reprodução em contraposição à expulsão constante de arrendatários que já vinha se tornando comum na década de 1950, em uma região que tinha por característica singular o fato de possuir um grande número de pequenas e médias propriedades.

Sebastião Gabriel Bailão, oriundo naquela ocasião da Colônia Agrícola de Ceres, foi enviado pelo Partido Comunista à região para formar uma Associação de Lavradores, tendo também por objetivo aumentar a organização dos camponeses e tornar efetiva a aplicação do dispositivo constitucional que estabelecia o limite máximo de taxa de pagamento de arrendo a 20%. A luta dos arrendatários de Itauçú resultou principalmente em um equacionamento político do processo em questão. Ao final, o PCB tinha formado na área uma sólida base de apoio, que se traduziu na eleição de Sebastião Gabriel Bailão a vereador, e que teve como resultado concreto por meio do trabalho ali desenvolvido uma decisiva influência na criação da Federação das Associações de Lavradores e Trabalhadores Agrícolas de Goiás.[9] Além desses conflitos, houve outros movimentos importantes – a exemplo dos arrendatários de Orizona –, e mais tarde o dos posseiros de Porangatu, um dos mais significativos (que discutiremos no capítulo 4); a maioria desses conflitos teve a influência direta do Partido Comunista no processo de intervenção e resistência, mas com resultados diferenciados quanto a seu epílogo. Uns foram equacionados politicamente por via pacífica; outros, por via armada, ou mesmo alguns operaram com ambas as formas de luta conjugadas, mas que, ao se fazerem presentes à época, deram uma inédita dimensão política ao campesinato goiano.[10]

Isso, no entanto, não se fez sem tensões ou foi isento de contradições de várias ordens, especialmente quanto às vicissitudes internas do Partido ainda em reorganização naquela fase pós-legalidade, e longe de adquirir unidade política ante as novas resoluções em curso

---

9 Entrevista concedida por Sebastião Gabriel Bailão em 15/11/1991.
10 Quase todos esses movimentos estão ausentes de estudos específicos. Sobre a luta dos arrendatários de Orizona, bem como seus polêmicos desdobramentos, ver Loureiro (1988, p.47ss). Sobre Porangatu, ver Sampaio (2003). Ver também Guimarães (1982, p.37); Godoy (1966); Bezerra (1980, v.2, p.86-7 e 96); Entrevista de Valter Waladares a Ana Lúcia Nunes. *A Nova Democracia*, ano IV, n.29, p.17-8, abril de 2006.

("Manifesto de Agosto" e o IV Congresso), muito pelo contrário. Um aspecto a ser ressaltado indica que a complexidade dessa política de intervenção do PCB em Goiás demonstrava que o fosso existente nas duas concepções de Partido nessa fase foi se acentuando ao longo do tempo: por um lado, pela polarização existente entre os históricos núcleos partidários urbanos de Anápolis e Goiânia (na problematização posta, algo que nunca fora devidamente equacionado), por outro, em razão de um terceiro fator de polarização, ou seja, o campo, destacando-se os núcleos de Formoso e Trombas e, ao que parece, mas em menor escala, o de Itauçu. E com um dado novo quanto ao fator campo a exigir prontas respostas: o despertar da luta pelo baixo arrendo – em razão de sua dimensão significativa em um Goiás rural, bem como na luta pelo reconhecimento de alguns direitos básicos elementares. No meio-oeste goiano, esse aspecto sugeria inicialmente uma estratégia e uma postura de radicalidade maior contra a expropriação da renda no processo de intervenção do PCB, que, paralelamente, também ocorreu naquele momento e se acentuaria ao longo dos anos seguintes, no despertar da luta pela posse da terra que apresentou e exigiu uma radicalidade semelhante e até mais explosiva (na medida em que estava inserido em uma estratégia revolucionária nacional) no PCB e seus militantes, vindo a tornar-se uma característica das frentes de expansão no norte de Goiás.[11]

A denúncia ao culto de Stalin e o XX Congresso do Partido Comunista da União Soviética determinou, contudo, a ruptura orgânica e política do partido no estado de Goiás, que proporcionalmente foi muito diferente do restante do PCB no País. Em razão da polarização urbano-rural, o impacto maior foi sentido nos núcleos inte-

---

11 São várias as referências de Gregório Bezerra sobre esse processo quando passou por Goiás. José Godoy aponta em seu livro – *O caminho de Trombas* – o impacto e o significado da lei dos 20% no começo dos anos 50 sobre os arrendatários em algumas regiões, que foram palco de muitas lutas, nas quais estiveram envolvidos e foram formados vários quadros importantes do PCB, alguns deles foram posteriormente para Formoso e Trombas, em especial o Prêto Soares (João Soares). Nessa linha, há pistas interessantes em Loureiro (1988, p.47ss); Guimarães (1982, p.37). Ver também Godoy (1966); Bezerra (1980, v.2, p.86-7 e 96).

lectuais das cidades e a crise subseqüente se deu em vários segmentos praticamente autônomos, levando muitos militantes de prestígio e quadros urbanos a se afastarem. Não deixa de ser sintomático que o Comitê Central tenha passado a assistir com maior freqüência o Comitê Regional Estadual a partir de então, tendo enviado, aliás, um assistente político para se estabelecer no estado nos anos 60. Até o Golpe de 1964, essa relação demonstrará ser tensa e unitária em momentos de crise e luta, sendo ao mesmo tempo complexa e contraditória.

Efetivamente, diante da quase total desarticulação do PCB no país e principalmente em Goiás, tudo indica que a política possível visualizada por setores do Comitê Central significava de fato um realinhamento tático da política armada em curso valorizada por alguns núcleos no campo decorrente da linha política do IV Congresso, e, ao que parece, com o esgotamento dessa estratégia revolucionária, isso refletiu na necessidade do equacionamento político da luta de Formoso, bem como de outras situações de conflito no momento. Quanto aos impactos dessa crise nessa luta, algumas dessas questões serão retomadas no capítulo 4 deste livro. Mas preliminarmente, acreditamos que as tensões decorrentes dessa nova orientação devam ser debitadas no quase isolamento político do núcleo partidário de Formoso e Trombas por parte da Direção Estadual (ou o que dela restava) e que, a partir da crise do XX Congresso, também passou a demandar a intervenção direta do Comitê Central em Goiás delineando para outra estratégia de ação. José Sobrinho, questionado em entrevista sobre esse descompasso, afirmou:

> Eu acho o seguinte, não existia essa divergência tão ruim [...] O campo que forneceu para o PCB os melhores elementos do Partido. Então, porque na cidade não havia sindicato. A classe média que tava no Partido, intelectual do Partido, saiu em 56 com o culto da personalidade.[12]

---

12 José Fernandes Sobrinho em entrevistas concedidas em 15/7/1990 e 21/7/1991, e em depoimento ao Departamento Sindical da Unicamp em maio de 1968 (mímeogr.). Membro histórico do PCB e um dos quadros regionais do Partido que tiveram atuação destacada no campo em todo esse período.

Ele também aponta o reflexo dessa crise no campo, e, como exemplo, cita a situação de tensão em sua base camponesa, que duraria até 1957, originada e debitada: "graças ao Arrudismo houve quase um rompimento do C.C com o nosso Comitê de Zona", por entender que não houve apoio do Comitê Central a luta de Formoso. José Ribeiro, liderança de Formoso, afirma que a denúncia teve uma repercussão extremamente negativa no PCB de Goiás. Ele é enfático e conclusivo quando afirma que o "Partido não estava preparado para uma bomba daquelas". Ribeiro também chama a atenção para a necessidade de assistência:

> Foi um Assistente Político (Granja) ao Comitê Estadual para assessorar Formoso e todo o estado, que a gente tinha necessidade de um elemento, porque com aquele negócio do culto a personalidade, o partido ficou esfacelado em Goiás, muitos elementos bons da Direção abandonou, debandaram... e ficou uma direção que não era confiável, ficou um secretariado... inclusive esse que renunciou que não era confiável... mas era o que tinha... Depois com a renúncia deles teve outros que substituíram...[13]

Vale ressaltar que esse afastamento orgânico da intelectualidade, ou parte dessa, não implicou uma ruptura desse grupo no auxílio aos movimentos e às lutas em Goiás, fato é que ela veio a ser decisiva nos momentos de apoio às campanhas nacionais capitaneadas pelo PCB e, principalmente, na articulação de uma rede de solidariedade regional à luta de Formoso e Trombas, que teve por meio da imprensa uma dimensão nacional. Mas percebe-se que, a partir desse momento, os militantes de base foram paulatinamente tendo voz e vez no Partido, permanecendo ainda assim com reservas profundas com relação à intelectualidade e dirigentes urbanos dos grandes centros, especialmente Goiânia e Anápolis.

Ao que tudo indica, o campo e, particularmente a partir desse momento, Formoso e Trombas apontaram para uma situação de coexistência de duas direções partidárias no estado e que, na quase im-

---

[13] Entrevistas concedidas por José Ribeiro em 17/7/1990 e 16/11/1991.

possibilidade de coabitação orgânica em curto prazo acabou resultando em formas diferenciadas de intervenção do Comitê Central mediante o envio de vários assistentes políticos. Em razão da crise desencadeada pela denúncia ao culto e dos desdobramentos políticos posteriores, inicialmente foi enviado Antônio Granja como assistente político, quase que clandestino, ao próprio PCB em Goiás, com a tarefa de levantar dados sobre a situação do conflito em curso; e, um pouco mais tarde, por volta de 1960-1961, Kallil Dibb foi designado para morar no estado também na condição de assistente político do Comitê Central.

Antônio Granja afirmou em entrevista que tinha por tarefa criar uma nova Direção e, principalmente, viabilizar essa estrutura nos centros urbanos, a qual praticamente deixou de existir com a denúncia do culto. No campo, ele afirma que, em razão do trabalho de massas como Itauçú e Formoso, ocorria um amadurecimento de organização local que, naquela altura, demandava fundamentalmente assistência política:

> Foi em 1957, eu cheguei de Moscou, do curso em Moscou e recebi, no mesmo dia que cheguei, fui para uma reunião do Diretório Nacional e recebi a tarefa de chefiar a Comissão de Organização do Comitê Central. E a primeira tarefa seria viajar para Goiás, ou diretamente para Formoso, onde já havia apenas dois enviados do Diretório Nacional, que tinham pisado naquela terra. Primeiro foi um que foi levar armas... vamos dizer isso, né?... Essa foi a primeira tentativa de ajudar concretamente os companheiros de Formoso, que não eram ligados ao Estadual... ou melhor, a ajuda que eles tinham, a ligação com o Estadual é quando eles precisavam mandar um emissário a Goiânia, eles iam no jornal *O Estado de Goiás*... e aí diziam, tinham aquela ajuda fraternal, solidariedade, essas coisas..., mas não tinham ajuda política... Ou melhor não havia uma comunicação assim de orientação e tal, eles estavam lá entregues à sorte, né? Bom, ao chegar de Moscou, o Ângelo Arroyo foi lá e... com o esquema de recuperar os ferros velhos lá... Então foi o primeiro a pisar lá por Formoso... que eles tinham entrado por outro caminho... Muito bem, agora eu tinha que ir no esquema que se tinha de chegar em Formoso. Eu saí na condição de um assistente do Diretório Nacional de

organização e... levar... trazer um relatório do que é aquilo e levar solidariedade, o apoio da Direção Nacional.[14]

Em outro momento da entrevista, ele também afirma:

> Olha, o Comitê Central... em primeiro lugar... não havia uma desconfiança, uma falta de confiança na direção do partido em Formoso, que era o próprio secretário geral, o secretário do partido em Goiás, Alberto Xavier, que servia de intermediário entre Formoso e o Comitê Central, que o Comitê Central tomasse em suas mãos essa tarefa, que eles não tinham condições de vir... Então não era falta de confiança, é que eles se achavam incapazes... "somos conhecidos em Goiás, se nós entrarmos lá... somos vistos, somos presos...". Então tinha que vir um quadro de fora, desconhecido da região... Que em parte eles tinham razão... Então se deu assim... Então não foi também só porque não tinham capacidade de dirigir, era segurança, o medo de se queimarem que levava a que... o do asfalto, fica no asfalto, o do campo fica no campo, e a ligação é com gente de fora.[15]

É interessante notar que alguns intelectuais de Goiás, que haviam sido membros do PCB e se afastaram à época do culto, hoje, ao se referirem à luta de Formoso e Trombas, apontam para uma linha de análise crítica de ausência de participação do Comitê Central no processo de luta. Um dos mais conhecidos, Sebastião Abreu (1985), em seu trabalho *Trombas – A guerrilha de José Porfírio* (que sugestivamente no título induz à conclusão de que a luta foi conduzida por uma única liderança), afirma que: "o Comitê Central a princípio tentou minimizar a importância do problema e não teve sensibilidade de avaliar o alcance e a potencialidade do Movimento, ao contrário do Comitê Estadual que se empenhou a fundo para ajudar o movimento" (idem, p.79-80).

Essa versão é desmentida por várias lideranças de Formoso e Trombas que reafirmam que havia de fato um descompasso entre a Direção estadual e local, especialmente no período pós 1956, quan-

---

14 Entrevista concedida por Antônio Granja em 25/1/1992.
15 Idem, ibid.

do o núcleo comunista na região ficou por algum tempo praticamente isolado politicamente do Secretariado Estadual. Geraldo Marques afirma que:

> O Partido vai às bases ou nada feito. Nós, lá em Trombas, não consideramo o Partido em Goiás, porque ele nas horas mais necessárias não dava assistência... E a partir daí, nós ficamos com os ensinamentos do Partido, mas quem decidia as coisas lá em Formoso era nós, os camponeses e os líder. Gente que nunca fez nada podia dar opinião, discutir, mas autoritarismo não. Isso nós não aceitava mesmo. Agora com o Partido Nacional nós tava bem, se eles não tava bem é porque eles não acreditava nos próprios ensinamentos deles. (Fernandes, 1988, p.156)

Na verdade, verifica-se mais uma vez que o PCB em Goiás apontava para um universo com contradições que, em muitos casos, não refletia o quadro nacional, principalmente pela nova correlação de forças que o campesinato colocou na balança, associado às diferenças existentes do período anterior à legalidade e que resultou em uma especificidade de Partido e estrutura partidária de difícil equacionamento político, ao menos no curto prazo. Por essa razão, percebe-se um atento acompanhamento – com o envio de vários assistentes – do Comitê Central nos diferentes momentos, e, como foi ressaltado, chegou a uma intervenção direta no Comitê Estadual com o envio de Kallil Dibb ao estado na virada de 1960-1961.

Acreditamos que nesse processo ocorrido em Goiás a situação exigia cautela e até prudência, já que as debilidades decorrentes dos impactos da denúncia ao culto no Partido Comunista em âmbito nacional também impunham limites ao próprio Comitê Central no sentido de uma intervenção orgânica efetiva, e que o processo de superação dos impasses regionais, particularmente no Estado de Goiás, foi compreendido principalmente na necessidade de que a solução viesse a partir do amadurecimento político e do desenvolvimento de elementos subjetivos da dinâmica social existente na composição partidária, bem como a superação da polarização e agravamento campo-cidade, onde o equilíbrio político demonstrou ser tradicionalmente frágil no interior do Partido. Antônio Granja aponta o quadro decorrente na Direção no período:

todas essas tentativas se deram de ampliar a luta, de ter uma paternidade maior do Diretório Estadual, tudo isso houve, essas tentativas houve, mas encontrava-se um entrave no próprio funcionamento da Direção Estadual. Não emplacava isso, porque barrava na inconstância, nas mudanças das pessoas para as pessoas... A gente ia em Goiás um mês, daí a dois meses depois e já não era mais essa direção, já não era mais esse secretário, já era outro, já era outra orientação...[16]

Percebe-se que o processo de superação em que a Direção Estadual atua como agente dinamizador e elaborador de políticas de intervenção não se constitui, e que, sem dúvida, no caso de Formoso foi praticamente inexistente, permanecendo esse quadro conflituoso até o Golpe de 1964. Em sua entrevista, Kallil Dibb relatou:

> Inicialmente, nos recusamos a chegar lá como pessoas determinadas pelo Comitê Central para assumir a direção. A Direção que existia era uma direção pouco estruturada e que tinha com essa luta, contra o culto da personalidade de Stalin, tinha perdido o rumo, vamos dizer assim, político do Partido. Parte dela estava ansiosa para abandonar o próprio comando político do Partido. Ela já não podia ser considerada uma direção partidária, era um grupo que tinha opiniões muito próprias e que tinha pouca articulação na Direção Nacional...[17]

Ainda assim, esses problemas não foram superados, especialmente nos momentos de eleições e de definir a estratégia política de alianças no final da década de 1950, quando alguns fatores e elementos diferenciadores se fizeram presentes.

Novo momento e momento de confronto

Como resultado da linha política da "Declaração de Março", reafirmada no V Congresso, que apontava para a necessidade de for-

---

16 Entrevista concedida por Antônio Granja em 25/1/1992.
17 Entrevistas concedidas por Kallil Dibb em 5/5/1990 e 12/1/1992. Membro do PCB, foi enviado pelo Comitê Central para residir em Goiás a partir de 1960, vindo a ser o primeiro secretário.

mação de sindicatos no campo, ocorre certa dinamização das atividades do PCB em Goiás. Por essa época, o estado já apresentava um razoável desenvolvimento econômico e, paralelamente ao equacionamento da luta de Formoso e Trombas, o Partido procurou ocupar os novos espaços institucionais criados no processo de modernização no estado, especialmente a Secretária do Trabalho do Governo Mauro Borges. A partir desses espaços, seus militantes procuraram desenvolver as associações camponesas existentes e também organizar os estudantes universitários e secundaristas; principalmente com o surgimento de novas categorias de trabalhadores que se formavam, procuravam delinear a sindicalização urbana e rural de acordo com a nova política em curso. Como resultado desse trabalho, o Partido Comunista hegemoniza e exerce influência direta na maioria dos sindicatos formados naquele período pré-golpe. Outro fator diferenciador do quadro político é que novas correntes de esquerda, como a Ação Popular, à época influenciada pela esquerda da Igreja Católica, se faziam presentes no campo em Goiás,[18] tendo aliás alguma presença em alguns sindicatos, o que facilitava a articulação tática quanto a um programa mínimo de ação.

Um outro aspecto a ser contemplado é que, em razão das contradições da classe política e da correlação de forças existentes, a articulação política do PCB também incluía segmentos da burguesia goiana, juntamente com setores da administração, e, em muitas ocasiões, com a anuência e colaboração dos próprios governadores posteriores à revolução de 1930. Kallil Dibb relata um caso singular em seu depoimento para este trabalho:

> A luta da frente ampla é uma luta muito difícil, a gente erra, com muita frequência, em conduzir essa unidade e luta dentro de uma frente. Principalmente quando essa frente é formada por governador, gente que tem polícia na mão, o diabo. A maneira que a gente lutava o grande latifúndio era essa flexibilidade na ação, na ofensiva, nas alianças etc.

---

[18] Além dos vários entrevistados para este trabalho que se manifestaram nessa linha, ver também: Loureiro (1988, p.74, 75); Guimarães (1982, p.65ss); Pessoa (1999, p.53ss).

Mas isso não implicava que o próprio Secretário de Estado, vamos dizer assim, a caravana que ia ajudar a fundar um sindicato em determinado lugar, era cercada por trincheiras e metralhadoras da própria polícia. Você vê que a confusão estava formada e então para atravessar essa trincheira, ele pegava um teco, e lá eles não tinham metralhadora antiaérea.[19]

Bernardo Ellis (1985) recupera em seu romance *O tronco* outro episódio característico desse quadro conjuntural e de frágil correlação de forças no jogo político em Goiás. Ele descreve em um município distante de Goiânia o conflito de grande envergadura resultante entre o governador e alguns coronéis, quando o primeiro resolve fazer uma investigação e fazer cumprir um mandado judicial na região. Um outro dado característico dessa situação na região é relatado em um depoimento revelador:

> Mediante a impossibilidade de qualquer acordo com os grileiros, Porfírio retornou a Goiânia e foi recebido pelo então procurador do Estado "Dr. Everaldo de Souza, e ele disse: que, os fazendeiros continuavam com as ameaças". "E lá não há grotas...?" Perguntou o Dr. Everaldo. Queria dizer: "Defendam-se". Grota é refúgio de pedra, onde se planta uma carabina e onde se arma uma emboscada. (Fernandes, 1988, p.116)

Percebe-se que a situação do PCB no estado de Goiás resultou, nesse período, em quase total organicidade de todos os militantes envolvidos, que permaneciam ao mesmo tempo autônomos e associados, como foi bem demonstrado quando da organização do Congresso Camponês-Operário-Estudantil de Goiânia, que procurou incorporar a uma estratégia político-partidária os vários segmentos representativos atuantes. Um outro aspecto característico dessa organicidade no movimento operário eram os trabalhadores da construção civil, segmento formado basicamente por camponeses recém-chegados à cidade. Sua sede, no entanto, estava localizada no mesmo imóvel onde estava sediada a Federação dos Camponeses. Ambas as

---

19 Entrevistas concedidas por Kallil Dibb em 5/5/1990 e 12/1/1992.

entidades, segundo o relato de Dibb,[20] tinham na Direção, ao mesmo tempo, militantes do Partido que possuíam ligações com outros membros e simpatizantes comunistas na Secretária do Trabalho, entre vários órgãos do estado. É um fator interessante, já que na estrutura administrativa moderna criada no governo Mauro Borges essa relação de cumplicidade era grandemente facilitada por seu caráter progressista, na medida em que seu quadro administrativo era ocupado por muitos elementos oriundos da universidade ou intelectuais comunistas, que naquele momento eram taticamente aliados a um governo burguês-antilatifundiário.

Eram, todavia, muitas as contradições e dificuldades observadas nesse quadro político. Ainda ocorriam por parte do governo uma grande debilidade e pouco controle sobre algumas instituições tradicionais intimamente associadas a grupos conservadores aliados (objeto de barganha política em troca de apoio, que é uma característica presente do quadro brasileiro quanto à forma e método) e fora de qualquer possibilidade de inserção do PCB, principalmente a Polícia e o Judiciário nas muitas regiões distantes da capital do estado (Ellis, 1985). São fatores e dados que demonstram a dificuldade em elaborar uma ação política integrada e, principalmente, as contradições existentes na condução tática de uma política que tinha até pontos confluentes no projeto modernizante em curso. A relação de cumplicidade existente é bem descrita por Dibb, quando conta:

> apesar do governador (no caso Mauro Borges) declarar com toda roupância que é partidário da terra e "não do grilo, me apresente um grileiro que o porei na cadeia". Tanto que você vê, que a gente estava matando e sendo morto em Porangatu e ao mesmo tempo, o Secretário do Partido, lá na capital, estava encontrando e discutindo com ele, discutindo aquilo que nós tínhamos em comum. Ambos não citavam aqueles acontecimentos lá em Porangatu, porque atrapalharia nosso negócio né. Tanto do nosso lado, como do lado dele, nós deixávamos pra lá. Era desse tipo.[21]

---

20 Entrevistas concedidas por Kallil Dibb em 5/5/1990 e 12/1/1992.
21 Idem, ibid.

Nesse dinâmico e contraditório processo político, as rivalidades existentes entre os grupos comunistas de Goiânia, Anápolis e Formoso não foram superadas (como veremos posteriormente com ameaças de intervenção e expulsão), verificando-se o apoio do PCB a dois candidatos distintos para governador em 1960, e foram muitas as dificuldades para viabilizar a candidatura única de José Porfírio a deputado estadual em 1962. As dificuldades de relacionamento político entre as direções camponesas e o núcleo do Partido Comunista na capital, principalmente quanto à possibilidade de intervenção partidária na região de Formoso, em especial no período posterior ao XX Congresso do PCUS, serão objeto de análise no último capítulo. Mas, ao final, em ambos os casos citados, jogam-se o peso político e o prestígio do núcleo de Formoso em aliança com o núcleo de Goiânia a favor da eleição de Mauro Borges (com parte da Direção apoiando outro candidato), o que também ocorre na eleição de José Porfírio pela legenda PTB/PSB, quando da definição e equacionamento do problema de terras em Formoso e Trombas.

Naquela ocasião, aproximadamente 50% dos membros da Direção Estadual eram de origem camponesa, e o porcentual dos dirigentes da região de Formoso e Trombas sempre variou entre 30% e 40% do total do estado. Como exemplo desta composição específica em Goiás e sua força, podemos apontar a eleição de José Ribeiro, um histórico dirigente da região que, à revelia e boicote de parte da Direção Estadual, ficou na suplência do Comitê Central no V Congresso em 1960.[22] De certa forma, alguns militantes que atuavam no campo tinham uma expectativa de que haveria uma rearticulação partidária no pós-1956, que apontasse politicamente para uma intervenção concreta no campo com uma direção formada majoritariamente de quadros camponeses. Em relação à orientação das teses do V Con-

---

22 Esse dado foi levantado de forma aproximada nas várias entrevistas, e ainda que apontem para um certo grau de diferenciação entre eles, esse porcentual é pequeno (entre 5% e 10%) ante o resultado final apontado. Em relação aos impasses e conflitos internos entre as várias direções do PCB e seu conflituoso caráter urbano e rural, vale ressaltar que será objeto de análise nos capítulos subseqüentes.

gresso, era inclusive reafirmada a via pacífica para o socialismo, contrapondo a linha de confronto que a realidade de Goiás apontava. José Sobrinho bem reflete o conflito e o pensamento de muitos militantes camponeses do Partido Comunista naquela ocasião, quando afirma:

> A situação era da seguinte maneira: Por exemplo, descia as resoluções, as teses, e a gente estudava as teses. Mas as teses eram teses. Ali era uma luta especifica né, do local. As teses era generalizada, era generalidade. E então existia uma diferença cultural e até pra argumentar dentro das teses. E o resultado também era a força do movimento no campo. Porque é preciso sabê que os atos valem muito mais que as palavra. Palavra é uma coisa, mas o ato vale muito mais que a palavra. No campo estava a luta, estava o ato revolucionário, não é?[23]

Paralelamente, ainda que naquele momento a luta de Formoso apontasse para um equacionamento político, o campo goiano, a exemplo de outras regiões do País, entrava em convulsão. Estava em curso a Guerrilha de Porangatu (limítrofe à região), na qual o PCB estava conduzindo (ante as especificidades locais) um processo de luta armada, com o envio de armas e assistentes, e que estaria em virtual confronto (ao menos em relação a setores da cúpula partidária) com a linha política em curso do V Congresso, embora tenha sido respondida entusiasmaticamente pelo Partido e pelo conjunto da militância. Retomaremos à Guerrilha de Porangatu no capítulo 4. Mas esses fatores remeteram a diferentes graus de unidades de ação dos comunistas em Goiás quando interesses específicos de grupos do Partido estavam envolvidos, muitas vezes contraditórios, como os posicionamentos diferenciados no período eleitoral anterior. Isso, no entanto, não impedia que propostas de intervenção e organização ocorressem e também fossem objetos de significativa mobilização, como as lutas e campanhas. Um outro exemplo característico desse processo de articulação e dessas contradições pode ser apontado no momento da mobilização popular nos grandes centros à época da

---

23 Entrevistas concedidas por José Sobrinho em 15/7/1990 e 21/7/1991. Outros militantes do PCB entrevistados também se manifestaram nessa linha.

renúncia de Jânio Quadros em 1961. Em Goiânia, Anápolis e Formoso, o processo de mobilização capitaneada pelo PCB e respondida unitariamente pelas bases do Partido teve repercussão nacional, e naquela ocasião era uma deliberação intimamente associada à posição do governo do estado de Goiás.

No final de 1963, realiza-se em Goiânia o Congresso Camponês-Operário-Estudantil, organizado pelo Partido Comunista Brasileiro, com uma alta mobilização e dinamismo partidário, que pode ser entendido como uma tentativa de articulação e superação desses impasses internos e busca de integração dos vários segmentos de massa do Partido na linha política do V Congresso. Seguramente, também foi um desdobramento das teses do Congresso Camponês de Belo Horizonte de 1961, embora mais à esquerda que ele. Ainda que o Congresso de Goiânia tivesse a participação de outras correntes políticas do estado e a presença de várias entidades rurais e urbanas, bem como o apoio do governo, o encontro esteve sob a total influência política dos comunistas no processo organizativo, que hegemonizou politicamente o encaminhamento de suas resoluções no Congresso e a aprovação de suas propostas. Para o Partido em Goiás, o encontro tinha, ao que parece, uma dimensão particular e específica: "Um dos principais objetivos que visava alcançar o encontro era fortalecer a aliança dos funcionários, estudantes e as demais forças progressistas desse estado".

O fator e a força do movimento camponês podem ser avaliados pelo eixo político das resoluções do debate em curso, principalmente pela presença maciça de delegados camponeses. Dos 1.524 credenciados, 1.300 eram camponeses; 144, operários; e 80, estudantes.[24] As resoluções do congresso reafirmavam o encaminhamento e o equacionamento das questões aprovadas no Congresso Camponês de Belo Horizonte, particularmente em pontos como a reforma agrária (apontando para a reforma da constituição e a indenização com

---

24 Sobre o Encontro, além do texto de Vera (1963), ver também Guimarães (1982, p.126ss); *Novos Rumos*, 7/11/1963, p.2; *Terra Livre*, n.129, 1963; entrevistas concedidas por Kallil Dibb em 5/5/1990 e 12/1/1992.

títulos públicos) e a desapropriação dos latifúndios. Também foram incorporadas propostas políticas de outros segmentos sociais, como a reforma urbana, a reivindicação de direito de voto ao analfabeto, a luta antiimperialista, a luta contra a carestia e a *legalização do PCB*. Naquele Congresso, foi levantado um aspecto de virtual confronto com a política do governo Mauro Borges, ou seja, a rejeição à colonização como medida de equacionamento do problema fundiário, ainda que apontasse para o papel do estado como instrumento viabilizador de implementação das reformas necessárias no campo.[25]

Além disso, outras medidas foram apontadas, como a entrega imediata de títulos definitivos de terra aos trabalhadores, a luta pelo baixo arrendo nos limites de 20%, a luta contra a grilagem da terra, direito a usucapião com cinco anos de ocupação, ocupação de áreas não exploradas como tática de luta, bem como crédito, garantia de preços etc. Como tática de organização, o Congresso indicava para a necessidade de formação de sindicatos rurais e o cumprimento do Estatuto do Trabalhador Rural. O quadro político, no entanto, era de confronto. Nestor Vera (1963, p.96) afirma que, naquele momento, com o aguçamento das contradições no campo, os camponeses "estão desiludidos dos governos tanto estadual como do federal que nada resolvem a seu favor [...] Só falam em reforma agrária e não têm nenhuma medida concreta para dar pelo menos o início dessa medida".

A principal forma de luta e pressão ao governo e ao parlamento propostas, com o objetivo de conseguir a implementação da reforma agrária, foi "invasão dos latifúndios e sua ocupação e organizar a resistência contra a ação dos jagunços e da polícia para defender a permanência na terra" (idem, p.97)

Outro aspecto descrito entusiasticamente por Vera – e que se apresenta quase que explicitamente como uma tomada de posição política e indicativa de uma articulação partidária e programática que estaria em curso – foi com relação à avaliação positiva das lideranças

---

25 Sobre a política fundiária desse período, entrevista de Mauro Borges em 18/11/1991 e de vários militantes do PCB. Ver também: Borges (1987), entre outros trabalhos citados nas referências bibliográficas.

camponesas presentes, como José Porfírio, Geraldo Tibúrcio, Geraldo Marques, Soares (todos de Formoso), Bailão (Itauçu, que foi eleito presidente da Fetag), entre outros quadros comunistas, bem como em relação à estratégia e ao processo de luta no campo em Goiás, sendo especialmente citado como exemplo Formoso e Trombas. Na sua avaliação: "São camponeses que têm autoridade para falar em Reforma Agrária e lutas e, por isso, não se iludiram e nem se iludem com demagogos e com falsas reformas agrárias" (idem, p.97).

Nestor Vera aponta ainda outros aspectos polêmicos e sugestivos, especialmente quando destaca um fator diferenciador nas lideranças camponesas comunistas nessa fase e em Goiás, já que no encontro em questão os oradores presentes tinham por particularidade o fato de que

> grande número demonstrou ser autêntico líder de massas que surge no processo de luta nos vários pontos do estado. Isto é uma garantia que os camponeses começam a ter com seus verdadeiros dirigentes para orientá-los e organizá-los na conquista de suas mais sentidas reivindicações, principalmente a terra. (idem, p.97)

A linha política de confronto que o artigo sugere e que parece estar em discordância com a orientação do Partido Comunista Brasileiro no momento, tanto em âmbito nacional quanto estadual, pode ser entendida pelo fato de que naquele momento ocorria uma polêmica interna entre alguns setores quanto aos rumos políticos que a situação e a ação poderiam indicar, e principalmente em razão de que Nestor Vera, que foi uma das primeiras lideranças comunistas a atuar no campo, membro da Ultab e primeiro tesoureiro da Contag, era um dos dirigentes da alta cúpula partidária que apontavam para o fator camponês como a questão central da revolução. Ao final do artigo, o autor destaca que o movimento camponês de Goiás poderá, a partir daquele momento, representar e ser um exemplo de pioneirismo de luta no processo de libertação nacional.

Em fevereiro de 1964 (poucos dias antes do golpe), e como reflexo desse debate, realiza-se um encontro no Sindicato dos Bancários de Goiânia, com a presença de um grande número de presidentes de sindicatos e federações de trabalhadores rurais e urbanos do estado e do PCB, objetivando a reafirmação política dessa nova tendência camponesa que se firmava, que procurava superar os impasses e sinalizar para uma nova fase de luta. As deliberações e propostas de luta são as seguintes, como constam na resolução:

> 1º ... se resolverem que existem condições favoráveis, levantar a palavra de ordem de não-pagamento de mais de 20% de arrendo e preparem seus sindicatos e associações para esta luta" e principalmente,
>
> 2º ... as assembléias dos Sindicatos julgarem que existem condições para desencadear a invasão de latifúndios, deverão levantar a palavra de ordem e preparar para a luta [...] recomenda ainda que o Deputado José Porfírio apresente projeto de lei à Assembléia Legislativa regulamentando lei dos 20% do arrendo.[26]

Aqui o fator rural parece indicar e firmar (ao que parece, mais uma vez à revelia de setores da Direção Estadual) as diretrizes partidárias a serem tomadas, refletindo uma radicalização para o confronto com o grande latifúndio e principalmente com o governo de Goiás, que por essa via aponta para a ambigüidade de parte da Direção do PCB em relação à iniciativa das bases do partido à nova política do momento e ao processo em curso.

Os desdobramentos dessas resoluções para o PCB no estado, principalmente uma política programática unitária a partir de um novo partido com uma recomposição de elementos advindos do movimento de massas que viabilizassem a superação dos regionalismos localizados, bem como o descompasso rural urbano que poderia ter por resultado a elaboração de uma nova política a ser desenvolvida nessa fase não puderam ser auferidos, sobretudo por causa do Golpe de 1964 que aconteceria poucas semanas depois.

Na verdade, o debate que se travava internamente no Partido Comunista e que em alguns momentos esteve próximo da ruptura

---

26 As entrevistas concedidas reforçam esses dados e essa avaliação. Entrevistas de Kallil Dibb em 5/5/1990 e 12/1/1992, de José Sobrinho em 15/7/1990 e 21/7/1991, Sebastião Gabriel Bailão em 15/11/1991, José Ribeiro em 17/7/1990 e 16/11/1991; Guimarães (1982, p.126-7).

demonstrou a contradição dessas diferentes forças políticas internas, particularmente no tocante à dicotomia "Rural-Urbano". E esse panorama é fermentado por um quadro político contraditório no estado de Goiás; ou seja, de relativas liberdades democráticas e estando o Partido aliado factual de várias forças objetivando a consolidação de uma "etapa democrático-burguesa", inserido em uma dinâmica de desenvolvimento capitalista que originou, em um período relativamente curto, grandes transformações econômicas e sociais.

Por essa razão, a elaboração de uma estratégia revolucionária foi sempre objeto de muitos elementos complexos e, ao que parece, apesar da experiência de luta acumulada e da reavaliação teórica existente, bem como da articulação política atentada no estado pelo Comitê Central, o processo permaneceu inconcluso. Quando se viabilizaram internamente no PCB de Goiás condições mínimas para a superação desses impasses, após o processo decorrente do Congresso Camponês-Operário e Estudantil e que era uma situação análoga ao conjunto do PCB nacional, em que essas condições podem ser notadas a partir do V Congresso em 1961 e o VI Congresso que deveria se realizar em 1964, veio o golpe. Jacob Gorender (1987), em *Combate nas trevas*, descreve o quadro de incertezas reinante nesse momento na capital e, principalmente, o clima de expectativa quanto aos desdobramentos dos membros do PCB e a dificuldade de tomada de alguma resolução:

> O companheiro do Comitê Estadual me falou de uma reunião de dirigentes partidários. Pelo rádio e telefone, soubemos da decisão de greve geral tomada pelo Comando Geral dos Trabalhadores. Confiávamos que o golpe seria derrotado, como os de 1955 e 1961. Mas, na reunião, entrando pela madrugada, percebi que os dirigentes dos órgãos intermediários do PCB nada fariam sem a iniciativa favorável de Mauro Borges, o que devia ser descartado. (idem, p.13)

O momento em Formoso e Trombas era de mobilização popular e, de certa forma, com preparação para um levante armado. As lideranças locais comunistas avaliavam as várias possibilidades com expectativa na resistência ao golpe. Mas logo depois, com a impossibilidade de uma ação integrada regional e nacional, a partir da queda do governo João Goulart e sua ida para o exílio, ocorre a decisão da maioria dos líderes locais de se evadir e se fazer a desmobilização, apesar da discordância de algumas lideranças, incluindo José Porfírio.

Essa postura do PCB em Goiás em 1964, ao que parece, veio demonstrar-se equivocada (cautela essa semelhante à do Comitê Central), já que a posição do governo do estado era favorável à derrubada do governo Goulart. Mas esse erro de avaliação custaria caro ao Partido, e com o golpe houve prisões e intervenção em todas as organizações populares, sindicatos e diretórios, e a cassação de dirigentes e políticos. O debate em questão é mais uma vez adiado. Pouco tempo depois, ocorre a intervenção federal em Goiás pelo governo militar, e o governador Mauro Borges é deposto, sob acusação de espionagem em conluio com a embaixada polonesa. Tudo acaba... Rearticula-se um novo Bloco Histórico.

O processo de ocupação e a Colônia Agrícola Nacional de Ceres

Na década de 1950, aconteceram no campo brasileiro várias lutas de posseiros, conflitos de arrendatários e movimentos de grande envergadura, especialmente nas chamadas frentes de expansão agrícola, que tinham como ponto comum o fato de muitas delas serem decorrentes de políticas de colonização oficial. Provavelmente, a primeira que se insere nessa linha foi a revolta de Porecatu, seguida não muito tempo depois da luta do sudoeste do Paraná, ambas decorrentes dos fluxos migratórios originários da instauração de Colônia Agrícola Nacional General Osório, mas também reflexo de grilagens resultantes do processo valorizativo da transformação da terra em mercadoria. Aliás, essa política de ocupação de espaços vazios via colonização naquela década não era nova, advinha do Estado Novo – a exemplo de projetos correlatos desenvolvidos na mesma época como o dos Soldados da Borracha (Morales, 2002). Originalmente, esse projeto/modelo de colonização previa a instalação de oito colônias espalhadas por diversos estados brasileiros, e em 1941 é fundada a Colônia Agrícola Nacional de Goiás (Cang) (Dayrell, 1984/ Neiva, 1984; Isidoro, 2003).

A colônia foi concebida como uma política de ocupação econômica e de povoamento do meio-oeste goiano, e, na época, o projeto tinha principalmente o objetivo político de ocupação dos grandes vazios demográficos como fator de Segurança Nacional e a incorporação da Amazônia ao restante do País. A região de Ceres onde se instalou a Cang apresentava um grande potencial de exploração de riquezas ainda desconhecidas e viabilizaria a integração do estado de Goiás à economia nacional como mercado de consumo e produtor agropecuário. Mas há um outro aspecto importante a ser relacionado: são vários os elementos que sugerem que naquele momento o estado de Goiás representaria como outras regiões despovoadas "a possibilidade de se tentar resolver o problema da terra" (Dayrell, 1984, p.69).

Concretamente, à época estava em gestação a política que viria a ser retomada e largamente utilizada pelos governos posteriores, que procurava o equacionamento do problema fundiário por meio de políticas de colonização, procurando manter inalterada a estrutura agrária vigente. O objetivo principal dessa política era aliviar as tensões que as correntes migratórias ocasionavam nos centros urbanos.[27] Por essa razão é que a Cang surge localizada estrategicamente no meio-oeste do estado de Goiás, já apontando para os marcos da construção da Belém–Brasília, situada em uma região pouco habitada e de difícil acesso e possuidora de terras extremamente férteis. O projeto em questão atraiu um fluxo enorme de camponeses sem terra, bem como investidores de outros estados interessados no potencial da região. As condições propagandeadas pelo Departamento de Imprensa e Propaganda (DIP) do governo Vargas (e de boca em boca após algum tempo) eram tentadoras e ofereciam a todos aqueles que não tinham terra um lote de 30 hectares, condições de trabalho e

---

27 Sobre o processo e os impactos de políticas de colonização, ver Ianni (1979b); Velho (1976).

moradia, assistência técnica, médica e educacional para se instalarem, e outros benefícios como empréstimos, facilidades de máquinas, animais etc.[28]

A realidade, no entanto, foi bem diferente. As condições e facilidades propostas não foram cumpridas e problemas de toda ordem apareciam, como questões políticas e administrativas dos assentamentos, as indenizações dos antigos proprietários. Ainda assim, Neiva (1984, p.145) considera que:

> Enquanto nas proximidades da colônia e ao norte os conflitos e as lutas pela terra se expandiam, a Cang era uma ilha de estabilidade fundiária. Isso não significa que ali as condições de trabalho e de vida fossem perfeitamente satisfatórias, nem mesmo que a propriedade da terra estivesse legalizada. Mas as regras do jogo eram diferentes: o acesso à terra tinha sido concedido e era garantido pelo governo.[29]

A partir da leitura de alguns dados da fase inicial da colônia até meados da década de 1950, percebe-se um quadro promissor e demonstrativo de que o relativo entusiasmo despertado pelo empreendimento confirmava parcialmente a viabilidade do projeto. A população estabelecida era crescente e estratosfericamente salta de 900 pessoas em 1943 para 29.522 habitantes em 1950. A produção dava sinais positivos, a exemplo do arroz, que duplicou em três anos. Por essa via, também a Cang acaba desempenhando incentivos para a abertura de novas áreas para o capital, e grandes empresários do eixo Rio–São Paulo se instalam nas imediações com objetivo de produzir café e algodão.

A partir de 1950, a falta de assistência e de apoio técnico foi criando insatisfações e minando as possibilidades de a região se viabilizar economicamente como empreendimento cooperativo formado por

---

28 Decreto n.3.089 – Legislação Federal, 1ª secção, p.109-13, in Dayrell (1984, p.90).

29 Outros entrevistados que moraram na Colônia também descreveram nessa linha a situação no local. Entrevistas concedidas por José Sobrinho em 15/7/1990 e 21/7/1991, por Geraldo Tibúrcio em 13/7/1990, por José Ribeiro em 17/7/1990 e 16/11/1991, por Dirce Machado em 18/7/1990, por Sebastião Gabriel Bailão em 15/11/1991, por Bartolomeu Gomes da Silva (Bartô) em 24/7/1995.

unidades familiares. O escoamento e a comercialização de produtos nunca foram equacionados pela administração local ou pelo governo federal ou mesmo do estado de Goiás, e pode ser contabilizado como um dos fatores determinantes à descaracterização dos objetivos do projeto inicial. Um outro aspecto determinante e associado ao anterior foi a falta de orientação técnica, o que acabou resultando no esgotamento da terra após alguns anos de produção e na progressiva comercialização dos lotes. Ao final e como conseqüência desses fatores, verificou-se na região uma progressiva reestruturação fundiária em propriedades maiores e sua conversão econômica à produção pecuária.

Ao que tudo indica, a Cang, como ilha de estabilidade fundiária, não significou um sinônimo de prosperidade, já que internamente a partir de 1950 e também em seu entorno (especialmente nos projetos de colonização particulares) tenha originado um cinturão de miséria que, pela própria impossibilidade de reprodução de seus ocupantes e incorporação dos chegantes, acabou resultando em êxodo e afluxo de camponeses para outras regiões e para o norte do estado de Goiás. Como resultado dessa política, sob muitos aspectos análoga a outros projetos de colonização,[30] mais particularmente na corrente migratória originária da colônia, é que brotariam condições objetivas para o surgimento da revolta a caminho de Formoso e Trombas.

No meio-oeste e a caminho de Trombas

O Comitê Zonal do PCB baseado em Ceres compreendia uma vasta área de atuação nos municípios vizinhos e mais alguns distantes ao norte, sendo formado basicamente por camponeses militan-

---

30 Como afirma Lúcia Morales (2002, p.127ss) quando analisa o resultado desastroso da migração dos soldados da borracha para a Amazônia e as conseqüências sociais advindas daquele projeto coordenado *cientificamente* por várias instituições do Estado Novo (como o Semta); algo que não foi muito diferente quanto aos objetivos da proposta em curso das colônias agrícolas, bem como seus desdobramentos.

tes que tinham entrado no Partido na época da legalidade. A partir da década de 1950, um núcleo estruturou-se na Colônia com muitos militantes advindos isoladamente de outras regiões, a exemplo de milhares de outros camponeses, com o sonho de melhorar de vida e conquistar um lote de terra. Contudo, situada em uma frente de expansão capitalista, refletia com agudeza de toda ordem as contradições e orientações de um programa político partidário, nas condições concretas existentes. Mas percebe-se que nessa região, e especialmente na Cang, é que surgiram as mais expressivas lideranças que conduziram várias lutas de envergadura em outras áreas do estado, bem como condições para o significativo crescimento do movimento de massas no local e em todo o meio-norte de Goiás.

Para Ivani Neiva, podem ser apontadas três formas de ação política desenvolvidas na Colônia. A primeira, característica de sua fase inicial, foi de cooperação, de associação comunitária em razão de interesses e necessidades mútuas entre os colonos. A segunda, já na fase de consolidação da Colônia, aparece como caráter reivindicativo individual ou coletivo em questões locais, lideradas e orientadas por militantes comunistas. Um fato curioso é uma área da Colônia que estava sob judice com ameaça de retorno da terra ao antigo proprietário, era também a área onde os militantes do Partido Comunista tinham se estabelecido para morar. E a terceira, já com o PCB estruturado na Cang, com o objetivo de consolidar e expandir o partido no centro-norte goiano (Neiva, 1984, p.148). A situação no local naqueles anos apresentava o outro lado, que é bem descrito por Bailão:

> aí fomos para a colônia, de fato enfrentamos muito mato, fizemos muita fartura, eu mais o Geraldo Marques, mais dois irmãos meus... no primeiro ano lá nós conseguimos colher mais de mil sacos de arroz, né?... Fizemos muita fartura, mas o que aconteceria? Toda vez dávamos o preço de um saco de arroz para extrair um dente... né? Porque não tinha preço compensador... Arroz perdeu, eu mesmo fiquei com arroz amontoado no meio da roça lá... 3 anos, que não vendia. Não tinha jeito de vender... e tudo que nós recebia lá, começo de indústria, era muito mais caro que os preços que nós vendia. Resultado: ficamos todo esse tempo lá, fizemos muita fartura, mas uma roça comendo a outra... o resultado que nós

tivemos foi isso, que eu já te falei, da minha esposa que pegou lá doença de Chagas, lá tinha muito barbeiro e acabou morrendo, por causa dessa doença. Que naquela época o tratamento era bem mais difícil do que hoje. Aí... quando nós estava lá, criamos o partido...[31]

Um aspecto relevante é que muitos militantes comunistas na região tinham participado como recenseadores do censo de 1950, tendo grande conhecimento da região e de seus moradores e encontrado muitos ex-militantes do PCB à época da legalidade, bem como também imigrantes de outras regiões e estados, o que possibilitou a formação de vários núcleos de apoio. Como vimos, Gregório Bezerra (1980, v.2, p.86-7, 96) teve uma participação decisiva no trabalho de rearticulação desses antigos militantes, e foi a partir de sua passagem pela região que foram criados o Comitê de Zona e vários núcleos, e que se intensificou a presença e a assistência de membros do Comitê Estadual e até Central.

Na linha do "Manifesto de Agosto", o PCB na região ganha um novo impulso organizativo e de ação, aglutinando militantes de vários núcleos com o objetivo de preparar a revolução, sendo impulsionados as campanhas nacionais e também o trabalho de doutrinação e formação, não sendo relegados a segundo plano os problemas locais. A idéia dos militantes era de que a revolução estava na ordem do dia, e para muitos deles, a região seria o foco detonador desse processo. Por essa razão, o trabalho partidário tinha certas características militares, particularmente no reconhecimento de pontos estratégicos.[32]

Isso, todavia, não se fez sem dificuldades, já que, a partir da estruturação do Partido, percebe-se que o aprendizado de inserção e elaboração com os colonos encontrou resistências de várias ordens. Um primeiro aspecto é o fato de os colonos possuírem a terra. Outro dado

---

31 Entrevista concedida por Sebastião Gabriel Bailão em 15/11/1991. Outros membros do PCB também relataram em entrevistas situações de dificuldade nesse período.
32 Vários militantes apontam para essa linha. José Sobrinho, em entrevistas concedidas em 15/7/1990 e 21/7/1991, afirma que após o censo de 1950 se pensava de forma militarizada a questão da luta no campo na região.

que se apresenta pode ser entendido a partir da falta de homogeneidade na composição social da colônia. Segundo Neiva (1984, p.148), essa não era formada somente de colonos, mas também de requerentes, trabalhadores assalariados, comerciantes e técnicos e funcionários da administração. Esse aspecto é fundamental ao entendimento da concepção do campesinato quanto a sua inserção em um processo de luta superior e ofensivo ao estado. A questão de possuírem a terra e de essa ter sido fundamentalmente oferecida pelo governo aponta para uma reflexão de que as dificuldades pontuais ou estruturais existentes eram secundárias ante o fator ideológico de posse legal de propriedade e ser proprietário por parte dos colonos. Por conseqüência, a intervenção prática dos militantes do Partido Comunista refletiu em uma postura de pouco entendimento em nível programático com os vários agentes de mediação na Cang (e que serão reelaboradas posteriormente perante os posseiros e arrendatários), e principalmente na elaboração de estratégias de ação e compreensão desses em relação ao camponês, seu conservadorismo, bem como a defensibilidade de suas posições como agente político-revolucionário.

Nessa fase, o sectarismo e a disciplina advinda do "Manifesto de Agosto" trouxeram à militância na colônia uma completa falta de visão sobre a estratégia de luta a ser encaminhada no local, principalmente na falta de habilidade de verificar a inconsistência de muitos aspectos do programa em curso na Cang. Ao que parece, sempre foi difícil para a militância visualizar a real dimensão do problema da incorporação do programa do Partido e seu desenvolvimento naquelas condições. É interessante notar, por meio de dados de várias entrevistas, que as muitas tentativas de equacionamento do trabalho em curso sempre esbarraram na crítica e na autocrítica de um membro. Por exemplo, em certa ocasião, após infindáveis debates e discussões, um dos militantes houve por bem defender uma tese de uma fazenda coletiva e dela tirar meios para manutenção. Isso "foi duramente criticado pela Direção como um todo", recorda Dirce Machado, "porque aí nós estávamos com idéias capitalistas".[33] O descompas-

---
33 Entrevista concedida por Dirce Machado em 18/7/1990.

so desse tipo de ação na Cang foi apreendido mais tarde de forma extremamente positiva na luta de Formoso e Trombas, já que, ainda nesse relato:

> Lá na colônia era uma turma de pessoas, tudo funcionário, quadro do Partido e viviam das funções do Partido. Então era um grupo de pessoas que o povo via mais como desocupados, porque o conjunto do Comitê era na casa do Bailão e do Tibúrcio, Tibúrcio não, do Geraldão então. Todo o conjunto nessa época do Tibúrcio, todo mundo viviam ali, ninguém plantava, ninguém trabalhava e era pregando o Manifesto de Agosto, acima e abaixo, distribuindo panfletos, a ferro e fogo. A ferro e fogo lá e distribuindo panfleto e fazendo pichamento e fazendo baile para reunir o povo, fazia os discursos pregando o manifesto. Mas o povo só fazia rir da gente, porque lá eles tinham a terra, eles tinham a cuia cheia, eles tinham a produção, nós tava chovendo no molhado...[34]

Nesses esforços de dinamização partidária, foi fundado em 1953 na Cang o jornal *Ranca Touco*, dirigido por Geraldo Tibúrcio, e que era produzido com grandes dificuldades em um mimeógrafo a gelatina, mais conhecido por "Reco-Reco" no lote de Sebastião Gabriel Bailão. O jornal local não durou muito tempo, mas no período veio a ser um instrumento eficaz de denúncias e propaganda, bem como debatia a linha em vigor e as resoluções partidárias, particularmente quando, naquele momento, o objetivo de ação do PCB tático e estratégico no estado de Goiás era ter um "Meio olho na cidade e olho e meio no campo". Apesar das dificuldades, ainda assim o PCB cresce no local, e principalmente no meio-norte do estado.

Na linha preparatória para os debates do IV Congresso, foi organizado em Ceres em 1953 o Congresso Regional dos Trabalhadores Agrícolas, com o objetivo de preparar os delegados a serem encaminhados e discutir as teses. O encontro foi objeto de repressão policial e, por essa razão, teve de ser concluído em uma posse nas imediações da rodovia Belém–Brasília. Vários militantes apontaram em entrevista que houve negociações após o conflito entre a Direção do

---

34 Entrevista concedida por Dirce Machado em 18/7/1990.

PCB que organizou o evento e o comandante de polícia para que o congresso fosse realizado fora da cidade de Ceres.[35]

Após uma série de debates, deliberaram-se nesse encontro alguns encaminhamentos que objetivavam a formação da Ultag e maior assistência aos colonos da Cang no tocante à distribuição de sementes, financiamento da produção, preços mínimos, distribuição de mais lotes, regulamentação da lei dos 20%, organização de associações de lavradores e, principalmente, "a luta pela reforma agrária radical". Como em outros núcleos de base do País, não foi pequena a frustração dos militantes de base ao saber que, após tantos esforços, não houve debates e incorporação dessas discussões ao programa do PCB, prevalecendo a proposta originária do Comitê Central, que, em última instância, era um desdobramento do "Manifesto de Agosto".

A grande fase dos movimentos de massa no campo estava, contudo, se visualizando e o crescimento do partido e seu trabalho teve um impulso considerável. Paralelo às tarefas reivindicativas realizadas na Cang, também ocorreu em Goianésia, não muito distante do local, um intenso trabalho de organização na Companhia Cafeeira Goiana, que era um projeto de colonização particular de plantação de café. O Zonal destacou alguns quadros para se fixarem no local, onde já estavam outros militantes que lutavam basicamente contra as condições de trabalho na empresa, que variavam ao não-pagamento do salário mínimo, o pagamento quinzenal no Barracão, carteira assinada etc.[36] A rigor, sempre foi claro para os quadros do partido que era uma luta por ganhos mínimos e por condições de trabalho, que não possibilitaria condições substantivas para uma revolução.

Pouco tempo depois da realização do IV Congresso e com um novo programa de ação, houve novas discussões no Zonal e nas bases, tendo inclusive a assistência do Comitê Estadual. A linha de intervenção que tinha por objetivo um trabalho de organização dos assalariados agrícolas foi alvo de resistência, em razão principalmente

---

35 Entrevistas concedidas por José Sobrinho em 15/7/1990 e 21/7/1991. Entrevista concedida por Sebastião Gabriel Bailão em 15/11/1991.
36 Entrevista concedida por Sebastião Gabriel Bailão em 15/11/1991.

do fato de que no estado de Goiás, à época, a atuação deveria ser direcionada aos posseiros contra a grilagem de terras, especialmente na área de influência do Zonal de Ceres, onde despontavam focos de luta como Porangatu, Formoso e Trombas. Nesse momento, houve a deliberação, por determinação do Comitê Central, de que Geraldo Tibúrcio seria transferido para São Paulo para dirigir a Ultab. Também ocorre a deliberação de concentrar esforços em um único jornal nacional do partido, voltado ao trabalho de luta e organização no campo, e, por essa razão, foi também enviado de Goiás para São Paulo Decliex Crispim para dirigir o semanário *Terra Livre*. Percebe-se aqui a importância dos quadros camponeses goianos pelo Comitê Central, e outros elementos serão incorporados às estruturas partidárias e organizações nacionais de luta no campo em um esforço de adequar o programa partidário à nova estratégia de luta.

A resolução em pauta já refletia naquela conjuntura o encaminhamento da linha do IV Congresso no processo em curso de agudizamento das contradições do avanço capitalista no campo. Eram várias as lutas que despontavam por todo o estado e havia a necessidade de organizar os assalariados agrícolas. Sebastião Gabriel Bailão, que também integrará a Ultab (e posteriormente a Contag), representará o PCB em diversos congressos nacionais, receberá a tarefa de seguir para Itauçu e organizar os arrendatários. Ao que parece, a grilagem e a vontade de resistência dos posseiros de Formoso e Trombas já eram um acontecimento de grande expectativa entre os militantes e que seria alvo da intervenção partidária. Ele, como outros camponeses do Partido Comunista, venderá os lotes na Colônia e o dinheiro será designado para a compra de armas para os posseiros de Formoso e Trombas.[37] José Godoy (1966, p.203) descreve em seu romance o fato de que Prêto Soares (João Soares, um dos quadros do Partido que foram enviados à região) já tinha sido destacado por um membro da Direção para atuar permanentemente na área de Formoso e alertado nessa tarefa para as suas *responsabilidades* na luta em curso.

---

37 Entrevista concedida por Sebastião Gabriel Bailão em 15/11/1991.

Na verdade, tinha-se esgotado a possibilidade de trabalho político na Cang. O Zonal e a base de Ceres, a partir daquele momento, se transformam em um ponto de apoio e dinamização das lutas na região. Militantes comunistas, como Geraldo Marques, João Soares, e pouco depois, José Ribeiro e Dirce Machado, têm por destino Formoso e Trombas, para preparar a resistência dos posseiros e da região, a fim de se transformar no ponto de onde eclodiria a revolução no País.

3
A ORGANIZAÇÃO DOS POSSEIROS

O processo de ocupação e luta em Formoso e Trombas

O processo da ocupação de Formoso e Trombas pode ser apontado a partir do fluxo de camponeses sem terra ao norte de Ceres, em razão da impossibilidade da Cang de incorporar novos colonos, e pela particularidade do local, que se caracterizava por possuir terras férteis, devolutas. Os posseiros puderam inicialmente se instalar nas matas com relativa tranqüilidade e, em pequenos grupos, começar a trabalhar suas posses e a habitar as margens dos córregos que eram abundantes na região. Ainda que alguns fazendeiros distantes exigissem dos posseiros que chegavam, já em número crescente, uma taxa de arrendo, essa foi recusada em razão das dificuldades existentes no local, da precariedade de comercialização, da falta absoluta de assistência e, mesmo, em razão do grande número de filhos que possuíam. Nessa fase, não houve incidentes significativos na região. O quadro altera-se a partir de 1950.[1]

---

1 Na região já moravam algumas famílias e, por essa razão, não existe consenso sobre o início da revolta. Para Maria Esperança Fernandes (1988), 1950 pode ser apontado como data inicial do conflito. Janaína Amado (1980) aponta 1948,

A luta e a resistência têm início em 1950 e vão durar até 1954, período definido por Maria Esperança como "Legalidade", fase em que os camponeses, apesar da repressão e da violência, tentarão de todas as formas obter o registro de suas terras, seja por meio dos vários mecanismos jurídicos legais seja pela mediação dos governos estadual e federal.[2] O conflito tem início quando os fazendeiros iniciam um processo de intervenção a partir de duas linhas de ação: a primeira, foi a repressão pura e simples, queimando roças, espancando os moradores e seviciando suas mulheres e filhos; essa ação obteve alguns resultados, já que muitos posseiros acabaram abandonando suas terras, como também a região. A segunda linha de ação, encaminhada paralelamente à primeira, consistia em deslegitimar as posses dos posseiros, fazendo o "grilo" das terras devolutas e procurando, por mecanismos vários, passarem-se por legítimos proprietários, prática que se tornou comum no estado de Goiás. Em Formoso e Trombas, essa prática foi se intensificando a partir do momento que os fazendeiros souberam das tentativas dos posseiros de obter o registro legal de suas terras em suas idas a Goiânia.

Em Formoso, contudo, o método de ação implementado era resultado de uma prática comum, eficaz e pouco diferenciada nos processos de grilagem de terras, sendo um exemplo utilizado com poucas variações em outras regiões de Goiás. Toda a questão começa

---

como marco detonador desse processo. Ao que parece (e vamos trabalhar com essa hipótese), as condições objetivas que resultaram no conflito podem ser apontadas, de início, a partir do momento que ocorre a impossibilidade de assentamento na Cang, em um período situado entre 1948 e 1950, e que levou colonos e novos grupos chegantes a se deslocarem para a região, em um fluxo constante que ocorreu durante todo o período até 1964.

2 Essa fase de reconstrução do processo de ocupação e luta na região no período 1950-1958 é, em alguns momentos, contraditória e divergente. Muitas referências e fatos mencionados ainda persistem com lacunas. Ou seja, apesar da tentativa de verificação, foram encontrados vários níveis de dificuldades em muitas das entrevistas concedidas para este trabalho e a historiografia existente. Ao que parece, esses descompassos se devem em muitos casos à seletividade da memória, a participações diferenciadas que muitos camponeses tiveram no processo de luta e ao tamanho da região, bem como à abordagem diferenciada de estudiosos no assunto na tentativa de reconstrução histórica do movimento.

quando os grileiros interessados na área, e liderados por um comerciante local, João Soares,[3] conseguem, por meio de documentos forjados, reivindicar a propriedade legal das terras, sendo favorecidos e facilitados em processos dessa natureza por advogados que tinham, em geral, acesso fácil a cartórios e aos registros. Essa prática ilícita geralmente tinha a conivência de juízes de Direito, muitos deles também grileiros no interior do estado. O passo seguinte, superados todos esses "trâmites legais", era solicitar a ação de reintegração de posse da área em questão. Sebastião Abreu (1985, p.36-8) esclarece como se desenvolveu esse processo no local:

> Tudo começou no início da década de 50, quando um esperto advogado de Goiânia e um ambicioso comerciante de Uruaçu, no meio-oeste goiano, a qual pertencia o município de Amaro Leite, em cujos limites se situavam os "Formoso", "Bonito", e "Santa Tereza", que em conjunto, ocupavam uma área de mais de quinze mil alqueires goianos, ou seja, quase 75 mil hectares. Um rábula a serviço dos grileiros, vasculhando o arquivo público do estado de Goiás, descobriu o que lhe parecia ser o mapa da mina. Era um requerimento de concessão de sesmaria, datado de 1775 [...] De posse da certidão contendo inteiro teor deste requerimento, os grileiros planejaram apossar das terras dos três imóveis, onde há mais de cinqüenta anos já haviam se fixado numerosas famílias de posseiros. Para fazer grilagem, era necessário estabelecer um elo entre o requerente da sesmaria, Caetano Cardoso de Morais, e os que então se diziam proprietários. Vasculhando nos cartórios, descobriram nos municípios de Pirenópolis uma família de lavradores cujo sobrenome coincidia com o do requerente da sesmaria. Depois de afirmar a alguns surpresos e incrédulos membros dessa família que os mesmos eram donos de terras no longínquo município de Amaro Leite, na qualidade de descendentes de Caetano, fácil foi levar os falsos herdeiros ao cartório da cidade, onde os mesmos lhes passaram as escrituras de cessão de direitos hereditários em troca de algum dinheiro. Em Uruaçu, já na qualidade de cessionários dos "herdeiros" de Caetano Cardoso de Morais, requerem o inventário deste, a quem atribuíram supostos filhos, netos e bisnetos, até fechar a cadeia sucessória com os falsos herdeiros de Pirenópolis.

---

3 Homônimo de um dos principais dirigentes (membro do PCB) da resistência em Formoso e Trombas.

À época, a região já se encontrava em processo de intensa valorização, em razão da instalação da Cang, da abertura da Belém–Brasília e da construção de Brasília que se adivinhava no horizonte, e, por essa razão, "outros grileiros" também estavam interessados na potencialidade econômica da área. Nesse sentido, é suspeita a suposta liderança do comerciante João Soares, e, ao que parece, ele servia de pano de fundo a interessados de projeção política bem maior, e seguramente não foi caso único. Vários entrevistados para este trabalho levantaram indícios sobre alguns personagens políticos regionais, nacionais e até militares que estariam por trás de todo o processo de grilagem em curso naquela região, em especial alguns futuros líderes do Golpe de 1964. Há, aliás, dados bem recentes sobre a existência de conexões internacionais no sentido de grilar terras devolutas na área de Porangatu na mesma época, quando houve uma associação entre grileiros e seus tradicionais aliados (latifundiários, advogados, donos de cartórios, juízes, políticos etc.) e empresas americanas interessadas na área, fato esse denunciado posteriormente em uma Comissão Parlamentar de Inquérito (CPI) no Congresso Nacional. Mauro Borges alega, em entrevista, que desconhecia esses fatos quando foi governador do estado, mas, curiosamente, uma das alegadas "injustiças" de que ele menciona ter sido alvo e uma das razões de sua cassação é uma grilagem de terras à qual ele se opôs no município de Pedro Afonso, um pouco mais ao norte de Formoso e Trombas, onde estaria envolvido um general, líder do Golpe de 1964.[4]

Por essa razão, não foi surpresa que o processo de reintegração de posse em Formoso e Trombas em favor dos grileiros – com a conivência do juiz de Direito de Uruaçu e favorecidos esses pela distância e pelas dificuldades inerentes à tramitação de qualquer recurso protelatório (que pelas dificuldades dos posseiros só vinham a sa-

---

4 Entrevista concedida por Mauro Borges em 18/11/1991, bem como vários entrevistados que pediram anonimato sobre essa questão. Sobre a cassação de Mauro Borges e o caso de um general grileiro, ver Borges (1987, p.29-54). Sobre a grilagem em Porangatu, em especial as conexões internacionais associadas aos grileiros, ver Sampaio (2003, cap.III).

ber quando o oficial de justiça, policiais e jagunços estavam à porta) – tenha tido praticamente um rito sumário. Não era um caso isolado. José Godoy ilustra exemplo semelhante em seu livro, recuperando as dificuldades várias dos arrendatários em Goiás ante o aparelho judicial, que em maior ou menor grau era uma norma comum e vigente às demais categorias de trabalhadores do campo, especialmente em uma localidade pequena, onde o coronel era o homem político forte.[5]

Nessa fase de resistência, destacaram-se dois camponeses em locais e momentos diferenciados: inicialmente, José Firmino, na região de Formoso, e, um pouco mais tarde, José Porfírio, em Trombas. Firmino foi o posseiro que teve os primeiros encontros com os quadros comunistas enviados à região e havia tido algum contato com o PCB em algum momento anterior a sua ida para Formoso. Ele tem o mérito de ser o primeiro articulador da resistência no local.[6] Já José Porfírio (que será objeto de análise posterior) também fez algumas tentativas de equacionamento do problema de forma pacífica com o governo do estado, e consta mesmo que esteve no Rio de Janeiro, procurando chamar a atenção e a mediação de Getúlio Vargas para o problema da terra na região (cf. Fernandes, 1988, p.101).[7] Ele também é apontado por algumas fontes de ter estado próximo do PCB antes de sua ida a Trombas; mas, ao que parece, não houve conjugação significativa de esforços entre ambos – Firmino e Porfírio – nessa fase inicial de articulação da resistência. Há, no entanto, fontes que suge-

---

5 E no caso, já existia um mecanismo jurídico (lei dos 20%), bem como certo grau de organização camponesa influenciada por quadros do PCB nesse período de transição a partir dos anos 50 (cf. Godoy, 1966, p.139).
6 Maria Esperança Fernandes (1988) aponta em seu trabalho que houve igualmente uma tentativa de resistência inicial organizada pelo "Velho Biinha" no começo de 1950, contra o pagamento do arrendo e a entrega das terras. No entanto, o próprio líder Biinha acabou depois passando para o lado dos grileiros em troca de dinheiro e favores, no que resultou na desmobilização dos posseiros e sua resistência de forma individual. Rui Facó sugere que sua cooptação se deu em meados de 1954, confirmando, no entanto, parcialmente essa versão.
7 Ver também Rui Facó na revista *Novos Rumos*, 21/7/1961, p.8, e entrevista concedida por Valter Waladares a Ana Lúcia Nunes, op. cit.

rem o contrário, ou seja, que houve um certo nível de articulação entre ambos na condução legal nessa fase, embora esse fato não esteja satisfatoriamente confirmado, e mesmo seja pouco provável, já que o contato com Porfírio ocorreria somente algum tempo depois, quando os quadros do Partido Comunista já estavam atuando na área.

Na área de Formoso, José Firmino procura organizar os posseiros na resistência e na defesa de seus direitos, e, em sua ação, ele até consegue chamar alguma atenção para os problemas, como apontam notícias publicadas em jornais da época. Por volta de 1953, ele recebe a visita de Geraldo Tibúrcio, vindo da Cang, com a tarefa de avaliar o potencial de luta e as condições locais, bem como fazer uma reportagem para os jornais *Ranca Touco* e *Voz Camponesa* sobre o que se passava na região. José Sobrinho foi quem apontou a Tibúrcio os contatos e núcleos do Partido Comunista na área e sinalizou para a aproximação anterior existente de Firmino com o partido. Ele disse:

> É um companheiro nosso que tá lá. É um companheiro muito atrasado, mas é um companheiro muito bom, com muita coragem, muito abnegado [...] nós tínhamos uma base em Amaro Leite que o Edu era presidente. Então o Edu tinha um contato com Zé Firmino. Aquele foi o primeiro ponto de apoio que tivemos lá...[8]

Pelo fato de a região ser muito grande e o processo de expulsão ter sido iniciado pelo sul (Formoso), onde estava a posse de José Firmino, e por Porfírio ter sua posse mais ao norte (Trombas), acredita-se que o processo de encaminhamento da luta deva ter sido bem diferenciado. Geraldo Tibúrcio volta à Cang e provoca euforia nos membros do Partido com as informações sobre a disposição de resistência dos posseiros, tendo deixado Firmino com a promessa de sua volta com ajuda. A partir desse momento, o PCB decide enviar

---

[8] Entrevistas concedidas por José Sobrinho em 15/7/1990 e 21/7/1991, por Geraldo Tibúrcio em 13/7/1990, por José Ribeiro em 17/7/1990 e 16/11/1991, por Dirce Machado em 18/7/1990. Ver também Fernandes (1988, p.111) e entrevista concedida por Valter Waladares a Ana Lúcia Nunes, op. cit.

alguns quadros para ir morar na região e preparar a luta, já que na colônia havia se esgotado o potencial de ação.

Em 1954, foram encaminhados dois escolados militantes comunistas para Formoso e Trombas, Geraldo Marques e João Soares. Geraldo Tibúrcio não ficaria na área, já que tinha sido designado pela Direção Nacional para dirigir a Ultab em São Paulo. Pouco tempo depois, também foram enviados ao local José Ribeiro e Dirce Machado, e com esses quadros o PCB podia contar com um grupo atuante e entusiasmado com uma linha política adequada às tarefas que se impunham, pautadas pelas propostas de luta e revolução do programa do IV Congresso. Esses militantes – Geraldo Marques, João Soares, José Ribeiro e Dirce Machado – vão se constituir no Núcleo Hegemônico (NH), o eixo político e organizacional condutor do processo de luta na região, permanecendo o grupo praticamente inalterado durante todo o conflito até 1964.[9] José Firmino, no entanto, marcado pela repressão por seus atos, já não estava disposto a ficar. Em razão de sua atuação, ele foi processado e sofreu as conseqüências, tendo sua família sido torturada; por essa razão, optou por vender sua posse e partir por volta de 1954-1955. No entanto, são contraditórias as informações a seu respeito a partir desse momento.[10]

---

9 Em nossa leitura, o Núcleo Hegemônico é constituído basicamente por Geraldo Marques, visto por muitos posseiros como o comandante militar da luta; José Ribeiro, o principal quadro e articulador político; e João Soares (do qual se tem pouca informação), compondo esses, junto com Dirce Machado (com destacada atuação junto as mulheres), o núcleo dirigente de Formoso e Trombas que permaneceu inalterado ao longo de todo o conflito. Todos eles camponeses e já membros do PCB em épocas anteriores à ida para a Colônia Agrícola de Ceres. Ao longo do conflito, esse NH será acrescido de novos quadros como Bartô e, de certa forma, José Porfírio. Mas quando nos referirmos ao longo deste trabalho ao Núcleo Hegemônico, devem-se levar em conta esses quadros históricos do PCB.

10 Sebastião Abreu afirma que Firmino vendeu sua posse logo depois da chegada de Geraldo Marques e Soares à região. Já o jornal *Anápolis*, de 5/4/1956, reproduz uma determinação do governador Pedro Ludovico dando garantias a José Firmino, com a data de 1953, de posse de suas terras. Nas datas de 25/3/1956 e 27/0/1956, no *O Estado de S.Paulo*, aparecem referências ao comunista Firmino como articulador da resistência dos posseiros na implantação de desordem no estado de Goiás (cf. Abreu, 1985, p.55; Fernandes (1988, p.115).

Paralelamente ao que se passava em Formoso, José Porfírio procurava organizar a resistência na região de Trombas, indo a Goiânia com o objetivo de legalizar as posses e evitar confronto. José Sobrinho afirma que Porfírio (como também Firmino) já tinha se aproximado do PCB antes de sua decisão de fixar e tirar posse em Trombas. Sobre esse aspecto, ele conta:

> Que o Porfírio tava vindo de Uruaçu, mas era muito ruim militante, que tinha começado e logo resolveu ir para lá. Então não foi por nenhuma tarefa de organizar o Partido [...] eram gente ligada a nós, assim de uma maneira ou de outra, né! Já tinha mais ou menos uma noção de Partido...[11]

Essa versão é polêmica, já que, por outras entrevistas, muitos militantes comunistas sinalizaram para a dificuldade de compreensão de Porfírio quanto ao caráter de luta que deveria ser desenvolvida naquele momento. Isso não exclui a possibilidade de ele ter estado próximo do PCB numa fase anterior, a exemplo de vários militantes que por algum tempo, em algum momento, estiveram, antes de seguir para Trombas.

Em um primeiro momento, José Porfírio procurou concentrar seus esforços em equacionar o problema fundiário por via legal, tentando até um acordo com os grileiros, que recusaram todo tipo de proposta, incluindo a compra da terra pelos posseiros. Nessa fase, Porfírio conseguiu em Goiânia os títulos provisórios de posse, com a confirmação de que as terras eram devolutas, e a promessa do governador de terem garantias quanto aos direitos dos camponeses. Diante da necessidade de seguir os trâmites burocráticos e legais, Porfírio procurou fazer o registro das posses no Cartório de Uruaçu. Pela conivência entre as autoridades locais e os fazendeiros e pelo fato de o dono do cartório ser um grileiro, o processo de registro foi sustado e os grileiros resolveram partir para a expulsão dos posseiros. Esse é o momento em que se inicia a fase mais terrível de violências

---

11 Entrevistas concedidas por José Sobrinho em 15/7/1990 e 21/7/1991.

contra os posseiros. Como uma última tentativa, José Porfírio volta a Goiânia e tenta a mediação do procurador do estado na questão. Esse foi incisivo: "Tem grota na região? Pode haver processo para um, dois ou três, mas não tem processo para quinhentas pessoas, nem crime, nem cadeia...".[12]

É dada a senha para uma nova fase da resistência aos posseiros, quando o próprio governo do estado admite sua impossibilidade de se fazer cumprir a lei e propiciar garantias. Na volta, Porfírio encontra sua posse queimada e sua mulher acabou falecendo pouco tempo depois em decorrência desse fato. Esse é também o momento em que o PCB já tinha enviado seus militantes para atuarem na região, estando esses presentes na área de Formoso. O encontro do Partido Comunista e o camponês José Porfírio significará uma nova fase de articulação, em que a resistência e o direcionamento político da luta incorporarão uma nova dimensão.

A revolução na ordem do dia

O segundo período subseqüente, de "Luta Revolucionária", pode ser situado a partir do efetivo trabalho de organização dos militantes comunistas na região e o conflito que se seguiu até fins de 1957. No ápice do processo, o confronto final por pouco não se materializou com uma invasão em larga escala das tropas do governo do estado de Goiás, e, em seguida, ocorre retirada dos soldados em razão do impasse militar e da pressão política advinda de uma ampla mobilização dos setores do Partido e da opinião pública em âmbito regional e nacional.

A entrada dos quadros comunistas significou para os posseiros um salto qualitativo no processo de organização e resistência. Geraldo Marques, João Soares, José Ribeiro, Dirce Machado, militantes

---

12 Jornal *O Movimento*. São Paulo, 21/8/1978; Fernandes (1988, p.115); entrevista concedida por Valter Waladares a Ana Lúcia Nunes, op. cit.

históricos e de origem camponesa, fixaram posse e, escolados pela atividade não muito bem-sucedida desenvolvida na Cang, souberam com habilidade organizar os posseiros. Paulatinamente foram realizando reuniões nas posses, superando dificuldades de toda ordem:

> Nós só sabia que qualquer coisa que a gente fizesse tinha de ser coletiva e democrática. Só a participação da maioria é que valia. Então nos começamo a investigá como os posseiro compreendia a luta de classe e apontar os inimigo principal e seus direito. Bom, a aceitação do povo quando a gente dizia que era comunista era difícil. Mas era engraçado, tudo que o partido propunha, desde organização da resistência, visando o coletivo, a criação da associação dos trabalhadores rurais até a luta armada, a maioria dos camponeses concordava. Só não concordava com o comunismo [...] A região era muito grande e a gente tinha que se deslocar sempre, porque o povo discutia a proposição do partido, concordava, dava de comer à gente, mas não deixava dormir. Isso de não deixar dormir dificultava tudo, porque o trabalho não rendia. Eles tratavam a gente bem porque a gente era camponês também, e eu via que eles tinham vontade de participá da luta que nós propúnhamos, porque era justa a reforma agrária, mas o medo não era do programa do partido, era do comunismo, que nem eles sabia o que era [...] Nós ficamos um ano andando de casa em casa, explicando tudo, a gente logo conseguiu muito nego macho, mas não era maioria. E o coletivo tava acima de tudo. (Geraldo Marques in Fernandes, 1988, p.129)

O encontro dos militantes comunistas com José Porfírio significou a possibilidade de quebra de resistência de boa parte dos posseiros em relação aos comunistas. Ainda que se mostrasse inicialmente confuso com alguns aspectos levantados pelo Programa do PCB (vários depoentes a este trabalho sinalizaram para as dificuldades de compreensão política de Porfírio, o que posteriormente será objeto de análise), ele já tinha grande prestígio na área de Trombas e era conhecido em toda a região. Na área do Formoso, o trabalho desenvolvido já apresentava resultados positivos, com alguns elementos novos e atuantes incorporados decisivamente ao trabalho de resistência, e alguns deles, a exemplo de Bartolomeu Gomes da Silva (o Bartô), eram até considerados membros do Partido. Outros posseiros foram rapidamente incorporados à resistência, muitos aliás tinham sido expulsos de outras terras e alguns deles eram originários das lutas do arrendo na década de 1950 no sul do estado, e até havia um membro da Coluna Prestes.[13] Para o Núcleo Hegemônico do Partido Comunista, um objetivo em gestação a ser concretizado no curto prazo e uma necessidade que se impunha para viabilizar a resistência era a criação de uma Associação de Lavradores como instrumento de organização dos posseiros e dinamização partidária. Naquela conjuntura de repressão, a organização e a participação viriam a ser para os posseiros a única possibilidade de garantia de suas posses. Sobre as mediações externas em casos como este, Eric Wolf (p.348) assim relata: "É improvável que o camponês pobre e o lavrador sem terra tomem o partido da rebelião, a não ser que possam confiar em um poder externo para poder desafiar o poder que os constrange".

Não demorou muito e a Associação dos Lavradores de Formoso foi fundada no começo de 1955, e logo demonstrou um vigor considerável, pelo reconhecimento que passou a ter perante os posseiros, tendo José Porfírio como primeiro presidente e José Ribeiro como primeiro secretário. Seu estatuto jurídico foi conduzido pelo também advogado do Partido Comunista, José Godoy Garcia, e, por cautela, a exemplo do "Shadow Cabinet" típico do parlamentarismo in-

---

13 Alguns futuros líderes de Formoso e do PCB na região, como Bartô, Bugre e outros que se incorporaram imediatamente à resistência foram apontados em algumas entrevistas e livros como membros do PCB ou de estarem próximos ao Partido em um período anterior a sua ida para a região de Formoso. Não há dúvidas de que muitos dos posseiros na região são elementos advindos de outras expulsões de terra, algo característico do meio rural goiano e brasileiro, e também foram levantadas várias referências quanto a alguns antigos quadros do PCB presentes que vivenciaram outros conflitos, mas estavam afastados da estrutura partidária na ocasião. Com relação ao membro da Coluna Prestes citado, essa informação levantada no *Movimento* não foi confirmada por outras fontes, ainda que essa possibilidade não possa ser excluída. Gregório Bezerra (1980, v.2, p.86-7, 96) confirma que encontrou remanescentes da Coluna Prestes em suas andanças por Goiás (ver também *O Movimento*, São Paulo, 21/8/19; entrevista concedida por Bartolomeu Gomes da Silva (Bartô) em 24/7/1995).

glês, os posseiros já tinham uma diretoria de sombra, na eventualidade da diretoria legal não poder exercer o cargo (cf. Abreu ,1985, p.56-7; Fernandes, 1988, p.133-4).[14] Mas para viabilizar uma estratégia de resistência que seria fundamentalmente armada, vários mecanismos foram mobilizados. Embora haja indícios de que pouco antes do início do conflito um assistente político do Comitê Central (não identificado) tenha estado na área com o objetivo de levar armas aos posseiros,[15] e também já havia uma rede de apoio e solidariedade formada basicamente por militantes comunistas na Cang, com a eclosão do conflito essa rede foi sendo dinamizada pelo estado de Goiás. Com o decorrer da luta, campanhas foram feitas pelo País para receber recursos tendo como finalidade a aquisição de armas,[16] e outros pontos de apoio partidários foram recrutados para

---

14 Cf. entrevista concedida por Valter Waladares a Ana Lúcia Nunes, op. cit.
15 Esse assistente político (não identificado) foi mencionado por um histórico militante do PCB de Goiás em entrevista para este trabalho, mas sem dar referências maiores sobre sua identidade. Provavelmente, ele também não soubesse. Como era norma nesse tipo de atividade, os militantes usavam nomes de guerra, e esse teve por tarefa levar armas, como sinalizou a fonte. Por razões de segurança, talvez tenha estado no local clandestino até mesmo para o Comitê Estadual. Poderia ter sido Gregório Bezerra, até porque sua última passagem na área (ele cita a Cang) aconteceu numa data bem próxima dos eventos que ora descrevemos, e ele saiu pouco antes de o estopim da luta ser aceso, não sem antes ter mapeado toda a região. Todavia, não há maiores evidências em suas memórias. Granja, em entrevista para este trabalho, confirma que antes de sua ida à região "já havia apenas dois enviados do Diretório Nacional, que tinham pisado naquela terra. Primeiro foi um que foi levar armas", mas sem maiores detalhes sobre sua identidade. Entrevista concedida por Antônio Granja em 25/1/1992; Bezerra (1980, v.2, p.86-7 e 96).
16 Quanto às armas, segundo consta no depoimento de Geraldo Marques, bem como em vários depoimentos no IPM 02-BNM, Unicamp, elas começaram a chegar entre 1954 e 1955, em número de vinte, e num fluxo crescente à medida que a luta se desenvolvia, até o final de 1956. Um outro quadro do PCB – Salomão Malina – em entrevista, apontou para a retomada do envio de armas no período pós-1958, e que perdurou até meados dos anos 60, quando a situação de luta começou a se acalmar. Ele esteve presente na área em três ocasiões para dar a necessária assistência e orientação quanto ao manejo. Também em relação às armas, são muitas as referências de Abreu e dos quadros do PCB

auxiliar a luta dos posseiros, sendo até mesmo enviados à região jovens estudantes da capital, como Valter Waladares (que entre outras tarefas organizativas também levou um lote de armas e munição à região) e mesmo quadros operários de outras cidades, a destacar Paulo Capingote. Com a intensificação do conflito e a repressão em larga escala, os apoios à causa dos posseiros extrapolariam em muito a esfera estritamente partidária; tendo, por um lado, sido cooptados parlamentares de oposição ao governo de Goiás, e, por outro, a imprensa regional e nacional despertada e provocada a debater o assunto.[17] Vamos por partes.

A posição tática do Núcleo Hegemônico era de ganhar tempo, já que se fazia necessário fortalecer a organização e acumular forças. A situação de cautela, no entanto, não duraria muito tempo. O estopim da luta em grande escala acontece na posse de "Nego Carreiro", onde o grileiro João Soares, seus jagunços e a polícia foram cobrar a taxa

---

em outras entrevistas para este trabalho, mas que preferem o anonimato. Em 1971, no curso da "Operação Mesopotâmia" e com a prisão de muitos líderes da época, foram encontrados em duas posses de difícil acesso na região de Trombas dezesseis rifles, mosquetões e alguma munição, tudo escondido numa grota pelos quadros locais do PCB em 1964. Tudo indica que o número existente tenha sido bem maior e que hoje não se faz ou haja nenhuma referência. Mais recentemente, Valter Waladares, em entrevista concedida a Ana Lúcia Nunes, também forneceu pistas sobre o envio de armas à região, comentando que conduziu algumas no início de 1955, tendo mesmo, naquela ocasião, sido realizado um treinamento militar (ver IPM 02-BNM, Unicamp; Abreu, 1985, p.107-12; Fernandes, 1988, p.133-54; entrevista concedida por Valter Waladares a Ana Lúcia Nunes, op. cit. Ver também referências sobre o assunto em Freitas, 1981, p.179-80; *O Estado de S. Paulo*, 11/9/1971; *Jornal da Tarde*, 7/8/1972 e 11/9/1971).

17 Há vários trabalhos que bem ilustram essa questão. Abreu (1985, p.76ss), por exemplo, em seu trabalho, aponta alguns aspectos dessa mobilização em Goiás, citando locais e nomes, ainda que se *omita* quanto ao fato de esses elementos em sua maioria serem membros do PCB e relativize o Comitê Central e a importância do Partido nesse processo, dando a entender sua espontaneidade. José Godoy Garcia, advogado e intelectual se afastou do PCB após a denúncia do Culto a Stalin, escreveu *O caminho de Trombas*. Sobre isso, ver também ver entrevista concedida por Valter Waladares a Ana Lúcia Nunes, op. cit.

de arrendo e expulsar os posseiros do local. Diante da resistência de Nego Carreiro, o tiroteio que se seguiu resultou em um sargento morto com um tiro na testa e um soldado ferido com uma orelha a menos; a região transforma-se em um campo de luta. Quando há o engajamento em combate, a organização ganha fôlego – como indica a leitura Wolf (p.357) –, e não foi diferente neste caso. A liderança dos posseiros, formada por Geraldo Marques, João Soares, José Ribeiro e José Porfírio, em processo de integração no Partido Comunista, cai na clandestinidade e piquetes são formados para enfrentar a polícia e os jagunços. Sabendo os posseiros tirar vantagens de seu conhecimento da área, a estratégia de resistência teve como resultado incorporar à ação defensiva uma singular concepção de guerrilhas desenvolvida a partir das especificidades e das condições que o local permitia.

Como bem apontou um analista, estratégias da guerra de guerrilha desse tipo podem ser caracterizadas no vocabulário das doutrinas militares contemporâneas como *autodefesa armada,* um tipo particular de combate que é taticamente eficiente, mas com limitações inegáveis, podendo ser condenado à derrota no momento que o adversário reunisse potência de fogo suficiente para forçar passagem até a posição estratégica dos guerrilheiros (Moraes, 1991, 2005, p.72). Permitir a queda de Trombas no caso dos posseiros seria, certamente, a derrota. Embora os métodos de defesa existentes na região incorporassem ao longo do conflito outros procedimentos típicos de guerrilha, a estratégia de mobilidade desenvolvida pelos posseiros em Formoso e Trombas sugeria de fato uma aproximação com essa concepção clássica de defesa (*autodefesa armada*) que significa, em última instância, uma guerra de posições. Esse era o quadro político e militar no local e, por isso, essa possibilidade de apreensão teórica e conceitual é factível. Inegavelmente, essa estratégia viabilizou a resistência e igualmente possibilitou que outras táticas de luta fossem metodologicamente aprimoradas com rara intuição militar. De certa forma, as táticas eram muito aproximadas às táticas de guerrilha de Mao Tsé-tung, que consistiam em fustigar com alguns tiros o inimigo que se aproximava do piquete e recuar para outro ponto determinado, poupando a escassa munição e fazendo melhor uso das poucas armas existentes. Só não houve ao final o ataque de volta com o recuo do inimigo, como pregava a doutrina maoísta, mas a Revolução Chinesa acontecida há pouco tempo e sua influência sobre os dirigentes e posseiros eram paradigmas a serem incorporados.[18]

Um outro elo dessa integração foi o estabelecimento organizacional e integrado de uma rede de comunicações entre as várias áreas do conflito, com cuidado especial em relação à vigilância nas entradas de acesso, que veio a ser um aspecto fundamental para a defesa e para o êxito da luta. A originalidade dessa ação pode ser apontada no fato de ter sido basicamente estruturada e apoiada na participação intensa de mulheres, e mesmo de crianças. Vale observar que a participação das mulheres teve reflexos decisivos em muitas ocasiões e com uma intervenção diferenciada no processo de luta, demonstrada principalmente nos momentos em que o quadro militar parecia prestes a desabar e os homens, que deveriam ficar na vigilância dos piquetes, vacilavam e o pânico chegava a tomar conta de muitos deles. Não foram poucas as situações em que eles acabavam assumindo suas tarefas, principalmente depois de "incentivados" a trocar a calça pela saia e ficarem em casa, sendo substituídos pelas mulheres nos piquetes. Dirce Machado recupera o clima de tensão dessa época:

> O negócio ali era pra valer. Porque deixar uma rede de estrada da maior importância aberta podia comunicar com os caras e entrar na noite e fazer o fracasso. Os companheiros prá cá achando que a gente estava sustentando as estradas, Trombas achando que a gente estava com tudo, sustentando e tava aberta. Podia dar entrada a quem quisesse, podia ser

---

18 Valter Waladares, na época líder estudantil secundarista e destacado dirigente do PCB que foi enviado à região bem no início do conflito, expôs em uma palestra em 2004 no "Ciclo 50 anos de Trombas", realizado em Goiânia, e confirmou mais recentemente em entrevista concedida à jornalista Ana Lúcia Nunes (quando pude incorporar seu relato neste trabalho), a influência diretiva da Revolução Chinesa sob a égide do "Manifesto de Agosto" sobre ele e os demais dirigentes comunistas na intervenção em Formoso e Trombas. Entrevista concedida por Valter Waladares a Ana Lúcia Nunes, op.cit.

um fracasso. O negócio lá era de vida e morte mesmo, não era prá brincar não...[19]

Ela, como também outros participantes, relatou com detalhes[20] esses momentos de confrontos com a polícia e jagunços, em que muitas táticas utilizadas no desenrolar da luta, bem como dificuldades de manter elevado o moral dos homens em situações de quase colapso da resistência foram contornadas pela intervenção direta das mulheres. E Trombas não foi um caso isolado.[21]

Essa particularidade característica do processo de organização da luta em Formoso e Trombas, historicamente, vem demonstrar que a capacidade de resistência organizada e as respostas de algumas determinações nas situações de impasse e conflito surgem e amadurecem nos momentos mais agudos de luta e, geralmente, em suas fases mais críticas, ocorrem muitas vezes fora de qualquer controle ou nível de mediação interno ou externo. Por conseqüência, a unidade tática de ação e a política norteadora de intervenção estabelecida na região acabaram sendo habilmente exploradas pelos quadros mais experimentados – o Núcleo Hegemônico –, o que resultou nesse processo, no surgimento e na integração de novos militantes e no reconhecimento do PCB (com limitações, mas principalmente por meio de seus quadros principais aliados ao fato de serem todos camponeses) como um corpo coletivo. Essa linha de análise pode ser sistematizada na seguinte fala de Ribeiro:

---

19 Entrevista concedida por Dirce Machado em 18/7/1990.
20 Embora haja somente algumas pistas sobre a participação de mulheres e crianças na luta de Formoso, vale atentar para a hipótese de que em alguns momentos essa intervenção foi decisiva para viabilizar a resistência. Sobre esse aspecto, ver Fernandes Sobrinho (s. d.); Abreu (1985, p.58); Amado (s .d.); Pires (1998, cap.II); Fernandes (1988, p.140).
21 Vale ainda registrar que há uma considerável lacuna em estudos e livros sobre a participação das mulheres nas lutas sociais no Brasil, algo que também se verifica nos resgates memorialísticos editados, que, no geral, privilegiam militantes masculinos e urbanos, salvo pontuais e, em grande medida, recentes contribuições (ver: Bernardes, 1995; Ferreira, 1996; Santos et al., 1998; Carvalho, 2002).

Agora, a facilidade que teve aqui da gente organizar o povo é porque havia o espírito de revolta do povo aqui. O Povo estava ameaçado, eles sabiam se não tomasse posição não tinha outra saída [...] nós trabalhávamos no cabo da enxada, da foice, do machado, fazendo cerca, carpindo roça, colhendo arroz, junto com o povo aqui, ombro a ombro, cada um tirou sua posse, seu pedacinho de terra. Eles viram nós também como camponês igual a eles. Não viemos aqui como corpo estranho aqui. Vocês fazem isso, fazem aquilo. Não, aqui nós viemos prá cá viver a vida aqui, ombro a ombro, comer o feijão com arroz, às vezes sem sal, às vezes sem manteiga, passar fome junto com eles, viver a vida junto com eles, viver a vida junto com eles aqui e por isso nós ganhamos a confiança deles...[22]

Essa vem a ser a razão principal do caráter germinador atípico de massa do PCB na região – talvez somente encontrado em situação similar no campo, em Porecatu, onde muitos militantes se formaram, se integraram e permaneceram posteriormente na estrutura partidária que, em decorrência das particularidades do caráter de luta, possibilitou e configurou ao Partido uma característica de massa singular e a integração crescente com o movimento. Também foi fundamental nesse processo o aproveitamento comunitário tradicional existente entre os camponeses para a formação de mutirões no desempenho de várias tarefas, e, com isso, a organização da área foi ganhando impulso.

O resultado mais significativo dessa interação foi o estabelecimento de uma ação coletiva constante e em condições embrionárias que possibilitaram a formação, em uma fase posterior situada entre 1956-1957, dos "Conselhos de Córregos", como outra esfera de intervenção e trabalho conjunto tendo por objetivo principal facilitar a ação da Associação dos Lavradores e dinamizar as tarefas e atividades em toda a área. Persistem, no entanto, algumas polêmicas quanto a saber se o surgimento dos Conselhos é anterior ou posterior à fundação da Associação dos Lavradores, que será objeto de análise a seguir.

---

22 Entrevistas concedidas por José Ribeiro em 17/7/1990 e 16/11/1991.

Retomando a fase inicial do conflito, a região era muito grande e de difícil controle, com muitas vias de acesso. Os choques com a polícia e os jagunços foram freqüentes nessa fase, e traumáticos, tendo os posseiros feito na ocasião o "justiçamento" de um informante da polícia. Pouco tempo depois, ocorre o principal confronto armado, a Batalha de Tataira. Apesar de seu pequeno número, os posseiros acantonados em um piquete forçaram o recuo de um grande número de soldados. Esse fato teve um forte impacto psicológico, já que se espalhou pela região que os posseiros tinham "uma força incalculável".[23] Ainda assim, foi um período de tensão constante e sempre alternado por momentos de luta e de refluxo, quando o perigo e a necessidade de atenção e cautela eram maiores. Do lado do governo e dos grileiros, a situação era de surpresa. Segundo um relato:

> Diversos oficiais da PM, por solidariedade aos posseiros, como justificariam mais tarde, ou simplesmente por medo de morrer, como comentavam certos críticos mordazes que diziam nunca ter visto em lugar algum polícia ser solidária com camponês, se declararam em franca rebeldia, recusando-se a seguir para o norte. Uma estranha epidemia grassou então no quartel general da polícia goiana, afetando curiosamente todos os oficiais designados para Formoso, que escusavam, apresentando um atestado médico adredemente conseguido. (Abreu, 1985, p. 87)[24]

---

23 Sobre esses aspectos, além dos relatos nas várias entrevistas para este trabalho, ver Fernandes (1988, p.143ss); *O Movimento*. São Paulo, 21/8/1978; Abreu (1985, p.84); entrevista concedida por Valter Waladares a Ana Lúcia Nunes, op. cit.

24 Ver também Fernandes (1988, p.147); Godoy (1966); Amado (s. d.); *O Movimento*; *O Estado de S. Paulo*; *O Cruzeiro*; *Novos Rumos*; *Terra Livre*. São ricos os depoimentos sobre a luta dos posseiros contra os jagunços e a polícia, bem como vários os relatos sobre essa fase da revolta que se contextualiza no período de 1950 ao final de 1957, até o começo de 1958. Por essa razão, esses aspectos serão somente sinalizados por não serem o foco principal do objeto de estudo e das dificuldades em relação a algumas datas, mas fazendo a ressalva de que foi um período muito violento e de incertezas para os posseiros e deixando como indicativo de leitura as obras citadas.

Aspectos ilustrativos como os que se seguem certamente contribuíram para esse quadro, como notícias e fatos superdimensionados que em geral resultavam em mais confusão, veiculados por insuspeitos jornais conservadores, como *O Estado de S. Paulo*, e também nos jornais locais em que são descritos combates e perdas de membros de ambos os lados e até um inexistente vôo de um avião não identificado sobre a região de Formoso que lançava boletins de caráter subversivo. A reportagem em *O Estado de S. Paulo* ainda dizia que os boletins concitavam o povo a prestar apoio aos homens comandados pelo comunista José Firmino,[25] que naquele momento, ao que tudo indicava, já não estava mais na área.

A revista *O Cruzeiro* descreve a situação em uma sinopse dos jornais do estado de Goiás, que ilustra o clima de desinformação e propaganda veiculada em uma tentativa de preparar a opinião pública para a necessidade de intervenção militar que, naquele momento, parecia somente uma questão de tempo:

> Dos Jornais: "Goiânia, 31-Zé Porfírio, o agitador comunista que diariamente hasteia a bandeira comunista em Trombas, exige agora 100 mil alqueires de terras do governo, tornando-se cada dia mais audacioso. Seus adeptos, que já se elevam a 5000, invadem fazendas vizinhas, roubam armas, porcos, gado e matam ou espancam os vaqueiros encontrados. Andam em bandos numerosos e estão sempre bem armados. Os fazendeiros estão inquietos. Temem que haja conflitos, nos quais eles, menos numerosos, saiam perdendo".

Em seguida, a revista procura analisar e demonstrar o outro lado, o dos posseiros na luta pela terra e galvanizar apoio a sua causa. Contudo, em razão do impasse militar da questão, em que a luta era real, ainda que com momentos espaçados de trégua e muita tensão, tendo ocorrido várias escaramuças com jagunços, derrotas e perda de soldados em um período que teve duração aproximada de três anos,

---

25 *O Estado de S. Paulo*, 27/3/1956; Abreu, 1985, p.73 e 82. Vários entrevistados também contam aspectos pitorescos sobre essa questão divulgados por jornais do estado de Goiás.

e com a aparente vitória momentânea dos posseiros em permanecer na terra, o governo do estado de Goiás resolve intervir de forma a dar um ponto final ao problema. Algumas fontes sugerem que o motivo alegado era o atendimento dos insistentes pedidos de reforço policial para possibilitar a manutenção da ordem na região e a efetiva "ação da justiça" para o equacionamento da causa a favor dos posseiros; ainda que naquele momento, como sugere a revista *O Cruzeiro*, o reforço estava destinado a urgente necessidade de conter a iminente invasão de Porangatu pelas tropas comunistas de Porfírio.[26] Decorrente ou não desses boatos e desse quadro, o fato é que o governo de Goiás acabou enviando reforços significativos para intervir e que ficaram aquartelados em Porangatu, à espera de uma ordem de invasão da área, que acabou não ocorrendo.

Em Formoso, ainda que com debilidades no controle total da área e desgastados ante dificuldades de toda ordem, os posseiros tinham nesse momento alcançado um alto grau de mobilização, de luta e conscientização de seus objetivos em permanecer na terra. Apesar do apoio externo e das armas recebidas, a situação era crítica, descrita da seguinte forma por um de seus participantes: "Os homens, todo mundo entrincheirado, tudo quanto é entrada aqui, tava tudo cercado, qualquer lugar que entrasse aqui encontrava resistência, resistência armada, porque o negócio aí já não era mais... o negócio aí era arma mesmo...".[27]

Na verdade, alguns fatores entraram em cena, e por essa razão a política comum de intervenção de governo em relação a esses casos desde a República Velha – ou seja, caso social é caso de polícia – passou a exigir cautela e prudência. Um primeiro fator foi a firme determinação dos posseiros em resistir, e ainda que sua força de combate do ponto de vista militar fosse relativamente fraca, ela foi exponencialmente dimensionada pelos grileiros e pela polícia depois das primeiras derrotas.

---

26 *O Cruzeiro*, de 30/3/1956 e 14/4/1956; Fernandes (1988, p.158-65).
27 Entrevistas concedidas por José Ribeiro em 17/7/1990 e 16/11/1991.

O segundo fator refere-se à habilidade com que os membros comunistas procuraram visualizar e centralizar a resistência na figura carismática de José Porfírio. Ainda que naquele momento ele já fosse membro do Partido e as forças do governo e dos grileiros tivessem clareza da presença de militantes comunistas no trabalho de resistência, as campanhas difamatórias existentes à época procuravam de forma comum e generalizada apontar os comunistas como estando por trás de tudo o que significasse discordância da ordem vigente, o que em muitos casos era um exagero, mas era a senha para justificar a repressão violenta. Em Formoso, em razão dessa estratégia e diante do caráter da repressão, a versão foi compreendida pela opinião pública como tendo o Partido Comunista uma participação secundária e até inexistente, análise aceita por muitos estudiosos até hoje.

Decorrente desse aspecto, ocorre paralelamente o terceiro fator do processo. Em Goiânia, Anápolis e em várias cidades do estado acontece uma rede de solidariedade articulada e impulsionada pelo PCB que, com o apoio da opinião pública, ganhou uma dimensão e pressão de tal ordem que fez que o governador Juca Ludovico recuasse na decisão de uma intervenção direta. Comitês de apoio foram instalados em vários municípios e na região limítrofe de Formoso (Cang, Ceres, Porangatu, Uruaçu e outros locais) davam suporte de várias ordens aos posseiros. A imprensa de esquerda regional foi mobilizada e as grandes revistas nacionais, como *Manchete* e *O Cruzeiro* (como foi apontado) fizeram reportagens denunciando a violência na região, a ambigüidade do governador, e galvanizando a simpatia pública em favor dos posseiros. São especialmente ilustrativas as reportagens da revista *O Cruzeiro* em que José Porfírio é apontado como o líder da resistência (e nega veementemente que seja comunista), mostrando a história da luta em Formoso, as incertezas do governador, que *até queria ajudar*, mas esperava a decisão da Justiça e, principalmente, as arbitrariedades dos jagunços e da polícia. Em relação à polícia, foram contadas algumas histórias dos policiais e ressaltados nas reportagens os seus currículos de matadores. Um exemplo significativo:

O Capitão Silveira aponta seus comandados e diz com jactância: Meus homens são maus. O melhor da turma sou eu mesmo... Olhe, esse aí é que gosta de matar. Não é verdade, Cabo? Eu gosto mesmo é de sangrar, Capitão. Esta peixeira tem muito que contar. Já viu a barriga de pelo menos uns dez cabras...[28]

Todos os policiais foram fotografados com armas à vista e em poses arrogantes. Contrapondo na mesma série, havia fotos dos posseiros em trajes simples, descalços, com muitos filhos e até um posseiro tocando violão, com o seguinte título: "Bandoleiro? Comunista?" (e que a rigor era comunista), negando a reportagem qualquer vinculação da luta com o PCB. O artigo também não cita a Associação como instrumento de ação ou a existência de qualquer aspecto organizacional.[29] Acreditamos que a razão dessas reportagens em negar qualquer vinculação com os comunistas decorre do fato de que, ante a iminência da intervenção das tropas da polícia na ocasião, houve-se por bem omitir qualquer referência que pudesse apontar haver apoio externo ou interno no movimento e que, certamente, causou um grande impacto na opinião pública.

O quarto fator importante foi o apoio conseguido de alguns parlamentares estaduais e federais contrários ao PSD, partido do governo do estado, que aglutinou membros de vários partidos,[30] bem como setores da burocracia do estado e até do Judiciário. É importante entender esse aspecto, em particular o primeiro, já que parlamentares da UDN e de outros partidos contrários a um governo do PSD tinham interesse em apoiar os posseiros de Trombas em razão do jogo político no estado. Ao contrário do PSD que tinha sua base

---

28 *O Cruzeiro*, de 30/3/1956 e 14/4/1956.
29 Idem, ibid.
30 Entrevistas concedidas por Antônio Granja em 25/1/1992, por José Sobrinho em 15/7/1990 e 21/7/1991, por Geraldo Tibúrcio em 13/7/1990, por José Ribeiro em 17/7/1990 e 16/11/1991, por Dirce Machado em 18/7/1990, por Kallil Dibb em 5/5/1990 e 12/1/1992, por Sebastião Gabriel Bailão em 15/11/1991, por Bartolomeu Gomes da Silva (Bartô) em 24/7/1995. Ver também Abreu (1985, p.78ss).

de apoio entre os fazendeiros, partidos como UDN, PTB, PSP eram basicamente urbanos e, portanto, mais sensíveis à pressão da opinião pública e da sociedade civil organizada nos grandes centros. Mas muitos parlamentares inibem-se a partir do momento que o conflito ganha dimensões de luta armada, e, temerosos, procuraram impor limites em seu apoio aos posseiros. Por essa razão, alguns deputados, por sua postura e engajamento pessoal, ostensivamente contra a orientação de seus partidos, são lembrados com simpatia em várias entrevistas concedidas para este trabalho, sendo eles: Alfredo Nasser, Mario Mendonça, Lisboa Machado e Francisco Brito. Com relação ao segundo aspecto, vale lembrar os apoios que os posseiros tiveram em alguns momentos dos setores médios da burocracia do estado e até o incisivo apoio do procurador geral à causa e à resistência armada.[31]

Um quinto fator pode ser contabilizado na mobilização dos estudantes, intelectuais e profissionais de outras categorias, nas quais o Partido Comunista tinha uma penetração considerável, e que também apontou no momento para um grau de articulação da sociedade civil em apoio aos posseiros até então inexistente em Goiás. Outro episódio curioso sobre o clima na capital e particularmente entre os estudantes comunistas e outras correntes de esquerda é assim relatado:

> A juventude estudantil, na Faculdade de Direito da rua 20 e no Liceu, se empolgava com as notícias vindas do Norte, discussões infindáveis de tática e estratégia prosseguiam pela noite adentro nas mesas dos bares, onde garçons atônitos, cansados de servir cafezinhos, ouviam planos que previam com riqueza de detalhes a libertação de Goiânia e a

---

31 Vale mais uma vez lembrar que essa passagem é citada em vários trabalhos. Na última tentativa de José Porfírio resolver a questão pacificamente, ele voltou a Goiânia e tentou a mediação do procurador do estado na questão. Esse foi incisivo: "Tem grota na região? Pode haver processo para um, dois ou três, mas não tem processo para quinhentas pessoas, nem crime, nem cadeia" (*O Movimento*. São Paulo, 21/8/1978; Abreu, 1985, p.40ss; Fernandes, 1988, p.115); entrevista concedida por Valter Waladares a Ana Lúcia Nunes, op. cit.

instalação de um governo popular no Palácio das Esmeraldas. Noivos rompiam compromissos antigos e ante noivas chorosas e assustadas anunciavam com ares de heróis a sua determinação de se alistar-se como voluntários nas forças de Zé Porfírio. (Abreu, 1985, p.81)[32]

Ao final de 1957, sob forte pressão da opinião pública, decide-se pela instalação de uma Comissão Parlamentar de Inquérito (CPI) e por uma visita à região, conduzida por parlamentares de oposição ao governo do estado. Essa comissão, a última de algumas tentativas anteriores, chegou a sobrevoar o local, mas não aterrissou, para alguns por falta de teto para o avião, e para outros por medo, mas foi a que efetivamente produziu algum resultado político positivo. As tropas do governo acantonadas em Porangatu ficaram na cidade um pouco mais de tempo e logo foram retiradas.

Um sexto fator, e que certamente muito contribuiu, refere-se à postura crítica e histórica do governo federal, que considerava Goiás um estado de bárbaros e selvagens, com uma imagem de predominância de latifúndios e grileiros que não compactuava com a proposta de desenvolvimento econômico em curso e a que o estado, por sua posição geográfica, estava forçosamente associado. Essas pressões para a melhoria da imagem do estado de Goiás (que de certa forma tinha sido uma bandeira de campanha dos sucessivos governadores pós-1945, alguns deles modernizadores) foram intensificadas naquele momento, objetivando viabilizar e superar uma forte resistência em âmbito nacional contra a transferência da capital federal para o centro-oeste goiano (cerca de 300 quilômetros em linha reta de Formoso e Trombas) e possibilitar condições para o prosseguimento do projeto de construção de Brasília. Francisco Itami Campos (1985, p.162ss) aponta para essa linha de análise, afirmando que o recuo do governador de uma posição de aliança inicial com os grileiros para uma posição de neutralidade refere-se às pressões advindas do governo federal. Seguramente, os títulos sugestivos das reportagens da re-

---

32 Ver também entrevista concedida por Valter Waladares a Ana Lúcia Nunes, op. cit.

vista *O Cruzeiro* sobre Formoso, "Tributo de sangue", e "Está correndo sangue no futuro Distrito Federal", contando com detalhes o clima de violência e a desorganização do aparelho do estado, vêm a ser um fator importante e significativo naquele momento.[33]

O sétimo fator concernente aos demais, e que, seguramente, teve um impacto positivo na sociedade civil do estado, e dessa em relação ao movimento camponês de Formoso e Trombas, foi uma discreta postura de apoio (ou mesmo de indiferença) de *setores* do clero goiano, que, ao contrário de outras ocasiões, manifestou-se favoravelmente à causa dos posseiros.[34]

Tudo indica que o impasse político a que se chega seja, por um lado, pela determinação dos posseiros em resistir, e, por outro, pela pressão popular em favor deles e pelas eleições que se avizinhavam em 1958, quando o governador manobrava com o objetivo de viabilizar a prorrogação de seu mandato, tinha colocado o governo de Goiás em uma situação política delicada, pois o desgaste de um confronto naquela altura era inoportuno e desfavorável. Para o PCB, esse episódio significou um momento privilegiado de unidade e empenho, particularmente pelo fato de se fazer sentir o impacto da denúncia ao culto de Stalin junto a alguns setores do Partido, o que possibilitou a convergência programática e de ação de seus militantes em uma única tarefa.

Em relação a esse episódio da denúncia do Culto e seu impacto sobre os camponeses de Formoso e Trombas, deve-se salientar que foi inexistente e atingiu de forma contraditória os quadros comunistas, já que naquele momento a região estava em uma de suas fases de

---

33 *O Cruzeiro*, de 30/3/1956 e 14/4/1956. Cf. Fernandes (1988, p.158-65).
34 Em entrevista concedida para este trabalho em 15/7/1990, José Sobrinho destaca uma passagem em que o bispo de Uruaçu teria dito: "Lá tem uma luta muito profunda contra tubarões. A luta lá é pela posse da terra, e a luta mais profunda lá é contra tubarões. Trombas, lá se luta contra isso, mas eu não sei se tem Partido Comunista lá". Também nessa linha se manifestaram Kallil Dibb (entrevistado em 5/5/1990) e Sebastião Gabriel Bailão (entrevistado em 15/11/1991). Sobre as ambigüidades da Igreja católica e outras religiões em Goiás, ver Abreu (1985, p.98); Loureiro (1988, p.74-5); Guimarães (1982, p.65ss); Pessoa (1999, p.53).

luta mais aguda. Por essa razão, seus reflexos só terão desdobramentos posteriores. Mas em relação ao PCB Regional, verificava-se na ocasião, sérios conflitos internos decorrentes da crise do XX Congresso do PCUS, processo esse, de certa forma, análogo ao que ocorria no PCB em todo o Brasil. Mas em Goiás, essa rearticulação interna teve a decisiva intervenção do Comitê Central com o envio de Antônio Granja e, posteriormente, de Kallil Dibb, que será objeto de análise.

Todavia, são polêmicas as versões. Janaína Amado sugere que houve negociações e acordo à revelia dos posseiros de Formoso entre o PCB e o governador, para que o Partido apoiasse a prorrogação de seu mandato e a candidatura de Mauro Borges a governador, em troca da retirada das tropas da região (Amado, 1980). Outra versão sinaliza para negociações entre a direção do PCB e o governador para evitar a invasão, no sentido de apoio somente à prorrogação de seu mandato em troca da retirada das tropas. Antônio Granja confirma essa versão, mas pondera que algumas tentativas indicativas dessa linha política encontrava fortes resistências em algumas correntes comunistas de Goiás e até no Comitê Central. Ele afirma que a pressão advinda da opinião pública sobre o conjunto da classe política, particularmente sobre os deputados, acabou criando um clima *insustentável* para a intervenção. Esse aspecto, segundo seu relato, pode ser ilustrado pela seguinte afirmação do deputado Francisco Brito em denúncia na Assembléia: "Como é que vocês vão ser reeleitos com Formoso invadido?".[35]

Francisco Itami Campos (1985, p.208) confirma parcialmente essa versão quando sugere que, efetivamente, o governador tinha intenção na *prorrogação de seu mandato* e que manobrava politicamente para viabilizar seu objetivo. Esse fator certamente pesou na decisão de evitar um desgaste maior, decorrente do confronto estabelecido, e, por essa razão, ele seria sensível a algum tipo de negocia-

---

35 Entrevista concedida por Antônio Granja em 25/1/1992. Em um trabalho memorialístico recente sobre a trajetória de Granja, Dino Oliveira Gomes (2006, p.82-3) confirma essa hipótese e recupera com mais detalhes a decisiva participação do biografado nesse episódio.

ção. Sebastião Abreu (1985, p.93) recupera esse episódio para o impacto das campanhas de solidariedade, o envio de armas e as forças mobilizadas em apoio aos posseiros, e ressalta a *integridade e credibilidade* do governador Juca Ludovico como político, sendo esse um fator determinante perante os posseiros. Este fator último é desmentido por muitos quadros comunistas da luta de Formoso, em razão das muitas promessas não cumpridas do governador em sua gestão, particularmente a demarcação e a legalização das posses e o fato de ser sua polícia que estava aliada aos grileiros e, principalmente, os reforços militares enviados na fase final que só não foram utilizados em razão do quadro político resultante no período.

Temos então mais um fator, o oitavo. Ao que parece, esses elementos apontam para o fato de que, efetivamente, ocorreu algum tipo de acordo por parte da Direção do PCB e setores do governo com o objetivo de evitar a intervenção da polícia na região. Mas percebe-se que isso só foi possível em razão de um certo grau de rearticulação partidária, orientada e articulada diretamente por Antônio Granja, assistente político e membro do Comitê Central. Por essa razão, a atuação do Comitê Regional, ainda que fragilmente reestruturado, foi em sua intervenção o oitavo fator determinante. No entanto, esse fator deve ser entendido como estando intimamente associado às demais variáveis envolventes e intervenientes em curso naquele momento. É o momento em que o PCB se legitima como um forte instrumento de pressão e se viabiliza efetivamente como um canal de negociação na busca de uma solução política para a crise, em razão do empenho dinamizador dado e associado ao movimento de Formoso, e também como agente potencializador de ação de seus membros ao movimento popular e de opinião pública de dimensão inédita no estado de Goiás.[36]

---

36 Sobre essa polêmica, ver entrevistas concedidas por Antônio Granja em 25/1/1992, por José Sobrinho em 15/7/1990 e 21/7/1991, por Geraldo Tibúrcio em 13/7/1990, por José Ribeiro em 17/7/1990 e 16/11/1991, por Dirce Machado em 18/7/1990, por Kallil Dibb em 5/5/1990 e 12/1/1992, por Sebastião Gabriel Bailão em 15/11/1991, por Bartolomeu Gomes da Silva (Bartô) em 24/7/1995. Ver também Abreu (1985, p.76ss; Campos, 1985, p.201).

Pouco tempo depois se estabiliza a situação política e militar na região de Formoso e Trombas, exceto por eventuais atritos com os jagunços e a polícia. Aos posseiros, ainda que vitoriosos, a trégua também era muito bem-vinda, já que lutavam no limite da sobrevivência. Mas, como afirma Ribeiro, quando os boatos de intervenção gravitavam, principalmente nas épocas de colheita, a atenção era grande:

> fizeram em forma de mutirão, reunia a turma de 15, 20, 30 homens, trabalhando na roça para um, fazia roça para outro e quando eles estavam trabalhando ficava 2/3 de sentinela, cada um combinado, sempre trabalhando no machado ou na foice, mais a carabina, a espingarda estava aí ao lado né. Se desse um sinal qualquer, já todo mundo largava o machado, a foice e já sabia o que ia fazer...[37]

Esses fatores dialeticamente articulados forçaram o recuo do governo e a posterior retirada das tropas. A mobilização popular e política, conjugada à resistência armada à atuação do PCB no local e no estado resultaram em certo fôlego aos posseiros de Formoso. Esse último ponto é o nono fator determinante e o mais significativo, mas também deve ser forçosamente incorporado à reflexão, conjunta e dialeticamente às demais variáveis intervenientes no processo e de forma integrada. Acreditamos que a luta armada e a política regional e local, vistas isoladas das mobilizações desenvolvidas em âmbito regional e nacional, em um período de relativas liberdades democráticas no País, e associadas às particularidades políticas, econômicas e sociais de governo e do estado de Goiás teriam sido fatores insuficientes ao equacionamento da questão.

É bem ilustrativa a "coincidência" de que foi a partir desse momento – ou seja, o impasse político originado pela luta em Formoso e o conjunto de pressões decorrentes que já apontavam para uma clara indicação da necessidade de alteração da questão fundiária, bem como uma nova postura do governador ante o problema – que o governo de Goiás iniciou um processo de instrumentalização do Poder Público e, em especial, a capacitação técnica da Procuradoria Geral do Estado e a reorganização do Arquivo Público com o objetivo de

---

37 Entrevista concedida por José Ribeiro em 17/7/1990 e 16/11/1991.

combater o "grilo da terra", política essa que foi intensificada nos governos seguintes. Como indicativo dos bons resultados dessa política, pode-se observar que houve a reincorporação ao patrimônio do estado de Goiás o correspondente a 2 milhões e cem mil alqueires goianos, ou seja, o equivalente a uma área somada aos estados do Espírito Santo, Sergipe e Paraíba.[38]

A partir de então, podemos inferir que começa uma outra fase do movimento. Maria Esperança Fernandes (1988, p.166ss) chama essa fase pós-cisão de "O período de tensão", que começa em 1958 e vai até o Golpe de 1964. Janaína Amado vê o período, a partir de 1957, como o momento em que os posseiros desenvolveram economicamente a região, obtiveram o controle político e espacial da área, praticamente liberando o território, fase que duraria até 1964. Essa fase coincide com a etapa final do governo Juca Ludovico (1955-1958) e com um período em que ocorre um mandato tampão, que foi o governo de José Feliciano (1959-1960). Esse período caracterizou-se pela efetiva continuidade das políticas de governo no combate à grilagem das terras, procurando assegurar condições de permanência na terra aos posseiros e evitar, principalmente, o surgimento de "outros Formosos". Com relação específica a "Formoso e Trombas", o governo de Goiás procurou ignorar a região, excluindo a área de qualquer política pública de integração econômica, como também de uma política de intervenção policial por parte do estado. Por essa razão, o quadro político e social na região se estabilizou nos três anos seguintes.

A intervenção da Associação e os Conselhos de Córregos

Em nossa leitura, a terceira fase do movimento de Formoso pode ser caracterizada para os posseiros da região e para os quadros comunistas como o período de "Amadurecimento e acumulação de forças".

---

38 Como indicativo de análise do processo de combate ao grilo da terra em Goiás ver: Campos (1985, p.201ss); Abreu (1985, p.131); entrevista concedida por Valter Waladares a Ana Lúcia Nunes, op. cit.

A situação passou a exigir dos posseiros um processo constante de debate, e diante do aumento da produção e dos problemas de escoamento, aumentou o nível de articulação política para enfrentar as necessidades cotidianas e o equacionamento de questões várias na região, resultando, nessa fase, a intervenção da associação com o governo efetivo e gerenciador do território.

A Associação dos Trabalhadores e Lavradores Agrícolas de Formoso e Trombas começou então a dinamizar e elaborar estratégias de intervenção. Politicamente, a Associação (leia-se Núcleo Hegemônico) começou aproveitando a trégua e, com o impasse que se anunciava, a articular um leque de alianças regionais com objetivo de consolidar as conquistas e propiciar condições mínimas de apoio infra-estrutural à região. Não foi sem surpresa que procurou inicialmente articular uma aliança política tática com o prefeito de Amaro Leite (da qual a região de Formoso e Trombas era um subdistrito), em razão da antecipação das eleições para prefeito, como também para governador.

A aliança tática e o apoio ao candidato do prefeito que permitiu a sua eleição (apoio que não foi extensivo ao candidato a governador José Feliciano, que também foi eleito) se traduziram no retorno da máquina da administração a algumas reivindicações da Associação, especialmente em relação à manutenção da estrada de acesso e à construção de escolas. Politicamente, essa estratégia ampliou o leque de forças políticas aliadas ou potencialmente neutralizáveis em relação à luta, já que foram eleitos dois vereadores comunistas, um dos quais era Bartô (Bartolomeu Gomes da Silva), representantes de Formoso na Câmara Municipal. Segundo ele:

> O Zé Maurício, que era o chefão lá... reacionário, tudo... mas a gente tem horas que precisa do elemento. Aí aproximava as eleições. Aí me mandaram lá [...] Então, o Zé Maurício foi uma pessoa que tomou posição e nos guardou por lá. E no outro dia veio mais nós, lá nas Trombas. Então foi entendido sobre política, a gente ajudar ele, o candidato dele em troca de nós termos o vice, dois candidatos a vereador e isso foi feito, esse acordo, e nós cumprimos. Elegemos Antônio Caldeira(?) que era o candidato de Zé Maurício, porque o Zé Maurício se sentiu também

precisando, porque tinha os outros candidatos de oposição que estavam parecendo mais fortes, aí correu, mandou um recado em Trombas, que queria aproximação política. Aí eu fui lá com o Eneinha, Eneão, e ele veio aí e nós. Ele tinha medo de vir, então veio mais nós e chegou e foi feito um acordo político. Ele em troca de nós apoiar, dar um grupo lá em Trombas, arrumar estradas, essa coisa assim, né. E nós demos a votação para ele [...] os outros vereadores viram a gente já com muito... uma votação grande, então eles queriam fazer amizade com a gente para ver também se ganhavam uns votinhos... Então, tinha os projetos que nós apresentava, uma estradinha no córrego tal, uma escolinha... uma ponte, uma coisa assim... e sempre eles não davam cacete em nós, sempre eles ajudavam a aprovar. E nós até que arrumamos alguma coisa com esses entendimentos, tá. Arrumou umas pontes, estradas... Agora, a gente fazia isso, era assim... tirando o que podia, no interesse do povo.[39]

Esse processo de articulação política no local teve a assistência direta de Antônio Granja (Comitê Central), já que o PCB no estado, ainda enfraquecido e com debilidades de intervenção no campo, fora duramente atingido pelo impacto da denúncia do culto de Stalin, o que resultou em desfalques em seus quadros. Isso teve por conseqüência a ausência e a falta de orientação política do Comitê Estadual durante algum tempo ao núcleo de Formoso, fato esse que será abordado no capítulo 4.[40]

A atuação do governo municipal, no entanto, não era suficiente ante as necessidades e carências daquela região, e por isso a associação teve de assumir tarefas de governo na área, aumentando paralelamente o grau de organização e, principalmente, de vigilância. Ainda que tenha ocorrido a diminuição de tensão externa, nem por isso o perigo foi considerado menor, período esse que duraria até a eleição de Mauro Borges no final de 1960. Geraldo Marques conta que:

---

39 O outro vereador tinha por primeiro nome Graciano. Entrevista concedida por Bartolomeu Gomes da Silva (Bartô) em 24/7/1995.
40 Entrevistas concedidas por Antônio Granja em 25/1/1992, por José Sobrinho em 15/7/1990 e 21/7/1991, por José Ribeiro em 17/7/1990 e 16/11/1991, por Kallil Dibb em 5/5/1990 e 12/1/1992, por Bartolomeu Gomes da Silva (Bartô) em 24/7/1995.

A solidariedade que a gente organizou, foi tudo com a Associação e o Partido Comunista; na trégua, nós organizamos ainda melhor a região. Acha que a gente ia pensar que estava tudo pronto? Não! [...] Foi um tempo de muita discussão e esclarecimento sobre tudo de político", "...pois pra sobreviver tem que sê sempre organizado. Tudo organizado. E nossa organização baseava na assistência direta a tudo referente a vida do camponês. A consciência de classe nasce na luta, na necessidade e depois tem de trabalhá nela, pra ficar cada vez mais melhorada. Isso nós não descuidava mesmo, toda oportunidade, nós mostrava as coisas como é que era...[41]

Como foi apontado anteriormente, os Cursos Lenin e Stalin já tinham sido ministrados a grupos fechados em Goiânia, e no período de trégua subsequente outros cursos foram ministrados em Formoso e Trombas até por assistentes do Comitê Central, como Ângelo Arroyo e Antônio Granja, e numa fase posterior, a última, teve a presença de Nestor Vera e Salomão Malina.[42] Sobre os cursos, vale uma ressalva e quiçá uma ponderação. Deve-se entender que os "Cursos" realizados em Formoso eram, em grande medida, informais e até espontâneos, dependendo do tipo de público. No caso de reuniões partidárias e em pequenos grupos, eram abertos quanto à forma e ao conteúdo políticos. Aos demais posseiros, eram quase que informais, de acordo com a possibilidade de compreensão, tendo os assistentes políticos o cuidado de não expor abertamente a condição de comunista. Nessa linha de argumentação, Antônio Granja, José Sobrinho e Bartô apontaram a realização de várias dessas atividades na região, que também tiveram a participação, na fase inicial do conflito, de Ângelo Arroyo.[43]

---

41 Depoimento de Geraldo Marques, In Fernandes (1988, p.153).
42 Entrevistas concedidas por Bartolomeu Gomes da Silva (Bartô) em 24/7/1995, por Antônio Granja em 25/1/1992 e por José Ribeiro em 17/7/1990, 16/11/1991, 19/7/1995. Cf. Malina (2002, p.35ss).
43 Entrevistas concedidas por Antônio Granja em 25/1/1992, por José Sobrinho em 15/7/1990 e 21/7/1991, por José Ribeiro em 17/7/1990 e 16/11/1991, por Bartolomeu Gomes da Silva (Bartô) em 24/7/1995.

Paralelamente, vários militantes comunistas também participaram de cursos de formação política em Goiânia, particularmente em momentos de trégua (sempre antes da colheita, quando o perigo era maior), e no período pós-1956 (Abreu, 1985, p.75-6),[44] embora seja constante a queixa de falta de apoio maior para essas atividades por parte do Comitê Estadual. Esses Cursos ocorreram de várias formas. Por exemplo, João Soares, um dos primeiros quadros comunistas que chegaram à região, foi enviado a Moscou em 1955 para participar de um Congresso Camponês, e dali seguiu viagem por um curto espaço de tempo para conhecer a URSS. Esse tipo de atividade patrocinada pelo Comitê Central era bem comum à época, seja para os militantes fazerem cursos de formação ou mesmo para instrumentalizar os quadros partidários no desenvolvimento de suas tarefas e conhecer a experiência socialista soviética e suas conquistas nas várias áreas. Ele, ao voltar, desenvolveu uma intensa atividade de formação e esclarecimento perante os quadros partidários e com os posseiros, especialmente perante os últimos, crédulos e ainda muito receosos do significado comunista.[45] Também circulavam com desenvoltura entre os posseiros várias publicações partidárias e até da imprensa conservadora, e havia forte influência dos escritos de Mao Tsé-tung nos camponeses difundidos, por meio da revista *Problemas*, tal era grande o entusiasmo com esses princípios que norteavam a ação tática e estratégica dos militantes no local (Abreu. 1985, p.75-6).[46] Isso, sem dúvida, foi um componente a mais no processo de conscientização e formação.

Outro aspecto importante, como exemplo de articulação e conscientização, era o projeto de assentamento dos posseiros que chegavam, trabalho esse coordenado desde o início de sua fundação pela

---

44 Cf. entrevistas concedidas por Antônio Granja em 25/1/1992, por José Ribeiro em 17/7/1990 e 16/11/1991 e por José Sobrinho em 15/7/1990 e 21/7/1991.
45 Entrevista concedida por José Ribeiro em 19/7/1995. Dois outros históricos participantes da luta de Formoso e Trombas, Dirce Machado e Bartolomeu Gomes da Silva (Bartô), confirmaram a ida de Soares à URSS e os relatos da volta.
46 Cf. entrevista concedida por Valter Waladares a Ana Lúcia Nunes, op. cit.

Associação, que orientava os chegantes quanto à localização das posses e auxílio de várias ordens em sua instalação. Geraldo Marques esclarece o trabalho desenvolvido na região. Sobre o tamanho das posses, ele conta: "Nós tiramos decisão que posse só até 103 alqueire. Quanto mais perto do povoado tivesse a posse, só podia ser de 50 alqueires, quanto mais longe, só podia ser 50 até 103 alqueire. Tinha que todo mundo respeitá a resolução. A Associação mediava tudo isso".[47]

Os mutirões, já freqüentes na região, propiciaram uma nova forma de ação solidária que se desenvolve nesse momento, a chamada *traição*, que consistia no apoio aos novos posseiros que chegavam e igualmente àqueles que estavam em dificuldades de plantio ou colheita. Num raro e fascinante relato, uma camponesa assim descreve o processo:

> A traição era uma brincadeira que a gente tirava com os companheiros chegantes ou em dificuldade, que por qualquer motivo não dava conta de tirar a produção para a família. A Traição era uma forma alegre e solidária da união dos posseiros. Chegavam umas 200 pessoas entre homens, mulheres e crianças. O traidor era aquele que convidava todo mundo para pregar uma peça no vizinho. O traidor organizava tudo com auxílio dos convidados, alimentação, prato, garfo, faca, enxada, punha tudo no carro de boi e ia nas cãs do traído. Aí, então a gente chegava, escondia o carro de boi com tudo, e começava a dizer que sem comida a gente não ia trabalhar não. Os homens se achegava e pedia café e brincava que visita tinha que ser tratada. Então o dono da casa, o traído ficava naquela situação, não tinha nem pra ele, como é que ia dar de comer a 200 pessoas? Nós, buscava o carro de boi e fazia o café da manhã. Metade das mulher ia cardar e fiar a lã, outra metade fazia a comida e olhava as crianças. Os homens dividia em turmas, uns ia plantar, outros colher, outros consertar e fazer cercas, outros iam capiná o pasto. A gente fazia traição no sábado e domingo. À tardinha todo mundo banhava no rio, acendia a fogueira com muitas violas, a gente fazia o baile. Depois cada qual ia pra sua casa cantando.[48]

---

47 Depoimento de Geraldo Marques in Fernandes (1988, p.151).
48 Depoimento de Camponesa N. in Fernandes (p.150).

A participação era muito grande, e segundo o relato de Geraldo Marques, bem como outros camponeses, naquele momento, 90% dos posseiros da região contribuíam para a Associação.[49] E como aquela fase foi de grande produção e, mais importante, com possibilidades de colheita, até houve disponibilidade de incremento e auxílio aos novos posseiros que chegavam quase que diariamente, incluindo apoio médico emergencial. Daí decorre a construção de estradas e melhoramentos de pontes para facilitar o escoamento da produção, trabalhos esses desenvolvidos e articulados pela Associação.[50]

É por essa razão que o caráter organizacional da relação Associação e Conselhos já existente em uma primeira fase (que poderíamos situar entre 1956 e 1957), sendo o Conselho de Córrego o instrumento que surge no sentido de consolidar a organização dos posseiros e como um elo extremamente importante de unificação da luta, teve de ser dinamizado e estruturado em uma segunda fase, em razão das necessidades que a nova situação exigia no processo histórico e de luta de Formoso e Trombas. Nesse sentido, essa relação acaba se redimensionando em formas diferenciadas de atuação e intervenção com um impulso considerável que perduraria até 1964.

Conselhos de Córregos como instrumentos de organização

No princípio, os Conselhos de Córregos surgem com essa denominação em razão de a região possuir um grande número de córregos

---

49 Depoimento de Geraldo Marques e também vários relatos de camponeses nessa linha que permaneceram incógnitos in Fernandes (1988, p.151-3).

50 Quanto à questão do apoio médico, há que fazer uma observação: diante do fato de o PCB ter entre seus membros à época muitos médicos militantes ou mesmo simpatizantes, mas não somente, de a luta de Formoso e Trombas ter angariado apoio na sociedade civil goiana à causa dos posseiros que em muito extrapolava a esfera partidária, vários médicos e dentistas recebiam os doentes na capital Goiânia (e também em Anápolis) para consultas ou tratamentos, em muitos casos realizando cirurgias sem custo algum e fornecendo remédios.

onde os moradores fixavam posses e faziam suas casas, em geral próximas umas das outras com fundos para um córrego. A utilização comum desses locais, fosse para a lavagem de roupa fosse para outras atividades afins, como banho ou busca de água, aliada ao tradicional cooperativismo do campesinato, veio a ser um instrumento fundamental de consolidação da resistência, união e mobilização dos posseiros. Nos momentos de luta, era a linha de frente de combate, mobilizando, informando e discutindo as resoluções da Associação.

Em sua segunda fase, posterior a 1958, o Conselho teve de se readaptar para uma nova situação, constituindo-se em um instrumento importante de discussão e resolução de problemas localizados, como delimitação de cercas, brigas de vizinho, que perfazem o cotidiano dos moradores. Não deixa de ser válido apontar que o caráter democrático, participativo e deliberativo que se apresentava pela primeira vez para a maioria dos camponeses tinha um impacto psicológico considerável. Ainda que a "tutela" dos membros comunistas mais escolados estivesse presente nas decisões e debates mais significativos, não se podem desprezar o entusiasmo e o impacto que essas novas responsabilidades representaram para o incremento e a operacionalidade desses organismos. Pelo relato de José Sobrinho:

> as pessoas que pertencem a um conselho quando ele era lavrador, não pertenceu a nada na vida, a não ser uma enxada e uma foice para capinar. Para ele que pertence a um conselho é uma coisa muito importante na cabeça dele [...] Eu toda a vida tive uma enxada e um patrão pra me mandar e gritar comigo. Agora eu sou presidente de um Conselho, sou membro de um conselho...[51]

A reunião do Conselho Geral era realizada em Trombas (sede da Associação). O Conselho tinha poder de decisão superior à Di-

---

Como relata Dirce Machado, também ocorreu, em certas ocasiões, de alguns médicos ligados ao PCB irem a Trombas, estabelecendo *um dia de consulta*. Sobre essa questão, entre os demais aspectos relacionados como a melhorias várias, ver também depoimento do camponês S in Fernandes (1988, p.152) e Abreu (1985, p.77).
51 Entrevistas concedidas por José Sobrinho em 15/7/1990 e 21/7/1991.

retoria da Associação. A Associação e o Conselho Geral eram os fóruns decisórios, mas quando o assunto em questão extrapolava a possibilidade de resolução entre os membros do Conselho ou em uma emergência

> Cada córrego elegia 3 representantes que participavam da Assembléia Geral dos córregos de 60 em 60 dias. Se por um acaso quando os 3 representantes chegasse no Conselho de Córrego e, nós, a maioria, não concordava com a resolução do Conselho Geral, a gente ia discutir e fazia nova votação. Tudo era feito com nosso acordo e participação.[52]

De qualquer forma, algumas fontes apontam que existia um poder de veto do Conselho sobre as decisões da Associação. No entanto, isso não acontecia, por seu caráter representativo e democrático, com membros de todos os Conselhos, e as decisões eram precedidas de discussões e debates. Nesse sentido, eram encaminhadas as decisões a toda a região, mas com um aspecto particular, de respeito às especificidades de cada Conselho em sua área de influência. De fato, prevaleciam a orientação e as diretrizes da Associação.

São muitas, entretanto, as lacunas apontadas na relação Associação *versus* Conselhos que permanecem em aberto. Ainda que todas as formas de participação comunitária e organização tivessem sido incorporadas com muita habilidade pelo Núcleo Hegemônico, não há dúvida de que esse trabalho foi grandemente favorecido pelo cooperativismo tradicional existente no campesinato, e que no local se expressou, em primeiro momento, na freqüência dos mutirões. Por essa razão é que acreditamos serem contraditórias as versões postas por alguns militantes comunistas e analistas que resultam na imprecisão em denominar o caráter das reuniões exploratórias na fase inicial da luta, bem como outros diversos tipos de atividade coletiva nos córregos (lavagem de roupa em pontos comuns, coleta de água) como núcleos iniciais e embrionários dos Conselhos (especialmente na região do Formoso a partir de 1954, quando o PCB tinha iniciado o trabalho de organização) ou mesmo Conselhos, que, de fato, possi-

---

52 Depoimento do camponês I in Fernandes (1988, p.132).

bilitaram um salto qualitativo dimensionado em uma segunda fase, corporificado nos "Conselhos de Córregos", com sua característica de organização, estrutura e dinamização particulares; mas que, efetivamente, só vieram a ter uma forma política consolidada a partir de 1957. É interessante ressaltar esse ponto, já que ainda permanecem dúvidas sobre qual foi o instrumento que surgiu primeiro – a Associação ou o Conselho – e qual das entidades teve o pioneiro papel de dinamizar a organização dos posseiros. De nossa parte, vale considerar que a falta de uma tradição participativa desse tipo na política brasileira (que antecede o processo da independência) não autoriza sustentar a tese de que nessa fase inicial do processo de organização na área houvesse um instrumento como o Conselho com o grau de elaboração e organização que foi sua característica na segunda fase do processo de luta na região. Vamos ao debate.

Um elemento confirmativo dessa tese pode ser encontrado no trabalho de Abreu, por meio do anexo da estrutura organizacional da Associação no momento de sua fundação em 1955, com a cópia do estatuto e o seguinte organograma: presidente, vice-presidente, primeiro secretário, segundo secretário, primeiro tesoureiro, segundo tesoureiro "eleitos em votação secreta e direta por um ano, sendo submetida a Assembléia Geral (formada por dois terços de sócios quites, individual), que representa o poder coletivo da Associação e é soberana em suas decisões".[53]

Em nenhum momento dessa carta foram mencionados "Os Conselhos" como órgãos auxiliares e/ou deliberativos, sendo possível supor que efetivamente tenham surgido e foram reconhecidos como elo estrutural atuante e efetivo bem mais tarde, juntamente com o "Conselho Geral". Esse é que veio a ser o sucessor da "Assembléia Geral" descrita em sua composição como sendo formada por um conjunto de representantes individuais, ao contrário do Conselho Geral, que passou a incorporar principalmente a participação de indivíduos como membros do "Conselho", representando uma enti-

---

53 "Estatuto da Associação dos Lavradores e Trabalhadores Agrícolas do Formoso" in Abreu (1985, p.134).

dade com esfera decisória e de ampla atuação democrática. Por essa razão, é de supor que os Conselhos de Córregos não existissem anteriormente e de forma orgânica à Associação, particularmente em razão da complexidade de incorporação de um grande número de camponeses ausentes de tradição de organização. Perguntado sobre essa polêmica, Ribeiro foi enfático ao afirmar que:

> A Associação criou um conselho, que de distância em distância mais ou menos uns 10 Km, 5 Km, 8 Km, criava um conselho com área demarcada. Aquele Conselho atuava dentro daquela região e todos os problemas dali era resolvido por aquele Conselho da Associação, eleito democraticamente pelos próprios posseiros da área. Os conselhos surgiu em 1957, a gente funcionava mesmo depois de 1957 [...] existia (Antes de 1957) a Associação só, mas os Conselho não existia não...[54]

É nesse momento que "O Conselho" se configura maturamente com estrutura e caráter organizacional, em uma cópia da estrutura da Associação (presidente, vice-presidente, primeiro secretário, segundo secretário, primeiro tesoureiro, segundo tesoureiro), com reuniões freqüentes na casa de algum membro e discussões de problemas vários na sua área de influência. E é também, ante as necessidades e exigências do momento, que se estrutura uma nova articulação político-organizativa em que o "Conselho Geral" vem a ser o fórum maior político, decisório e deliberativo. A Associação constitui-se em um instrumento gerenciador (com razoável grau de autonomia) e os Conselhos, como instrumentos nucleares e extensivos da primeira na condução de sua política na área, tendo, dessa feita, um considerável grau de autonomia na condução de problemas menores ou específicos de cada local.

Com efeito, era um momento que demandava um processo de debates contínuos e as reuniões do Conselho Geral da Associação ocorriam com uma periodicidade de dois em dois meses, ou poderiam variar de acordo com as necessidades. A participação de seus membros e dos enviados nessa fase era sempre dos elementos mais

---

[54] Entrevistas concedidas por José Ribeiro em 17/7/1990 e 16/11/1991.

atuantes, e em geral membros ou posseiros próximos do PCB. Os participantes eram os representantes de um Conselho de Córrego, o presidente ou o secretário. Não foi possível, todavia, levantar o número e os nomes de todos os Conselhos. Nos estudos sobre o assunto, bem como junto aos vários entrevistados para este trabalho, alguns participantes – depois de tantos anos – limitaram-se a lembrar do nome de alguns deles, provavelmente os Conselhos de Córrego mais dinâmicos: Sapato, Ribeirão da Onça, Sta. Tereza, Cristalino, Riacho Fundo, Trombas, Formoso, Coqueiro, Morro dos Campos, Bonito, Paulista, Cafundó.

Verifica-se, no entanto, uma *articulação formal* dos Conselhos e da Associação, em que o Conselho tinha uma relação direta com a Associação e, ao mesmo tempo, preservava sua autonomia em relação a ela no equacionamento de qualquer problema. E é também por essa via que se elegia a diretoria da Associação como instrumento gerenciador, sendo essa subordinada ao Conselho Geral. O processo de eleição para as reuniões do Conselho Geral ocorria a partir de eleição de representantes dos Conselhos quando essa se reunia como fórum decisório máximo. Mas a partir da divisão de toda a região em três áreas de influência, também se percebe uma *articulação informal* que se verificava principalmente por meio dos Conselhos de Formoso, de Trombas e do Coqueiro, que mediavam de forma determinante as relações entre os demais conselhos a partir da influência e da ação de suas lideranças localizadas, e que, em última instância, eram as lideranças históricas na luta e maiores referências políticas. Por essa linha de argumentação, percebe-se a importância referencial de alguns Conselhos, especialmente os Conselhos de Trombas, Formoso e Coqueiro e principalmente, seus articuladores, Geraldo Marques, José Ribeiro e João Soares. E também a presença de Porfírio, como presidente da Associação durante várias gestões, sendo um elemento volante em toda a área, tarefa essa que era também exercida pelos demais participantes da diretoria da Associação.

Algumas análises em relação a esse conjunto de fatores são, contudo, polêmicas e levam a conclusões diferenciadas. Em seu pioneiro estudo sobre a temática, Maria Esperança aponta para o resultado da ação e intervenção da Associação em um período entre 1955 e 1957 que pode ser sistematizados da seguinte forma:

- a organização de 25 Conselhos de Córregos (e que, segundo a autora, foram a base de toda programação e ação da resistência), tendo a Associação se transformado em órgão executivo de ações programadas, votadas e aprovadas nos Conselhos;
- a organização de diversos grupos volantes, cada qual responsável por diferentes setores, tendo por grupos principais: vigilância e assentamento de famílias de chegantes, tendo nesses um grupo destinado a averiguar as intenções dos desconhecidos e, se necessário, expulsá-los. Era nos Conselhos que os homens aprendiam a manejar armas e havia treinamento;
- a criação de um sistema rápido de informação, que resultava no conhecimento de toda a região em 48 horas, e que contava com a participação efetiva das mulheres e crianças, principalmente na organização, apoio, comunicação.

A autora ainda sustenta que o instrumento dinamizador e potencializador do processo de resistência e luta e até elaborador programático de estratégias políticas de intervenção eram os Conselhos, tendo a Associação, em uma fase posterior, uma atuação meramente secundária de executor e gerenciador, ainda que ressalte seu caráter democrático e sem nenhuma identificação de órgão autoritário (cf. Fernandes, 1988, p. 134-5, 137, 189-90. Persistem, ainda, outras versões.

Murilo Carvalho recupera em seu texto-reportagem a criação dos Conselhos com tarefas semelhantes aos citados anteriormente, e o processo de escolha de seus membros diretores consistia na eleição de *dois dirigentes* por um período de seis meses, com possibilidade de reeleição. Ele destaca o fato de inicialmente terem seu caráter bem informal e até espontâneo, mas ressaltando que, na fase inicial, o "Mutirão" era o elo de organização e mobilização mais eficiente (anterior à criação do Conselho) que os posseiros tinham para o desempenho de diversas atividades, e que mais tarde foram decisivos na potencialização dos conselhos como órgãos efetivos de trabalho, o que deu origem, mais tarde, à Associação de Lavradores. Carvalho ainda aponta que o crescimento organizacional teve um impulso considerável a partir da fundação da Associação, embora fosse vago em relação às datas, e ressalta em sua reportagem a importância da atuação dos dirigentes comunistas na fase anterior a 1957 (ou seja, anterior à ruptura do XX Congresso do PCUS), em que pese admitir que eles permaneceram atuantes até 1964.[55]

Sebastião de Abreu também desenvolve seu relato nessa linha ao indicar a criação dos Conselhos como um fato anterior à fundação da Associação, ainda que ressalte ter sido esse trabalho iniciado e se fortalecido na região de Formoso com a chegada e a intervenção dos quadros do Partido Comunista, dinamizado em toda região a partir da fundação da associação e da incorporação de José Porfírio como presidente, alternando-se na direção da entidade com os quadros do PCB em todo o processo de luta (cf. Abreu, 1985, p.55).

Rui Facó chama a atenção em sua série de reportagens para o fato de que a Associação surge em um período anterior à fundação dos Conselhos, e que a partir da necessidade de ampliar e controlar toda a área no processo de luta é que surgem os Conselhos de Córregos como instrumentos dinamizadores e auxiliares da Associação. Mais ainda, ele também considera que, em razão do tamanho da região, os Conselhos tinham a tarefa de manter a ordem e a disciplina, fatores fundamentais no processo de luta, já que a Associação não tinha possibilidade de um controle efetivo da área em toda a sua extensão.[56] Esta última linha de análise, ao que tudo indica, é a mais aceita (até porque também foi corroborada por vários entrevistados para este trabalho), pois o repórter afirma que os "Conselhos" tinham grande autonomia em relação às diretrizes da Associação (especialmente em relação às especificidades de cada local), mas que, na prática, eram instrumentos operacionais, auxiliares e subordinados às resoluções do Conselho Geral, estando particularmente em uma posição secundária em relação a decisões de caráter político ou de prioriza-

---

55 *O Movimento*, São Paulo, 21/8/1978.
56 Ver Rui Facó in *Novos Rumos*, 4 a 10/8/1961 a 31/8/1961.

ção de tarefas de maior envergadura, decididas e debatidas democraticamente pela Associação.

O jornal *Terra Livre* cita em uma reportagem de junho de 1960 (antes da série conduzida por Facó) que a Associação de Formoso tinha em sua base 21 Conselhos de Córregos. Facó aponta em sua série de reportagens que no fim de 1961 os posseiros da região estavam organizados em 25 conselhos de Córregos e três Associações de Lavradores, "Formoso e Trombas, Serra Grande e Rodovalho". É de supor que a divisão da região em três associações e o aumento do número de conselhos tenham ocorrido nesse meio período diante da necessidade de atender ao crescente número de posseiros e facilitar seu assentamento. Daí a diferença de números de conselhos existentes e em sua distribuição espacial nas várias versões da historiografia atual.

Embora persista a polêmica, seus resultados, nesse segundo momento, podem ser avaliados no papel qualitativo representado pela relação existente entre a Associação e os Conselhos como governo efetivo do território. Um exemplo dessa articulação pode ser descrito neste fato:

> Como a Associação tava bem, a gente planejou assim: Em primeiro tava o auxílio dos camponeses chegantes; e depois as estradas, escola, os remédio e o médico. A União era tão grande lá no Formoso que, quando adoecia alguém, nós tinha um sistema que em 18 horas nós estava com o doente no hospital. Sabe como? Era assim, a gente botava o doente na rede com um tronco e saía de um conselho no outro, quatro homens na estrada já avisado do doente, já tava mais quatro para a troca assim até chega no hospital. Nós nunca perdia doente por falta de socorro não...[57]

A partir desse momento, com o efetivo controle de toda a área pelos posseiros e o total abandono pelo governo do estado de Goiás,

---

57 Depoimento do camponês S in Fernandes (1988, p.152). Por indicativo desse grau de articulação e riqueza de exemplos, citamos o trabalho de Maria Esperança Fernandes (1988) com várias entrevistas de camponeses (que em sua maioria pediram para se manter incógnitos) ilustrativas desse quadro. Ver também o trabalho de Abreu (1985, p.77) que, além de vários entrevistados, contém aspectos semelhantes aos mencionados nesse relato.

a Associação é o governo em toda a região, bem como o poder real do território. Bartô, que foi um dos quadros comunistas incorporados ao processo de luta desde o início do conflito, membro da Diretoria da Associação, é designado prefeito de Formoso, e quando ocorre a emancipação do município, em fins de 1963, chega a ser oficialmente nomeado e cassado logo em seguida com o golpe.[58] A Associação assume nas tarefas cotidianas um caráter de poder legislativo, debatendo todas os problemas, e aqueles não equacionados nos Conselhos terão também nos membros da Diretoria (Geraldo Marques, José Ribeiro, João Soares, Porfírio e outros) as referências judiciárias em qualquer polêmica ou conflito de ordem pessoal, sempre tendo a Diretoria da Associação para revalidar e/ou reavaliar qualquer decisão quando solicitada por quem não concordasse com o veredicto. Dirce Machado desempenhará semelhante papel em relação às mulheres e será igualmente uma referência para os camponeses de Formoso ao longo dos anos seguintes. Ou seja:

> O ideal de justiça rápida e barata, tão badalado nos encontros de juristas e, todavia, cada vez mais distante, em Formoso era uma realidade. Quando em 1958, o governo do estado se convenceu que não poderia continuar ignorando a existência de Formoso e Trombas, estas duas vilas eram, em todo o Estado, as que apresentavam o mais baixo índice de criminalidade. Em quatro anos não ocorrera, em nenhuma das duas, qualquer homicídio ou lesão corporal de caráter doloso. Apenas alguns casos de furtos foram registrados e as poucas brigas geralmente aconteciam entre rapazes e eram motivadas por disputas amorosas. Afinal, Formoso e Trombas eram Brasil. (Abreu, 1985, p.96)

São esses os elementos que acabaram originando uma mítica história do movimento que ficou conhecido como a "República Livre de Formoso e Trombas", em razão de sua eficácia e de seu real controle social, político e até militar de toda a região até 1962. Ainda assim, o quadro de dificuldades e as tarefas que a virada dos anos 50 se colo-

---

58 Entrevistas concedidas por José Ribeiro em 17/7/1990 e 16/11/1991, por Bartolomeu Gomes da Silva (Bartô) em 24/7/1995.

cava eram enormes, e um outro período de luta, com novas formas de organização e intervenção, estava a exigir novas soluções.

Rui Facó problematiza uma situação existente à época, particularmente com o crescimento do número de posseiros chegantes e o quadro de dificuldades e impasses que se configurava na região. Um aspecto ilustrativo pode ser apontado no decréscimo significativo dos membros efetivos da Associação: de 90% apontados por Geraldo Marques à época de 1957-1958 para um quadro em 1961 bem mais baixo, quando a região tinha cerca de dez mil posseiros, com cerca de dois mil filiados e contribuintes à Associação. Rui Facó alerta no artigo do jornal *Novos Rumos* para a alteração estrutural e seus reflexos na área. Anteriormente, os problemas decorrentes de união, organização, de apoio e assistência eram equacionados principalmente nos Conselhos, sendo eles instrumentos auxiliares e subordinados à Associação. Essa alteração apontava para o quadro social e político em que:

> os conselhos como a associação, vêm lentamente se adaptando a uma situação nova em que os problemas a resolver são às vezes mais complexos e mais difíceis do que durante a luta... Esta por si só, unificava estreitamente a grande maioria dos posseiros e eliminava ou colocava em plano secundário uma série de probleminhas agora vem à tona dia a dia...[59]

Percebe-se que esse cenário pode ser apontado como decorrência do processo de transformação econômico-social e visualizado no projeto de avanço capitalista no campo que tem início na metade dos anos 50, tendo seu curso acelerado no começo dos anos 60 a partir da construção de Brasília e a integração do meio-oeste e norte do estado de Goiás via Belém–Brasília. Com esse novo quadro que se apresentava e diante do crescente número de habitantes (dez mil posseiros, para um total de cinqüenta mil pessoas segundo Facó, ou vinte mil posseiros na mesma época segundo dados de *O Movimento*) e a necessidade de controle da região é que ocorre a posterior divisão da região

---

59 Ver Rui Facó in *Novos Rumos*, 4 a 10/8/1961.

em áreas de influência de três novas Associações: Formoso, Serra Grande e Rodovalho. É bem provável que a situação não tenha se alterado de forma significativa quanto a essas novas mediações localizadas, já que não houve tempo para que essas novas entidades se constituíssem e atuassem de forma autônoma. O poder aglutinador e político configurado do conjunto das Associações sempre se expressou externamente na Associação de Formoso como elo visível e dinamizador desse processo. Como apontou Rui Facó: "A cabeça política é a sede da associação de Formoso que resolve os problemas gerais mais importantes trazidos pelos conselhos".[60]

Como não há informações significativas do funcionamento das demais associações até 1964, é de supor que estariam em um processo de consolidação. Com a eleição de Mauro Borges, começa a quarta e última fase do movimento, ou seja, o período de "refluxo e impasses" que duraria até o Golpe de 1964.

O PCB em Formoso e a Associação-Conselhos

Talvez possamos sugerir – na linha do exposto na Introdução deste trabalho – que essa concepção de Partido, Associação, Conselho esteve muito próxima de um enfoque gramsciano sem Gramsci, na medida em que uma reflexão teórica sobre sua obra somente veio a nortear uma geração de militantes comunistas muitos anos depois do início do processo de luta e intervenção em Formoso e Trombas. Ali não há elementos que possibilitem estabelecer esse nexo, aliás, hipótese bem pouco provável; mas coincidência ou não, podemos observar pelo exposto nas próprias diretrizes da Resolução do IV Congresso de 1954 que havia algumas semelhanças e alguns indicativos nessa linha, já que esse princípio programático e a necessidade de o PCB intervir no campo no sentido de estabelecer bases de atuação orientava os militantes comunistas a apoiar e valorizar o desenvolvimento de toda ou qualquer forma de organização tradicional já

---

60 Ver Rui Facó in *Novos Rumos*, 4 a 10/8/1961, e *Terra Livre*, n.92, junho de 1960.

existente que possibilitasse a organização e mobilização de massa dos camponeses. E foi com essa idéia de inserção que muitos quadros do Partido foram designados para desenvolver as mais diversas formas de organização, como, Ligas, Associações, Clubes e, somente bem mais tarde, o Sindicalismo Rural.

Em Goiás, particularmente em Formoso e Trombas, onde se verificava uma intervenção a partir de uma rica experiência de luta e organização acumulada no campo, é que, pelas especificidades locais, se apontou para uma derivação como forma preliminar de organização de um instrumento de dinamização de massa, e, como foi sinalizada, uma polêmica: o "Conselho" como anterior (segundo algumas fontes) ou mesmo paralelo e/ou posterior à fundação da "Associação" (segundo outras). Mas, ao que tudo indica, a influência do Partido Comunista nesse tipo de organização em Goiás pode ser delineada a partir de sua própria denominação, especialmente em meados dos anos 50, período de grandes campanhas de assinaturas pela paz como a do "Apelo de Varsóvia" e, pouco depois, a do "Apelo de Estocolmo", ambas capitaneadas pelos militantes comunistas e também numa entidade, o Conselho Estadual da Paz. José Sobrinho é que bem recupera esse aspecto e quiçá sua inspiração:

> Nós vinha dessa luta, não é! Então tivemos um pleno, aí a discussão como chama aquilo que nós ia organizar lá. Não vamos botar Conselho de Paz com assinatura que eu tenho até hoje, não é com esse fim. Nós vamos organizar um Conselho de Córrego, um Conselho de Rio, um Conselho de Lago... [61]

Sobrinho ainda afirma que, estrategicamente, a partir da implementação desse núcleo, o objetivo era:

> Quando tinha muito conselho fundado e nós preparado aí o pessoal pra liderança do conselho, pra poder enfim criar o partido ali, não é? Com aqueles indivíduos que mais se distinguiram nos conselhos, que tinha mais influência, mais espírito de liderança. E nós organizamos o Partido.[62]

---
61 Entrevistas concedidas por José Sobrinho em 15/7/1990 e 21/7/1991.
62 Idem, ibid.

Por fim, esse histórico militante comunista é um dos poucos que apontam para a criação dos Conselhos como anteriores à Associação. Acreditamos que se ele se refere aos Conselhos na perspectiva de alguns núcleos formados e que tiveram uma intervenção embrionária, bem característica da primeira fase na região de Formoso, quando os quadros comunistas atuavam e procuravam organizar os posseiros em vários locais; mas algo bem diferenciado do Conselho do período pós-1957, quando efetivamente esse instrumento passou a ser utilizado e dinamizado. Mas há outras pistas em seu relato.

Paulatinamente, naquelas reuniões de contato e preparatórias à formação da Associação, e principalmente no processo de luta, é que também foram formados os quadros e as lideranças futuras que envolveram todo o Partido Comunista, e, como foi sinalizado, esse é o processo que resultou em uma teia partidária que se estendia como área de controle e sob sua influência por toda a região. Segundo José Sobrinho:

> Mas é natural que no embrião do Conselho, nós tínhamos um elemento político lá dentro. E a procurar primeiro o Partido. Quer dizer, dentro e para passo, organizando e vendo qual era o companheiro melhor para pertencer o partido. E jogar lá na presidência, na secretaria, jogar ele no cargo de confiança de cada conselho. Era isso que tinha lá, nós organizamos os conselhos, mas naquilo que fosse possível tinha comunista lá dentro. Quando não tinha comunista, tinha gente muito chegada a nós... [63]

Um aspecto fundamental para a compreensão dessa organicidade que se estruturava passa pelos "agentes de mediação" estabelecidos no trabalho de organização iniciado a partir daquelas muitas reuniões preparatórias na área de Formoso no começo de 1954 (com a chegada dos quadros comunistas) e que mais tarde se estenderam à região de Trombas, quando então ocorre a incorporação de José Porfírio e a fundação da Associação de Formoso e Trombas em 1955, e o trabalho se dinamiza em toda a área. Em razão do tamanho (e daí uma peculi-

---

63 Entrevistas concedidas por José Sobrinho em 15/7/1990 e 21/7/1991.

aridade do processo organizativo que permanecerá praticamente inalterado até 1964), a região foi dividida em três áreas de ação e influência, onde todo o processo era conduzido e mediado por Geraldo Marques, na região de Trombas, José Ribeiro, no Coqueiro de Galho, e João Soares, em Formoso, todos eles camponeses e do "Núcleo Hegemônico". José Porfírio, naquele momento quadro do PCB, é eleito presidente da Associação, cargo em que atuou por muitas gestões. E por seu prestígio, permaneceria como elemento móvel e de massa, bem como o principal porta-voz dos posseiros em todo o período.

É fundamental compreender essa estrutura, especialmente no período pós-1957-1958, quando se estabelece organicamente a estrutura de dominação exterior dos Conselhos e da Associação de forma efetiva, e do partido como núcleo dinamizador e de poder de fato. Essa linha de intervenção partidária é confirmada por Geraldo Marques, quando diz: "A região foi dividida em três áreas: uma, a de Tromba, foi dirigida por mim (G. M), a outra, de Coqueiro de Galho, pelo Ribeiro e, a de Formoso, ficou com o Soares. O Porfírio ficava tipo volante, porque era preciso dele em toda a parte".[64]

Certamente, a ação localizada desses elementos e os posteriores Conselhos de Córregos de Formoso, de Trombas e do Coqueiro de Galho é que serão os núcleos principais, dinamizadores e aglutinadores de todo o processo de luta desenvolvido na região de Formoso e Trombas, sendo seus expoentes históricos dirigentes do PCB. E também são essas as referências localizadas à estruturação orgânica dos demais Conselhos em suas respectivas áreas de influência.

No caso específico da composição da Associação, essa articulação não foi diferente, já que era o núcleo do partido ilegal em sua expressão jurídico-legal e inalterado desde sua fundação (ainda que no processo sempre tenha ocorrido uma alternância desses membros e outros posteriormente na presidência da associação), sendo todos eles membros constantes da Diretoria da Associação. Ao incorporar juntamente com outros quadros advindos do processo de luta, que em geral eram membros de outros Conselhos e também de sua direção,

---

64 Depoimento de Geraldo Marques in Fernandes (1988, p.168).

configuraram na Associação o núcleo político pensante de Formoso que ficou inalterado até o golpe. Penso ser essa a razão da organicidade da relação Partido e Associação que se estabelece, e por ser o instrumento de intervenção política externa que foi sendo gradualmente confundido com o Zonal, tal a organicidade das duas entidades. José Sobrinho conta:

> A Associação, era organizada, tinha presidente que era membro do Partido, então um homem do partido. Então nas reuniões que tinha, que reunião que era do Partido era uma coisa, porque o partido era uma entidade política. A Associação de classe era uma entidade sindical reivindicativa e o partido por ser de classe tinha outra proposta. Mas quem estava lá dentro era o pessoal do partido e nem podia ser diferente. A associação funcionava porque existia por detrás dela um partido, que estava alimentando sua força, sua organização, né!... Então era isso que existia. Essa vontade de luta, de organizar o povo pra lutar, de um povo organizado pra lutar e fazer uma luta imediata, não é! Lutar dentro de uma associação, para lutar dentro pra conquista das coisas, conquista de melhor assistência médica, melhor assistência dentária, conquista também social no sentido de tomá a terra pra eles trabalhar, né! Conquista pra ter mais escolas. Tudo isso fazia parte da associação e que o partido também desejava. E assim, uma sintonia funcionava o partido e a associação.[65]

Esse mecanismo não excluía de forma alguma a participação de quem quer que fosse, aspecto esse confirmado por Ribeiro, Granja e outros militantes, ainda que ocasionalmente ocorressem situações cômicas, a exemplo de uma reunião da Diretoria da Associação em que a discussão toma outro rumo, tendo sido dito: "fecha as portas e janelas que agora é o Partido...".[66]

Por essa razão, percebe-se que a política e as resoluções do Comitê Central e Estadual tinham por canal dinamizador a Diretoria da Associação e demais militantes que compunham as outras dire-

---
65 Entrevistas concedidas por José Sobrinho em 15/7/1990 e 21/7/1991.
66 Entrevistas concedidas por José Ribeiro em 17/7/1990 e 16/11/1991, por Antônio Granja em 25/1/1992.

ções de conselhos, que, a rigor, era o próprio zonal da região. Ainda assim, é interessante notar que os membros do Partido Comunista procuravam separar essas instâncias de organização. Ribeiro considera esse aspecto quando afirma:

> O Conselho não tinha nada a ver com as resoluções do Partido. As resoluções do partido era para o Partido, agora o partido aplicava... Os membros do Partido aplicava na prática nas organizações de massa. Resoluções do Comitê Central, às vezes vinha algum elemento, trazia... as resoluções do Comitê Estadual vinha até aqui, outra hora vinha um elemento do Comitê Estadual e então era discutido, mas era aplicado aqui as condições de acordo com as condições locais, isso aí nós tínhamos essa autonomia.[67]

Outro dirigente, Geraldo Tibúrcio, também afirma que: "Então, havia um bom relacionamento, a grande maioria do pessoal era membro do partido... Então a Associação era uma coisa e o Partido era outra, né? Então o povo sabia quem era o partido e quem não era o Partido...".[68]

Percebe-se que igualmente existia e que estava estabelecida uma relação de cumplicidade nas várias esferas de organização, e que, a rigor, não havia diferenças significativas entre "Partido, Associação e Conselhos", sendo imaginários de fato a linha demarcatória e seus limites. Por essa razão, foram mínimos os conflitos e as divergências internas, ainda que a população tivesse clareza da presença e do significado dos comunistas em todas as esferas decisórias. E internamente, quando ocorriam eventuais divergências entre o Partido e a Associação: "Eram resolvidas de uma maneira mais prática, democrática mesmo, discutindo, trocando idéias até chegar uma conclusão. Às vezes eram esclarecidos até no organismo de massa da Associação e a minoria aceitava a decisão da maioria...".[69]

É nessa linha de ação que se pode entender uma certa facilidade de equacionar diferenças de toda ordem e, principalmente, eventuais

---

67 Entrevistas concedidas por José Ribeiro em 17/7/1990 e 16/11/1991.
68 Entrevista concedida por Geraldo Tibúrcio em 13/7/1990.
69 Entrevistas concedidas por José Ribeiro em 17/7/1990 e 16/11/1991.

pressões externas advindas do Comitê Estadual, que naquele momento apontava para um processo de articulação com o Comitê de Zona e se reestruturava no estado, como também se fazia presente em Formoso. Dirce Machado aponta que unidade e ação dos órgãos na área:

> Era fundido (com Partido). Não tinha como ter. E as divergências de cima, do estadual pra cá, ou coisa, a gente não deixou. Era resolvido dentro de nosso Partido, não chegava ao conhecimento do povo... [...] A gente levava de uma forma sem misturar uma coisa com a outra.[70]

A Diretoria da Associação sempre foi composta de uma maioria de membros do PCB, onde estavam seus quadros antigos e os demais que foram reincorporados e/ou incorporados no processo de luta. Também vale lembrar que em muitos casos esses elementos eram da Direção dos Conselhos, e decorrente desse fato é que se formavam as bases do partido.

Em geral, uma base poderia ser constituída por elementos de vários Conselhos ou incluía a área de influência de alguns Conselhos; e até ocorria de um Conselho ser uma base do Partido em um determinado córrego. Nesses casos, as bases articulavam-se e mobilizavam muitas vezes para tarefas de Partido ou, como foi apontado, para o amadurecimento de algumas discussões político-partidárias (que necessitavam de uma reflexão preliminar antes de sua dinamização aos demais conselhos e a população em geral), ou para cursos e assistência de membros do Comitê Estadual e do Comitê Central à região.

Com efeito, também ocorria de haver alguns Conselhos que não tinham membros do Partido, e essa situação, ao que parece, não alterava a estrutura orgânica de poder invisível. Outras mediações importantes estiveram presentes por toda a região, com membros mais destacados na área de influência do Conselho que, em geral, era um quadro do Partido de Base. Quando houvesse necessidade, seja em razão da complexidade do caso seja apenas por apoio e orientação, se fazia presente um membro diretor da Associação. A rigor,

---

70 Entrevista concedida por Dirce Machado em 18/7/1990. A relação entre o Comitê de Zona de Formoso e o Comitê Regional e até Central no período pós-1956, será objeto de análise no próximo capítulo.

eram do Partido, na composição do Núcleo Hegemônico (Porfírio, Geraldo Marques, Ribeiro e Soares), as referências importantes junto ao conjunto dos posseiros, bem como aos representantes dos Conselhos em toda a região. Mas percebe-se que com o amadurecimento político originado no processo de luta, outras referências assumem significado e importância localizada. A partir de sua incorporação ao PCB, eles passam a ter uma intervenção e atuação determinantes, fato que ocorre muitas vezes paralelamente ao conjunto dos participantes do Conselho, e que só demonstra o poder paralelo do PCB na região. Como exemplo, pode ser apontado por José Sobrinho:

> A influência, por exemplo do... vamos supor, do Bartô... ou do Mota... do Nelson Mota..., do pai dele, no Córrego do Sapato era preponderante... Primeiro, se tinha qualquer encrenca do Conselho, eles iam primeiro ao mais esclarecidos na região... eram membros do Partido (respondendo a pergunta do autor)... então depois que levava, porque a associação funcionava... mas primeiro iam falar com o Porfírio, o Porfírio pedia uma reunião com o Partido, que o partido decidisse...[71]

Um aspecto importante nesse processo de intervenção e conscientização é o fato de, em muitos casos e dependendo da gravidade do assunto, o próprio membro do Partido enviar o caso à Associação e colocá-la como fórum maior decisório, com o objetivo de fortalecer a organização e prestigiá-la perante os posseiros como instância decisória mais importante. Essa linha de análise é reafirmada parcialmente por Facó, ao afirmar: "Aliás, a maioria dos posseiros sabia que não fora Porfírio sozinho quem comandara a luta contra a agressão policial. Sempre tivera a seu lado bons e arrojados companheiros como Soares, Bartolomeu, Geraldão, Ribeiro, Paraná e outros".[72]

---

71 Entrevistas concedidas por José Sobrinho em 15/7/1990 e 21/7/1991.
72 Cf. *Novos Rumos*, 4 a 10/8/1961. Pedro Paraná veio a ser um destacado quadro do PCB e também foi presidente do Conselho de Trombas e da Associação. Bartolomeu, como foi apontado, integrou-se à luta desde o início, fazendo parte da presidência do Conselho, da Associação e da Direção Regional do PCB. Nomeado prefeito de Formoso por indicação do PCB quando da emancipação, foi cassado com o Golpe de 1964.

Para entender a complexidade da relação entre o Partido Comunista e as Bases na relação da Associação e Conselhos, vale ressaltar o fato de como o partido sempre se articulou de forma clandestina na região. Como foi apontado anteriormente, a *articulação formal* dos conselhos e a associação indicavam que o Conselho tinha uma relação direta com a Associação e ao mesmo tempo preservava a autonomia em relação a ela no equacionamento de qualquer problema. Por essa linha de argumentação, elegia-se a Diretoria da Associação como instrumento, sendo essa subordinada ao Conselho Geral. Decorrente desse processo ocorria a eleição do Conselho Geral, por meio da eleição de seus representantes quando se reuniam diretamente com o fórum decisório máximo.

Observa-se, no entanto, uma *articulação informal* que se verifica por intermédio dos Conselhos de Formoso, de Trombas e do Coqueiro a partir de uma divisão de toda a região, mediando, de forma determinante, as relações entre os demais conselhos, pela influência de suas lideranças localizadas nas três áreas abrangidas, sendo esses as maiores referências. Verifica-se que a *articulação informal* é o Partido e suas bases, onde a mediação dos Conselhos de Trombas de Formoso e do Coqueiro permanece e as bases são compostas de núcleos formados eventualmente por membros de um Conselho ou de membros mais atuantes de outros conselhos identificados com o PCB em uma determinada área que forma uma outra base. Como foi apontado, os membros de Base, independentemente do Conselho a que pertenciam, também vinham a ser referências na área de influência, e a Diretoria da Associação (leia-se Núcleo Hegemônico) desempenhava a mesma tarefa como pólo aglutinador por intermédio de seus membros.

Por essa linha de análise, é por meio da *articulação informal* mediada pelo PCB na região que ocorre a *articulação formal* da Associação e dos Conselhos. É possível perceber de forma articulada e aproximada como ocorria organicamente a relação do PCB e as demais instâncias na região, e as mediações entre o zonal do Partido Comunista e as bases junto aos Conselhos e a Associação, e por essa linha de argumentação, apontar como se articula o poder real em

Formoso.[73] Quando se estabelece o Conselho Geral, em um período bem posterior, como uma instância formada por delegados eleitos democraticamente como representantes dos conselhos, percebe-se o PCB como partido de massa, já que são determinantes a presença e a atuação dos quadros do Partido. Como aponta Sobrinho:

> a maioria elegia gente do Partido dos conselhos, porque tinha muita gente do Partido ali... Agora, não vamos dizer que tinha casos que não era comunista, porque às vezes era delegado também... mas a maioria... era tanta..., assim, para resolver numa assembléia, eleger... e geralmente a pessoa mais atuante na luta do campo era um militante que estava na luta, que estava vindo aqui em Goiânia... é natural que isso é que os comunistas que fazem, mas todo mundo que luta para o bem do povo é eleito em qualquer lugar...[74]

Penso que muitas vezes esses elementos que formavam em geral as bases do Partido por toda a região configuravam o "Conselho Geral" em uma representação de um "Ativo" ou um "Pleno Coletivo" partidário, ainda que, é importante ressaltar, essas reuniões tivessem a participação e o incentivo da presença de elementos não-comunistas no processo de debate. É por esse processo em um quadro orgânico e integrado que efetivamente o PCB se configura em um partido de massas na região. Como resultado dessa articulação, o Partido na região de Formoso e Trombas chegou a ter, segundo Geraldo Tibúrcio, cerca de quatrocentos filiados e um alto grau de mobilização demonstrado no momento da renúncia de Jânio Quadros, quando pôde mobilizar, segundo José Ribeiro, centenas de posseiros prontos para intervir nos acontecimentos.[75] É um número sig-

---

73 Essa linha de análise, evidentemente, está sujeita a polêmica pelas lacunas e falta de informações dos militantes e entrevistados para este trabalho. Os documentos relativos à Associação (atas, cadastro de sócios, relação de diretores nas várias gestões etc.) desapareceram com a invasão da sede logo após o Golpe de 1964.
74 Entrevistas concedidas por José Sobrinho em 15/7/1990 e 21/7/1991.
75 Entrevistas concedidas por Geraldo Tibúrcio em 13/7/1990, por José Ribeiro em 17/7/1990 e 16/11/1991. Ver também Abreu (1985, p.83) e Geraldo Marques in Fernandes (1988, p.153).

nificativo e bem próximo ao número de membros do partido apontado por Facó em sua reportagem nas *"entrelinhas"*, quando afirma:

> Não são poucos os filiados na associação dos lavradores e trabalhadores agrícolas: 20% dos posseiros, (400 em um número de 2000 filiados à associação, para um total de 10 000 na região, segundo a mesma reportagem) aqueles mais ativos, em geral os mais jovens, os mais entusiastas, os que exercem influência decisiva sobre os demais. Constituem já uma força (O PCB) ponderável em toda região.[76]

Com a divisão posterior da região em três Associações, é de supor que a situação não tenha se alterado significativamente, já que o "Comitê de Zona", formado por membros atuantes e de destaque espalhados pela maioria dos Conselhos e também presentes na Associação, como poder aglutinador e político configurado das Associações, permaneceu como o poder invisível real, e que, externamente, sempre se expressou na entidade (a Associação) como elo visível e dinamizador de todo o processo. Mas está por vir um período de refluxo e principalmente de impasses, e será objeto de análise no próximo capítulo.

---

76 Cf. Rui Facó in *Novos Rumos*, 4 a 10/8/1961.

4
IMPASSES E ESTRATÉGIAS DE INTERVENÇÃO

O processo de luta na região e a conscientização dos posseiros

O quarto momento histórico da luta de Formoso – de "refluxos e impasses" – poderia se situar historicamente em um período que se inicia em 1960, com a gradual quebra do isolamento que a região foi submetida e com as conversações sobre a integração político-institucional à vida do estado de Goiás e, principalmente, a necessidade de equacionamento do problema fundiário no local, interrompido depois pelo Golpe em 1964. Paralelamente, o País passava por grandes transformações e também PCB, se redefinindo a partir da superação dos impactos do XX Congresso, caminhando para o V Congresso em 1960, bem como havia a presença de outras forças de esquerda que se faziam agentes influentes e intervenientes, particularmente em Goiás. Percebe-se que essa fase está intimamente configurada nas linhas gerais delineadas na proposta política em curso pelo PCB em gestação a partir dos pontos norteadores apontados na Declaração Política de Março, que superava em grande medida a linha do IV Congresso em seu desenvolvimento localizado, ainda que esta última tenha encontrado no movimento de Formoso, em 1954, um grau de amadurecimento e condições objetivas propícias a sua implementação.

A primeira condição sugeria estar de acordo com a política a ser desenvolvida na área, e foi possibilitada pela ampla renovação política em Goiás, com a eleição de Mauro Borges ao governo, o qual sinalizou na campanha eleitoral para um quadro de redefinição das forças políticas em um leque mais amplo (e que incluiria a participação dos comunistas no governo), tendo por pressuposto a condução de um processo de modernização da estrutura do estado e na renovação de grande parte do corpo legislativo estadual nas eleições de 1962.[1] É no desafio desse novo contexto histórico e político que o Partido Comunista e os posseiros de Formoso estão inseridos.

No quadro inicial, o PCB em Goiás mais uma vez dividiu-se no apoio aos dois candidatos. Em Formoso, o núcleo Zonal já tinha decidido se posicionar a favor de Mauro Borges em resposta a discretos contatos anteriores, quando ele articulava o apoio a sua eleição com a promessa de titulação das posses na região. Já o secretariado na Capital (que tinha um elemento de Formoso) havia decidido apoiar as pretensões de Juca Ludovico, o que, para os camponeses de Formoso e Trombas, era inaceitável em razão de sua postura anterior de ter enviado tropas para invadir a área.

Pouco tempo depois, na conferência preparatória aos debates e na eleição de delegados para o V Congresso no Rio de Janeiro, o Partido (leia-se Direções Urbana e Rural), com sérias divergências ante o impasse político configurado quando o PCB esteve próximo da cisão, indica uma solução de compromisso, ou seja, deixar a questão aberta. Ao que parece, e como já foi apontado no Capítulo 2, a alternância constante das direções estaduais tornava qualquer solução um compromisso um tanto frágil. Nesse sentido, ocorre mais uma vez, à falta de eixo norteador político, a intervenção do Comitê Central com discretos sinais de apoio ao núcleo de Formoso (que resultou na renúncia de parte do secretariado), e mais decididamente logo depois, com sua intervenção direta e o envio de Kallil Dibb a Goiás.

Em Formoso, o processo pode ser delimitado internamente no decorrer da campanha para o governo do estado, quando, em sua

---

1 Sobre esse debate, ver Campos (1985, p.241ss); Borges (1987, p.29-54).

visita à região, Mauro Borges articulou politicamente com a Associação (leia-se com o Núcleo Hegemônico, em uma reunião reservada pós-comício) as bases de um acordo político.[2] O acordo em si reconhecia a Associação como a legítima interlocutora entre os posseiros e o governo do estado e o atendimento e a mediação do processo a ser desenvolvido na área em relação a todas as questões, principalmente em sua maior reivindicação, a titulação e assentamento dos posseiros na terra. Outras reivindicações de caráter infra-estruturais foram acordadas, como escolas, posto médico, construção de estradas de acesso etc.

Ao que parece, houve nesse encontro um acordo formal entre as partes que significava aparentemente uma concessão significativa dos posseiros, que, curiosamente, foi exposto publicamente por Rui Facó na série de reportagens do semanário *Novos Rumos* de 1961, e que, em última instância, engessava o Núcleo Hegemônico em um compromisso: o de não ajudar outras lutas semelhantes.[3] Não somente em Goiás, como no restante do País, o campesinato emergia em cena; mas, limítrofe a Formoso e Trombas, já agonizava a Guerrilha de Porangatu, movimento camponês bem pouco conhecido que aconteceu entre o final de 1960 até a metade de 1961, paralelamente

---

2 Mauro Borges, em entrevista concedida para este trabalho, procurou posteriormente negar que tivesse algum nível de articulação com o PCB à época, ainda que afirmasse que se "eles orientassem o pessoal, isto ficou visível". Embora o PCB fosse especialmente ativo em seu governo em novos órgãos da administração por ele criados, pensamos que sua insistência em negar essa aliança reflete-se na incômoda situação de sua redefinição política ao apoiar o Golpe de 1964 e sua cassação pelos militares logo depois. Mauro Borges reconstruiria sua biografia negando esses vínculos, mas também se considerando traído e retomou a vida política aliado às forças conservadoras às quais havia combatido no passado (cf. entrevista concedida por Mauro Borges em 18/11/1991). Ver também Borges (1987, p.29-54; Gorender (1987, p.13); entrevistas concedidas por Kallil Dibb em 5/9/1990 e 12/1/1992, por Sebastião Gabriel Bailão em 15/11/1991, por José Ribeiro em 17/7/1990 e 16/11/1991, por José Sobrinho em 15/7/ 1990, 21/7/1991, e por Bartolomeu Gomes da Silva (Bartô) em 24/7/1995.
3 Cf. Rui Facó in *Novos Rumos*, 21 a 27/7/1961. Ver Abreu (1985, p.82-3); entrevistas concedidas por Kallil Dibb em 5/9/1990 e 12/1/1992, por José Ribeiro em 17/7/1990 e 16/11/1991, por José Sobrinho em 15/7/1990 e 21/7/1991.

ao momento de refluxo na região, tendo seu epílogo coincidido com a publicação desses artigos.

Não estão claras as razões de Rui Facó em trazer esse posicionamento político do PCB de Formoso a público por meio do semanário *Novos Rumos* em 1961, ele próprio um jornalista experiente e militante comunista histórico e, naquela ocasião, um dos membros da Corrente Esquerdista de Vanguarda.[4] A reportagem estava sintonizada com a linha política do V Congresso que valorizava a via pacífica, em que pese haver nela condicionantes que sugeriam a possibilidade via armada; ao mesmo tempo, o PCB preparava-se para eventualidades nessa linha de várias formas, e, em relação a Formoso e Trombas, o Trabalho Especial (TE) chegou a enviar uma última remessa de armas um pouco antes da realização dessas reportagens (Malina, 2002, p.35ss). O acordo, se verdadeiro, sugeria uma tomada de posição política moderada e polêmica dos posseiros (leia-se do Núcleo Hegemônico), contradizendo frontalmente os acontecimentos em curso na região e no Brasil, já que outras lutas camponesas demandavam assistência e seria, no mínimo, moralmente questionável a ausência de uma posição em apoio dos posseiros de Formoso a outras lutas pela terra quando ocorria um conflito nas vizinhanças, tendo eles mesmos se beneficiado anteriormente de ampla solidariedade regional e nacional para alcançar a vitória.

Rui Facó parece mesmo desconfortável com essa posição e questiona o acordo na mesma série de reportagens demonstrando a ambiguidade dessa política numa discreta frase, quando disse: "quem ajudou esta que acaba de tornar vitoriosa..."[5] Essa não é uma leitura isolada no período, já que Abreu também recupera em seu livro alguns aspectos sobre as dificuldades de viabilizar apoios armados a outras lutas por José Porfírio, mas sem fazer referências específicas (cf. Abreu, 1985, p.82).

---

4 Rui Facó (1965) é o autor do clássico *Cangaceiros e fanáticos*, um dos pioneiros trabalhos sobre messianismo no Brasil. Sobre a Corrente Esquerdista de Vanguarda, ver Cavalcante (s. d., p.8-9); Guimarães (1996, p.76).
5 Cf. Rui Facó in *Novos Rumos*, 21 a 27/7/1961.

Há, no entanto, algumas hipóteses. Uma delas remete à especificidade da política interna do Partido Comunista e da crise política advinda do V Congresso, em particular, como decorrência da alteração de nome e dos estatutos, que até então se chamava Partido Comunista do Brasil, identificado pela sigla PCB, para Partido Comunista Brasileiro; política essa que, naquela ocasião, confrontava e caminhava para a ruptura com o grupo que daria origem ao PC do B. Talvez fosse um recado aos possíveis dissidentes para minimizar esse conflito interno e mais direcionado a esse público militante, na medida em que a linha política ocorria com uma orientação mais moderada para o campo e que se materializaria bem pouco tempo depois dessas reportagens no Congresso Camponês de Belo Horizonte de 1961.

Uma outra hipótese remete à especificidade da política estadual, embora não fosse contraditória a política de alianças amplas e privilegiando a via pacífica aprovada no V Congresso do Partido Comunista. Mauro Borges era a expressão regional mais acabada de uma burguesia progressista em Goiás, e que tinha seu antípoda, os Caiado (representando os resquícios feudais), e com ele refletia uma política de composição de governo de Frente Ampla, em que havia forças conservadoras. Talvez fosse um recado público acordado entre a Direção do PCB e Mauro Borges – ainda no ano de 1960 –, mas direcionado ao melindrado setor conservador rural goiano que o apoiava e tinha por objetivo minimizar o ônus político deste último no equacionamento da problemática da terra em Formoso que se arrastava há anos sem solução. Em última instância, o acordo (se existiu) sugeria de fato que havia entre as partes o compromisso da não-participação dos posseiros de Formoso e Trombas em outros conflitos emergentes no estado em troca da garantia do governo estadual em titular as terras.

É bem possível, contudo, que tenha havido de fato algum entendimento nessas bases de não-intervenção em outros conflitos, já que o momento político era favorável à esquerda em Goiás, e significava a participação de setores do Partido Comunista Brasileiro no governo do estado em bases progressistas. Talvez por isso, esses fatores tenham influenciado – em alguma medida – a não-participação direta ou pública de José Porfírio (a liderança camponesa mais conhecida) na luta em Porangatu; e mesmo sustasse uma intervenção ostensiva dos posseiros de Formoso e Trombas no conflito. Seguramente, foi algo que remeteu à política do momento, talvez mais para preservar Mauro Borges e as conquistas de Formoso e Trombas, em que pese ser um compromisso que nenhum dos lados poderia efetivamente cumprir. De certa forma, o acordo – se existente – preservaria a política de governo localizada em Formoso (que, afinal, garantiu a titulação das terras), bem como a área de contestações futuras e a face do próprio governo do estado com outros setores políticos conservadores; até porque não houve nenhum compromisso de Mauro Borges em estender as mesmas bases da política de titulação de Formoso a outras regiões de Goiás. Há, no entanto, outros aspectos a serem avaliados.

A Guerrilha de Porangatu teve duração aproximada de um ano (final de 1960 até meados de 1961), coincidindo sua fase inicial com a campanha ao governo do estado, quando houve os primeiros contatos com os posseiros de Formoso com o objetivo de auxiliar a formação de uma Associação; e prolongou por meses de conflito ainda no ano de 1961, ou seja, no exercício da fase inicial do mandato do governo Mauro Borges; quando de fato ocorreu a agudização da luta, houve a repressão pela polícia e a derrota dos posseiros. O período da realização da série de reportagens coincide com a fase aguda da luta em Porangatu, pouco antes de seu término.

O acordo entre partes – na hipótese de sua existência – não impediu, no entanto, que outros membros mais conhecidos da Associação, como José Ribeiro e Geraldo Marques, tenham empenhado esforços clandestinos no sentido de apoiar a guerrilha na luta pela terra, seja na fase inicial ou mesmo depois, com o desenrolar do conflito. Politicamente, não interessava de forma alguma aos comunistas a ruptura com Mauro Borges, por isso, publicamente, o Núcleo Hegemônico não se envolveu, e a articulação política de um apoio maior e direto ao conflito veio do Comitê Estadual,[6] que enviou armas da ca-

---

6 Entrevistas concedidas por Kallil Dibb em 5/5/1990 e 12/1/1992.

pital. É até bem provável que parte da última remessa de armas enviadas entre 1960-1961 para Formoso tivesse por destino a guerrilha de Porangatu.[7] Aliás, na fase inicial do conflito, alguns quadros intermediários de Formoso foram convocados pela Direção Estadual e discretamente enviados a apoiar a luta naquela área.

A guerrilha de Porangatu, entretanto, foi derrotada, e é bem possível que estivesse derrotada desde o início. Por não possuirmos muitos dados sobre o conflito, esse acontecimento é ainda uma lacuna histórica em aberto e, nesse sentido, elencaremos algumas hipóteses.[8] A rigor e sob todos os aspectos, tudo indica que na virada do ano de 1960 para 1961 houvesse uma situação política bem diferente daquela que possibilitou a vitória dos posseiros de Formoso, apesar da proximidade geográfica. Segundo vários relatos,[9] o espírito de resistência dos posseiros da área não era o mesmo observado nos posseiros de Formoso e Trombas; e o PCB não tinha uma organização partidária significativa e enraizada no local, bem como eram bem poucos quadros políticos atuantes na área e mesmo os posseiros dis-

---

7 Entrevista concedida por Geraldo Tibúrcio em 18/7/1998.
8 A única referência específica sobre esse movimento é a dissertação de mestrado de Jacinta Sampaio (2003, cap.IV). Embora haja subsídios interessantes para uma compreensão do processo histórico de grilagem na área, especialmente quando a autora recupera sua origem ainda nos anos 40, bem como demonstra a conexão internacional entre grileiros e empresas norte-americanas interessadas naquelas terras; especificamente sobre o processo de luta armada e os agentes envolvidos naquele período final, o trabalho apresenta muitas questões em aberto. Nesse sentido, valorizaremos na especificidade desse debate – o conflito e a luta –, conjugadamente a essa leitura, as informações advindas das entrevistas ao autor deste trabalho, todos eles participantes daquele processo bem como as demais referências bibliográficas e documentais (cf. entrevistas concedidas por José Ribeiro em 19/7/1995, por Bartolomeu Gomes da Silva (Bartô) em 24/7/1995, por Geraldo Tibúrcio em 18/7/1998; por Kallil Dibb em 5/5/1990 e 12/1/1992. Ver também Borges (1987, p.29-54).
9 José Ribeiro, dirigente do PCB em Formoso, um dos membros da Associação que participaram diretamente no apoio à luta, é enfático quanto ao epílogo: "mentalmente já estavam derrotados". Nessa linha, temos os relatos de outros participantes, como Bartô e Geraldo Tibúrcio (entrevistas concedidas por José Ribeiro em 19/7/1995, por Bartolomeu Gomes da Silva (Bartô) em 24/7/1995, e por Geraldo Tibúrcio em 18/7/1998).

postos a resistir. Mesmo o número de posseiro era bem pequeno, e estavam mais distantes e dispersos uns dos outros, algo diferentemente daquilo que ocorreu em Formoso e Trombas. Bartolomeu Gomes da Silva (Bartô) foi enfático em seu relato quanto aos desdobramentos do conflito e a impossibilidade de vitória:

> Olha, eu estive em Porangatu, eu e mais uns três companheiros [...] nós levamos armas para lá, mas o espírito era de combater. Mas o pessoal de Porangatu que estava disposto a lutar era muito pequeno também, muito pouco. Então, a gente não achou por bem tirar gente do Formoso... e não era muito fácil também... para levar para Porangatu para defender os interesses deles lá, porque tinha que ser um agrupamento bem maior sabe, e a gente dirigir. O Ribeiro esteve lá também em Porangatu, depois voltou. E aquilo caiu porque a repressão em Porangatu foi meio pesada, e aí eles envolvia(?) que Formoso estava tranqüilo, sossegado, então estava alimentando outros municípios. Então, aquilo chegou a um grau que a gente achou... pode ter sido falha, de não transferir gente, de não jogar gente de Formoso... porque o cara tinha ganhado a dele, para ir perder a do outro? Tinha que ter muita consciência e nós não tínhamos ainda um povo com a consciência preparada para fazer isso... era pouca gente que nós tinha com esse espírito [...] o povo de Porangatu, a quantidade que estava disposta era... a gente via que era bem pouca gente... não era uma pessoal que tivesse condição de dar vitórias, sabe...[10]

Havia, por um lado, indícios de uma forte inquietação política em Goiás, e ao que tudo indica, o governo do estado e o setor conservador da coalizão política que o sustentava não tolerariam mais outros Formoso ou políticas correlatas. Em suas memórias, Mauro Borges (1987, p.36) relata que as agitações rurais que ele encontrou ou herdou ao longo de seu governo foram, em suas palavras, "energicamente debeladas", em que pese terem ocorrido por vias legais. Por outro, havia um grau crescente de polarização nacional a influenciar o processo em curso, sinalizado pelo indício da presença de um oficial do Exército na área de Porangatu. A Doutrina de Segurança Nacio-

---

10 Entrevista concedida por Bartolomeu Gomes da Silva (Bartô) em 24/7/1995.

nal já chamava a atenção para essa problemática em seus documentos e isso sugeria uma preocupação de outra ordem, algo que ocorria em situações de conflitos semelhantes no restante do País, em que o Exército, discretamente, acompanhava *in loco* a emergência do campesinato no cenário nacional.[11] É até possível que já houvesse naquela ocasião um acompanhamento semelhante das Forças Armadas no projeto das Ligas em montar núcleos de treinamento guerrilheiros em Goiás (Rollemberg, 2001; Bastos, 1984; Morais, 2002, p.35ss; Moniz Bandeira, 2003, p.14-15) e que se efetivaria pouco tempo depois em Dianapólis;[12] e por isso, ocorria uma investigação de possíveis conexões com a luta de Porangatu ou mesmo com outras lutas em curso no País.

Era uma situação complexa e confusa. Desde o início do conflito armado em Porangatu em meados do segundo semestre de 1960 e ao longo do primeiro semestre de 1961 (ou seja, no início do mandato de Mauro Borges), houve feroz repressão seja por parte dos grileiros e da polícia seja por ambos conjuntamente. Embora o governador Mauro Borges (1987, p.29-54) tivesse sempre assumido uma postura pública favorável aos posseiros e publicamente fosse contra grileiros de qualquer espécie, ele seguramente já não estava disposto a assumir o ônus político de apoiar novas conquistas vitoriosas dos posseiros na dimensão do ocorrido em Formoso e Trombas, e havia ainda mais um dado: para equacionar o problema fundiário, ele afiançava políticas de colonização em modelos cooperativos – os Combinados

---

11 Sobre o indício da presença de um oficial do Exército, vários entrevistados manifestaram nessa linha, em especial José Ribeiro. Todavia, alguns trabalhos e livros recentes igualmente confirmam essa hipótese, já que, nos anos 60, as Forças Armadas acompanhavam com muita preocupação os movimentos camponeses pelo País, seja enviando agentes aos locais de conflito seja avaliando sua presença nas análises e documentos da Escola Superior Guerra. Sobre isso, ver Figueiredo (2005, p.53-117); Ballarin (2005); Andrade Júnior (1998, espec. o cap.III); Pereira (1990, p.105-73); Motta (2002, p.260-1); entrevista concedida por José Ribeiro em 19/7/1995.

12 Como é fato conhecido e noticiado, Dianápolis sofreria a intervenção militar conjugada de pára-quedistas e fuzileiros, o que resultou em seu desmantelamento. Sobre esse aspecto, retomaremos em seguida.

Agrourbanos, inspirados nos *kibutzim* israelenses – e não políticas de reforma agrária (Campos, 1985, p.231ss).

Havia, concretamente, o receio e o risco de ele perder uma das bases de sustentação de seu governo – os fazendeiros, que eram extremamente conservadores – e também o medo de que a situação de conflito agrário fugisse do controle e se alastrasse pelo estado. Não é coincidência que essa tensão na base de governo refletisse bem pouco tempo do término da luta em Porangatu com o manifesto da Sociedade Goiana de Pecuaristas publicado em janeiro de 1962, que pregava publicamente a extirpação daquilo que denominou os quistos sociais armados nas zonas de Formoso e Trombas.[13]

Nesse delicado jogo político regional de Frente Ampla, também não interessava ao governador Mauro Borges afastar o PCB de sua base de apoio, já que os comunistas contrabalançavam a influência dos setores conservadores e eram especialmente ativos, particularmente na Secretaria do Trabalho.[14] Kallil Dibb bem descreveu em entrevista para este trabalho como se desenvolvia a relação de cumplicidade à época entre o PCB e o governo do estado, e até recordou um fato específico da época, quando já havia tido várias mortes em confronto entre policiais e militantes, a luta de Porangatu em curso não fazia parte da agenda de conversas entre o secretário político e Mauro Borges. Como bem lembrou, conversava-se somente aquilo que tinham em comum e estavam de acordo. Em suas palavras, "ambos não citavam aqueles acontecimentos lá em Porangatu, porque atrapalharia nosso negócio, né?". Dibb ainda complementa: "Tanto do nosso lado, como do lado dele, nós deixávamos pra lá".[15]

Esse tipo de comportamento seguramente refletiria, posteriormente, como bem sinalizou Jacob Gorender (1987, p.13), uma avaliação política equivocada e uma quase imobilidade em 1964 quando parte da Direção do PCB em Goiás tinha a expectativa de que

---

13 Cf. *O Estado de S. Paulo*, 14/1/1962; Guimarães (1982, p.120).
14 Sobre algumas pistas da atuação da Secretaria do Trabalho em Porangatu, ver entrevistas concedidas por Kallil Dibb em 5/5/1990 e 12/1/1992; ver também Sampaio (2003, cap. IV); Guimarães (1982, p.100ss).
15 Entrevistas concedidas por Kallil Dibb em 5/5/1990 e 12/1/1992.

Mauro Borges tomaria posição contrária ao golpe. Mas vale uma vez mais ressaltar que os elementos que dispomos para resgatar as particularidades da guerrilha de Porangatu e seu epílogo são insuficientes para uma conclusão; por isso, limitamo-nos a pontuar essa problematização e sinalizar para algumas hipóteses que carecem de um desenvolvimento específico.

Paralelamente a esses acontecimentos na região ao norte do estado, foi nesse curto período do mesmo ano que o PCB em Goiás se redefiniu como um novo sujeito orgânico, até superando por algum tempo antigas fricções imobilizadoras da luta interna, e é possível observar como a correlação de forças orientadas pelo Comitê Central já apontava para uma nova linha de intervenção mais intimamente associada aos grupos de bases camponesas. O primeiro aspecto indicativo dessa linha de análise foi a eleição de José Ribeiro, dirigente histórico de Formoso e membro suplente do Comitê Central, o segundo camponês comunista depois de Nestor Vera, operação orquestrada diretamente pelo Comitê Central. Esse fator ocorreu paralelamente à definição de apoio pelo núcleo do Partido Comunista em Formoso a Mauro Borges e a crise decorrente que resultou na presença de Kallil Dibb numa tentativa de rearticular a Direção Estadual em uma nova linha política. Ao que tudo indica, a aceitação de um camponês, historicamente visto como atrasado, especialmente em núcleos intelectuais urbanos majoritários na Direção Estadual, como o representante de Goiás, não foi tranqüila. É significativo o fato de que não seria mais um quadro de Formoso que iria à capital do estado, mas umbilicalmente significava que o debate e a representação partidária, bem como suas mediações articulavam-se diretamente com Comitê Central no Rio de Janeiro.

Percebe-se mais uma vez que, ante as históricas debilidades da Direção Regional de Goiás, o núcleo de Formoso, especialmente no período pós-1956, foi politicamente assistido e orientado, para não dizer acompanhado da presença física de vários membros do Comitê Central, ainda que surgissem determinações advindas de manifestações espontâneas do processo de luta em seu desenvolvimento. É um fator consensual dos entrevistados deste trabalho e de referências de outros livros que a falta de maior apoio dos membros das sucessivas direções estaduais do PCB no desenvolvimento político da região se deve à origem "intelectual" de seus membros, ao fato de serem em sua maioria originários da pequena burguesia local, o que contribuía decisivamente para a dificuldade da inserção das sucessivas direções estaduais e a compreensão do trabalho a ser desenvolvido no campo.

Com efeito, a intervenção do Comitê Central no processo foi positiva, particularmente a de Antônio Granja, entre outros elementos de origem popular advindos de uma inserção militante nas várias lutas rurais e urbanas no Brasil e, posteriormente, formados teoricamente na URSS, onde estudaram por alguns anos até 1957 e 1958. Por terem vivenciado traumaticamente os acontecimentos de 1956 (crise do stalinismo), isso possibilitou naquela ocasião ao PCB uma safra de quadros hábeis e politicamente harmonizados com o processo em curso e sensíveis à nova orientação política em gestação, bem como na adequação de tarefas a particularidades locais no conturbado processo histórico em questão. Nesse sentido, muitos desses assistentes políticos enviados pela Direção Nacional souberam avaliar positivamente e com sensibilidade a capacidade e a habilidade táticas do Núcleo Hegemônico em elaborar as diretrizes políticas específicas a partir de suas próprias determinações e o potencial revolucionário decorrente daquela experiência em curso. A respeito dessa relação, enfatiza Dirce Machado: "Eles aqui meu filho, tava aprendendo. Em matéria de terra a gente era doutor...".[16] E complementa José Ribeiro em seu depoimento:

> Eles chegavam aqui, respeitava muito as decisões nossas aqui. Porque eles vinha aqui dar uma assistência política, agora chegava aqui, aquele problema prático, muitas vezes eles ficavam procurando solucionar. Aqui então foi um pouco diferente..., houve muitos erros, mais o essencial a gente acertou...[17]

No caso do PCB em Goiás, o quadro em curso é o inverso, já que, ante a nova linha política, o processo de intervenção se acentua. A

---

16 Entrevista concedida por Dirce Machado em 18/7/1991.
17 Entrevistas concedidas por José Ribeiro em 17/7/1990 e 16/11/1991.

partir daquele momento, condições objetivas de reequacionamento político partidário estavam maduras pela inserção e presença de muitos quadros formados no processo de luta e experiência acumulada (Formoso, Itauçu etc.), bem como alteração necessária à elaboração e incorporação de uma nova política decorrente das particularidades do desenvolvimento socioeconômico em Goiás. Tudo isso demandava uma urgente alteração do quadro dirigente. Como um indicativo dessa linha, José Ribeiro, ao chamar a atenção para a necessidade de uma maior assistência do Comitê Central para com o Comitê Estadual, foi oficialmente solicitado (e ao que tudo indica, era uma diretriz política definida) a residir em Goiânia e compor sua participação na Direção Estadual como tarefa e quadro efetivo ao novo eixo político que se fazia necessário no momento, fator esse confirmado por Granja:

> O motivo da eleição de Ribeiro foi porque com a Declaração de Março de 1958, nós tínhamos que renovar o partido, dentro de outra concepção, que não era a indicação do centro para a periferia, e sim daqueles valores que se destacavam aonde quer que seja o território nacional. Por outro lado, a minha pessoa influiu muito porque assistindo Formoso, gostaria que tivesse um quadro de Formoso, nunca tinha dito isso pra eles, um quadro de Formoso no Comitê Central, isso ia ajudar a tarefa, né? E o quadro mais político de Formoso se chamava José Ribeiro, ele era o Secretário Político, era um homem muito inteligente, manhoso... não passava por ele assim... qualquer tipo de aventuras, ele jogava no seguro... no certo...[18]

Em nível regional, ocorria um certo grau de acomodação por parte da Direção Estadual e seus círculos intelectuais, bem como outros níveis de direção urbanos, em razão de ocorrer uma aliança tática em bases progressistas com o governador de Goiás Mauro Borges, o que resultou, por um pequeno período, em um partido minimamente articulado organicamente e, de certa forma, coerente com a nova linha política. Mas efetivamente, o quadro em si era provisório e não

---
18 Entrevistas concedidas por Antônio Granja em 25/1/1992 e por José Ribeiro em 17/7/1990 e 16/11/1991.

foi satisfatoriamente equacionado, e de certa forma se agravou no pós-1962, ante a dimensão que o núcleo de Formoso e as bases camponesas passaram a ter em relação ao conjunto do PCB no estado de Goiás. É nesse momento que Formoso veio a ser quantitativamente, e por que não dizer qualitativamente, junto com outras lideranças advindas do campo no processo de luta, o eixo hegemônico na Direção do PCB no estado. Fator esse potencialmente ilustrado como movimento de massa forte e coeso, demonstrado em 1962 com a ampla mobilização dos comunistas na região, com centenas de camponeses prontos a intervir militarmente no movimento popular a favor da posse de Goulart (Jango).

Um segundo aspecto, no entanto, decorrente desse processo e que foi gradualmente se redefinindo na luta interna e na nova correlação de forças camponesas existentes foi o debate e a conturbada indicação de José Porfírio como candidato a deputado estadual em fins de 1962, articulada diretamente por Kallil Dibb, à revelia de alguns núcleos partidários urbanos. Ele bem descreve a situação:

> Nós sentamos o Secretariado e depois o Comitê. A gente, nós discutimos o problema se nós estávamos maduros para lançar uma candidato do Partido. Ele combatia, defendia a tese que sim, nós estávamos dependendo de um candidato. Como é natural, tinha uma dezena de intelectuais ali que como candidato seria mais brilhante do que o Zé Porfírio. Mas acontece o seguinte, nenhum desses intelectuais teria condições de ser eleito, portanto já desde aquela época que eu raciocínio da seguinte maneira. A primeira qualidade de um candidato é a possibilidade de ser eleito, depois dessas é que vem as outras qualidades, né? Então eu lutei pra que o Zé Porfírio fosse o candidato, a batalha foi travada em vários níveis, inclusive a última batalha foi numa conferência estadual. O pessoal de Anápolis não aceitava de maneira nenhuma a candidatura de Zé Porfírio... Anápolis resistiu muito à candidatura de Zé Porfírio, inclusive sob forma muito árida. Você sabe o intelectual, não é; muito inteligente, tem nuances difíceis de ser...[19]

---

19 Sobre essa polêmica, ver entrevistas concedidas por Kallil Dibb em 5/9/1990 e 12/1/1992, por José Ribeiro em 17/7/1990 e 16/11/1991, por José Sobrinho em 15/7/1990 e 21/7/1991.

Em Formoso, o PCB dinamiza-se internamente ante o novo quadro político, com mobilização ampla e discussões de base, com a população em geral na Associação e nos Conselhos para o período eleitoral que se impunha. O cadastramento eleitoral dos posseiros já vinha sendo viabilizado desde as primeiras alianças regionais em 1958 e realizado com motivação e poucos recursos, em geral a cavalo e a pé, conduzindo o Partido na região a um diferenciado processo de mobilização. Na tarefa de visitar os Conselhos em reuniões sucessivas, o Núcleo Hegemônico procurava discutir e apresentar candidatos às eleições e apontar para a massa camponesa a importância de conduzir a luta pela terra nessa frente, e que para o núcleo local, em última instância, tinha por objetivo estratégico a emancipação do município. Os candidatos apoiados pelo PCB na região foram sufragados por um porcentual sempre próximo aos 100% dos votos.[20]

Um outro aspecto característico, em que o Partido foi absorvido como um todo naquele momento, refere-se à tarefa de recepção e assentamento dos posseiros que chegavam e conduzi-los às novas áreas de posse. Esse debate, bem como as várias tarefas organizativas existentes nos Conselhos e na Associação exigiam e demandavam aos quadros comunistas todo um trabalho de cuidadosa implementação junto aos chegantes, objetivando um processo de continuidade nas conquistas obtidas.

Ao que parece, esse foi o ápice do PCB e do movimento de Formoso, já que ocorrem o reconhecimento e a tomada de posição do Poder Público em relação ao poder popular conquistado na luta armada e política, ocorrendo paralela e intimamente associada a eleição de José Ribeiro a membro do Comitê Central do Partido Comunista Brasileiro e a eleição de Porfírio a deputado estadual. É também a legitimação e o reconhecimento desse processo em curso, negociado em uma posição de força que teve forte oposição, já que efetivamen-

---

20 Um exemplo dessa participação foi na eleição de Mauro Borges. Nas palavras de Bartô (entrevista de 24/7/1995), "nessa campanha do Mauro Borges, nós ... eram 800 eleitores, e nós demos 798 votos, teve duas pessoas que não votaram para ele".

te, na composição política existente em Goiás, o setor rural conservador possuía certo grau de influência e era um dos pilares de sustentação do governo Mauro Borges. Não deixa de ser uma *coincidência*, já que, em resposta, observa-se a origem de uma rearticulação em contrário da oligarquia rural, tendo como indicativo o manifesto divulgado nacionalmente:

> A Sociedade Goiana de Pecuaristas... em assembléia hoje com o governador do estado consolidou a tomada de consciência do ambiente de insegurança, desassossego e mesmo revolta contra a dimensão demagógica do dominante assunto da reforma agrária... prevenir a pregação do comunista deputado Francisco Julião... acirrando ânimos, incitando violência e traindo nossa cristã tradição democrática... Encarece o entrosamento urgente dos poderes federal e local no sentido de reforçar a esperança e unidade de ação necessárias a eficiência dos resultados à tranqüilidade de nossas classes produtoras e a extirpação de quistos sociais armados nas zonas de Formoso e Trombas...[21]

Além da frontal discordância com a política governamental em curso, o manifesto conservador é contundente quanto à opção pelo confronto. É sintomática a adjetivação de Formoso e Trombas como *quistos sociais*, bem sugestivo da leitura que esses setores faziam do problema fundiário e dos movimentos sociais no campo, na medida em que delineava com todas as letras uma proposta de intervenção política e militar direta, sem demora; até porque a palavra *quisto* (e a adjetivação "social" decorrente), por analogia biológica, remete ainda hoje às células cancerígenas que contaminam a vida de um organismo, não deixando opção que não a sua urgente extirpação cirúrgica. Mesmo assim, Mauro Borges cumpriu as promessas de campanha, propiciou melhorias várias na região e iniciou o processo de desapropriação das terras, embora em algumas áreas o processo tenha sido sustado pelo Golpe de 1964.

---

21 Cf. *O Estados de S. Paulo*, 14/1/1962. A rigor, percebe-se que esse manifesto não é uma manifestação isolada nacionalmente; a título de ilustração, ver Motta (2002, p.260-1; e o capítulo "Os barões da terra" in Starling (1986, p.243-65).

Os elementos constitutivos do *nó górdio*[22] de *Formoso e Trombas*, contudo, estão tendo as condições propícias de sua germinação nesse momento. Percebe-se um razoável grau de desenvolvimento econômico local diante da crescente produção na região, e um comércio progressivo originário do processo de normalização política aponta para o surgimento e o aumento de outras necessidades dos posseiros até então inexistentes ou que eram relegadas a um plano secundário. Por conseqüência, em Formoso tem origem uma diferenciação social que era até então inexistente e que se acentuava verticalmente a passos largos ante o efetivo processo de transformação capitalista já em curso em todo o estado de Goiás. O quadro político, por conseqüência, se agrava, configurado no crescente número de posseiros chegantes à região que apontava para o PCB no desafio de elaborar estratégias de coabitação das conquistas obtidas e para as dificuldades de superação dos impasses decorrentes das políticas de intervenção de governo; isso associado ao conseqüente refluxo do partido em Trombas e de seus militantes, sob o aspecto de organização interna e, principalmente, no sentido de incorporar os camponeses *conscientemente* à luta em uma fase superior de uma nova forma de produção, em que as relações de posse e propriedade da terra, bem como de trabalho e produtividade estavam longe de estar equacionadas.

Rui Facó, em um dos artigos da série da reportagem intitulado "A penetração capitalista no campo cria problemas para a Associação",[23] já chamava a atenção para esse aspecto. O autor alertava para a dimensão e a gravidade do quadro socioeconômico existente na virada de 1961 para 1962, com um fluxo crescente de posseiros (população estimada de cinqüenta mil), e o aumento da produção, favorecida pelas novas condições existentes, propiciando o surgimento de uma próspera camada de comerciantes e proprietários de terras (em alguns casos, as duas coisas, ainda que a propriedade da ter-

---

22 "O Oráculo afirmara que aquele que conseguisse desatar o intricado nó do carro conservado no Templo de Górdio, dominaria a Ásia. Alexandre cortou o nó com a espada, cumprindo ou iludindo o vaticínio" (*Enciclopédia Trópico*. São Paulo: Livraria Martins Fontes Editora, 1973, v.1, p.162).
23 Cf. Rui Facó in *Novos Rumos*, 18 a 24/8/1961 e 25 a 31/8/1961.

ra tenha seu limite máximo de 103 alqueires definidos pela Associação), bem como a entrada de pequenas indústrias de beneficiamento, de destilação de aguardente e produção de rapadura. E, o mais preocupante, a penetração do trabalho assalariado, em que o posseiro (diferenciado por ele na origem), por não ter "possibilidade e ou capacidade" de viabilizar minimamente condições de produção, vai se empregando como trabalhador volante.

Nesse artigo, o articulista chama a atenção criticamente para um aspecto: apesar de ser proibida a comercialização da terra pela Associação, essa atividade já ocorria a sua revelia (indicando para suas debilidades de intervenção ou compreensão do fenômeno no momento), e também aponta para a impossibilidade de controle desse processo especulativo na valorização da terra, que acaba dando origem a uma pequena, mas crescente, camada social de "pequenos burgueses", bem como de "agricultores ricos" que produzem para o mercado. Um outro aspecto citado por Facó é que, pela falta de dinheiro e de instrumentos de trabalho, muitos posseiros tiveram que vender sua produção na folha (ou seja, antes da colheita) por preços já definidos e avaliados, persistindo o arrendamento como forma de produção "semifeudal". Facó sinaliza para o que seria o desafio maior da Associação e dos Conselhos: apesar do prestígio político de suas lideranças, o grau de influência da Associação como instrumento de intervenção, ambos os agentes não conseguem uma definição quanto à forma de atuação na defesa da maioria dos posseiros pobres e dos posseiros semi-assalariados, e também em sua redefinição de suas atribuições no processo de transformação em curso na região.

É o período de transição característico do processo de desenvolvimento de várias regiões do País onde estariam em vigor relações de produção pré-capitalista (ou não-capitalista) e de produção capitalista em um período de intenso desenvolvimento comercial.[24] Tudo indica que o quadro tenha se agravado até 1964 e a tentativa de superação dessas questões pela Associação tenha sido a formação de uma

---

24 Como sugestão de análise dessa polêmica e debate, ver Figueiredo (2004); Lapa do Amaral (1980); Hirano (1987).

cooperativa de produção e consumo que, ao que tudo indica, não chegou a passar de uma fase embrionária. É nesse momento que teve início o período de "Refluxo e impasses" do movimento de Formoso e do Partido Comunista, já que o processo de desenvolvimento econômico decorrente no período 1962-1964 sugere de forma tensa e paralela uma posterior autonomia política do núcleo do PCB de Formoso que articulava diretamente e à revelia de parte da Direção Estadual com o governo do estado de Goiás e até com o Comitê Central.

Curiosamente, esses vetores dialéticos tinham seu correspondente no Partido Comunista Brasileiro como um todo, entre 1962 e 1963, quando esse atingiu nacionalmente o auge de seu poder de intervenção e mobilização; período que ocorria um profundo debate interno de superação da crise pós-1956 para uma inconclusa rearticulação política e teórica em sua nova linha de intervenção pós-V Congresso. Na verdade, percebem-se no PCB como um todo impasses e refluxos na elaboração de uma intervenção e projeto revolucionário para o País.

José Porfírio: liderança carismática ou quadro partidário?

José Porfírio é reconhecidamente a liderança pública mais conhecida de Formoso e Trombas, e principalmente uma de suas lideranças carismáticas; por essa razão, estabelecer seu perfil no quadro que se apresenta é um desafio. É um personagem estimulante e que até agora recebeu da historiografia o reconhecimento de ter sido a liderança máxima da luta e praticamente seu galvanizador em todo o processo. No entanto, acreditamos que alguns elementos que foram incorporados ao debate contemporâneo e que se generalizaram no senso comum propiciaram o superdimensionamento de sua intervenção, colocando em segundo plano a atuação dos demais quadros comunistas e a atuação de todo o PCB.

Uma primeira fase de sua biografia política pode se situar quando do Porfírio chega à região, vindo de Pedro Afonso no Maranhão, juntamente com dois irmãos, bem como outros milhares de camponeses atraídos para o projeto de colonização da Cang em Ceres. Chegaram à Colônia em seu momento mais difícil, em que os lotes disponíveis eram poucos e muitas eram as dificuldades.[25] Frustrado, trabalhou durante algum tempo na construção do núcleo inicial da Belém–Brasília e foi nesse momento que manteve os primeiros contatos com o PCB na cidade de Uruaçu, onde havia um forte núcleo capitaneado pelos irmãos Carvalho, em especial José Fernandes Sobrinho, que foi o primeiro membro comunista com quem Porfírio teve contato. Ao que parece, ele chegou a participar por pouco tempo da estrutura partidária e daí resolveu fixar posse em Formoso e Trombas.

Na fase inicial da luta, sua atuação foi caracterizada por procurar o equacionamento por via legal, com várias tentativas de diálogo com fazendeiros e autoridades do estado, chegando mesmo – segundo algumas fontes – a ir ao Rio de Janeiro falar diretamente com Getúlio Vargas. Efetivamente, ao que parece, Porfírio não foi seduzido de imediato pela proposta política comunista. O Partido, nessa primeira fase, deve ter sido apenas uma referência. No entanto, o contato não deixou de ter sua importância na formação de sua personalidade, já que certamente o influenciou e o estimulou nas primeiras tentativas de resistência, especialmente após a onda de repressão a que foi submetida a região e que resultou na morte de sua mulher. Segundo Sobrinho, entre outros militantes, ele, juntamente com Firmino, era uma referência partidária aos membros do Partido Comunista designados para atuar na região.[26] Contudo, sua inserção político-partidária é polêmica a partir desse momento.

Não há dúvida de que seu contato maior começou quase um ano depois, em 1955, quando Geraldo Marques, José Ribeiro e João Soares já estavam atuando na região de Formoso. Acreditamos que aqui

---

25 Os dados biográficos referentes a José Porfírio foram levantados nos vários textos mencionados na Introdução. A reconstrução de seu perfil político e sua inserção no PCB, bem como sua polêmica relação com o partido são objeto de análise com base em informações das várias entrevistas para este trabalho com cruzamento de dados contidos nos trabalhos publicados.
26 Entrevistas concedidas por José Sobrinho em 15/7/1990 e 21/7/1991.

se pode delinear a segunda fase de sua biografia política. Abreu (1985, p.56) conta que:

> O encontro com Porfírio, realizado alguns meses depois, foi decisivo para o futuro da resistência. Embora diferentes em tudo, menos na obstinação de enfrentar os grileiros, José Porfírio e Geraldo Marques se completavam, nascendo naquele encontro uma liderança que se revelaria firme, lúcida e conseqüente. Se Porfírio era a simpatia irradiante, o carisma que atrai, a palavra simples e fácil que inspira confiança, Geraldo era a decisão certa no momento oportuno, a firmeza nas horas em que qualquer vacilação poria tudo a perder, o comando que empurra quando a persuasão enfraquece. Surgira, enfim a cabeça.

Ao que parece, ainda assim não foi fácil essa articulação, e o processo de sua inserção partidária como militante comunista ocorreu durante o processo de luta, e acreditamos que foi inconclusivo. Geraldo Marques criticamente conta em sua versão:

> Nós ficamos um ano andando de casa em casa, explicando tudo; a gente logo conseguiu muito nego macho, mas não era maioria. E o coletivo tava acima de tudo. Fomos procurar o líder dos posseiros, o José Porfírio... Passei 3 dias lá com ele discutindo tudo e lendo a Voz Operária. Falando que a luta dele era ilusão, e que grota existia e muita. Mas o Zé Porfírio era um homem que acreditava na bondade dos outros. Ele não agradecia o bem que os outros lhe fazia e nem o mal, porque ele achava que o bem a gente tem que fazer mesmo e o mal era feito porque não sabia fazer o bem. Ele demorou muito a entender o que é o latifúndio capitalista. Mas logo achou o programa do Partido justo. Não queria terra só pra ele, mas pra todos os camponeses do Brasil inteiro. Isso, é que era justo. Logo começou também ir de casa em casa... (in Fernandes, 1988, p.130)[27]

Por essa razão, é difícil apontar o momento exato de sua inserção como quadro militante de fato no PCB nessa fase, e é de supor que

---

27 Em várias entrevistas com quadros do PCB e até no IPM 02-BNM, Unicamp há relatos sobre a forte personalidade de Geraldo Marques (e sua influência stalinista), e por essa razão, tendo ao longo do conflito históricas diferenças pessoais com José Porfírio, de personalidade diametralmente oposta.

tenha ocorrido entre 1955 e 1956. Como traço marcante de sua personalidade, acreditamos que Porfírio nunca pode ser entendido como efetivamente um quadro político de Partido. Ainda que muito inteligente e corajoso, despojado de ambições pessoais e com uma grande capacidade de comunicação e assimilação, era ao mesmo tempo incapaz de pensar politicamente em um horizonte amplo e estratégico de intervenção. Sobretudo, Porfírio era tido como muito indisciplinado e individualista nas tarefas e compromissos políticos partidários, tendo em alguns momentos atitudes impensadas que chegavam à beira da completa irresponsabilidade.

Um aspecto interessante e contraditório de sua personalidade pode ser bem ilustrado em um fato que Sebastião Abreu (1985, p.126) relata uma passagem de Porfírio por Formoso a caminho de Trombas. Estava ele vindo de outro local, e por não querer se atrasar, resolve, apesar dos avisos de muitos, atravessar Formoso, que no momento estava cheia de policiais e jagunços:

> Porfírio agradeceu o aviso, mas prosseguiu e, para estupefação dos jagunços e soldados, caminhou lentamente pela rua central do povoado, a mauser 22 mm bem visível na cintura, cumprimentou alguns assustados conhecidos e entrou na pensão do velho Luiz Manzan, onde bebeu água e esperou um cafezinho. Depois tomou rumo de Trombas, mas aí teve a precaução de deixar a estrada real para seguir outro caminho.

José Sobrinho recorda um outro fato, quando José Porfírio, em sua fase de atuação como deputado, demonstrou uma falta de compreensão e de tato político, o que veio a ser uma característica:

> Ele estava ajudando a fundar o sindicalismo no campo. E muita vezes ele rompia, porque muitas vezes nos saímos, nós comunistas antigos, nos pegamos àquilo que o Partido faz, seguimos direitinho. Porfírio era uma pessoa, uma mentalidade camponesa que muitas vezes sentava pra lá, que a gente chamava, ele dizia; não era assim, era assim. Era isto que tinha. Por exemplo: Lá em Goiânia, o Partido tinha um plano para Goianésia. Então era assim, discutia com Porfírio, é assim, na casa dele, eu estava junto. Vamos pra lá, chegando lá, encontra o Otávio Lage que era o chefe de Goianésia. Ele vai abraça o Otávio, ele era conhecido...

Então ele larga o lugar que ele tinha que hospedar, a discussão era essa. O local que era mais seguro pra ele. Vai e fica na casa do Otávio Lage, pra lá. Então a gente discutia era isso com ele, essa divergência, você entendeu. As divergências eram mais ou menos nesse nível.[28]

No início da década de 1960, com o problema de Formoso saindo de sua fase de estagnação e ganhando contornos de equacionamento com a eleição de Mauro Borges, pode-se delinear a terceira fase de sua biografia política no PCB, particularmente quando de sua ida a Cuba, ficando algum tempo na ilha, ocorrendo logo depois sua eleição a deputado estadual. Ao que parece, foi quando ele começou a elaborar uma visão alternativa e independente do processo de luta e intervenção no campo, muito influenciado pelo processo revolucionário cubano e pela estratégia de luta camponesa desenvolvida com sucesso na tomada de poder na ilha. É possível que os contatos com a Ação Popular (AP) e a provável influência de Julião[29] (especialmente ativo no período em Goiás), bem como o conhecimento de outras lutas em curso no País e sua participação em vários congressos camponeses tenham contribuído decisivamente para a formação dessa nova postura crítica e política.

É a fase em que Porfírio pessoalmente tem um diálogo exterior amplo e, por essa via, adquire um número muito grande de conhecimento e novas informações. Acreditamos ser esse o momento em que ele tenta estabelecer parâmetros de análise em um período de luta nacional e partidária extremamente fecundo. Foi uma etapa de sua biografia extremamente rica do ponto de vista pessoal, político e partidário, sendo ele naquele momento membro da Direção no Estado quando foi cooptado (num tumultuado processo de luta interna entre os grupos Goiânia e Anápolis) para ser candidato a deputado estadual. A rigor, observa-se uma tentativa de Porfírio de procurar elaborar internamente essas questões e talvez não deixar de ser o camponês, mas tendo que, ao mesmo tempo, tentar a superação (ou com-

---

28 Entrevistas concedidas por José Sobrinho em 15/7/1990 e 21/7/1991.
29 Entrevista concedida por Bartolomeu Gomes da Silva (Bartô) em 24/7/1995.

patibilização) de um mundo pessoal e tradicional que se abria e um mundo referencial novo existente em uma das regiões mais atrasadas do País. Pensando nesses impactos, acreditamos que deva ter sido extremamente conflituosa internamente essa condição ao camponês-deputado Porfírio. Por essa razão, persistem vários equívocos a respeito de sua condição de comunista. O *Movimento* cita um fato do perfil político de Porfírio que veio a ser uma referência de vários trabalhos: "Em 1956 entra para o Partido comunista, mais tarde, não concordando com a linha política do Partido especialmente após o XX Congresso, pretende desligar-se. Sua expulsão estava para ser concretizada quando houve o Golpe de 1964".[30]

Essa afirmação conclusiva é de seu filho Manoel Porfírio, que era muito jovem à época de todo o processo e que posteriormente ingressou com Porfírio no Partido Revolucionário dos Trabalhadores (PRT). Esse ponto não foi confirmado por nenhuma outra fonte. Havia algum nível de divergência entre a Direção do PCB e sua atuação parlamentar, mas essa não era decorrente da ruptura com o XX Congresso. Mas é de supor que existiam tensões, especialmente a partir do momento que ele foi a Cuba e teve contato com outras correntes políticas, em especial a concepção foquista de luta armada inspirada por Francisco Julião e o Movimento Revolucionário Tiradentes. Seus companheiros de Formoso e Trombas, bem como os militantes e membros da Direção do Partido Comunista à época foram todos unânimes em entrevista ao desconhecer em nível de Direção ou em alguma esfera intermediária proposta de afastamento de Porfírio. Dibb dá a sua versão e é enfático:

> Esperar a inexistência de contradições é um absurdo; agora uma coisa é certa, essas contradições em nenhum momento durante o período que eu estive lá, nenhuma contradição bastante séria, contradições internas dentro do Partido levou em nenhum momento à idéia de afastamento do Zé Porfírio, nem do Partido, nem da associação...[31]

---

30 Cf. *O Movimento*, São Paulo, 21/8/1978. Ver também IPM 02-BNM, Unicamp.
31 Entrevistas concedidas por Kallil Dibb em 5/5/1990 e 12/1/1992.

Com a consolidação da luta e da vitória em Formoso, o prestígio de José Porfírio tinha se alastrado por todo o estado de Goiás, e esse aspecto pode ser avaliado aliás pelo fato de sua candidatura a deputado em 1962; a intervenção dos militantes comunistas não atingiu efetivamente uma área superior a 30% dos municípios, mas ele teve uma votação de 4.162 votos pela coligação PTB-PSB, superior aos demais candidatos e espalhados por todo o estado de Goiás.[32]

É por essa razão que podemos apontar o começo de uma nova fase política que é internamente confusa, e por que não dizer polêmica, em que a exigência de sua liderança na rearticulação camponesa e partidária no campo o colocava em evidência como o grande combatente e a expressão de uma luta armada vitoriosa, como também o primeiro deputado camponês da história. Em que pese não haver muitas referências sobre sua atuação parlamentar, ele pôde participar de vários congressos, entre outras atividades políticas. Mas percebe-se em Porfírio nessa fase o desafio de elaborar estratégias políticas de intervenção independentes ou não do PCB e, por conseqüência, ser uma etapa de questionamento como instrumento coletivo ou uma máquina do partido como muitos companheiros assim se referiam (a Porfírio) no período; fase essa que duraria até o Golpe de 1964, e que acreditamos durou até o final de sua vida. Esse processo como deputado foi avaliado assim por Abreu (1985, p.126):

> Em qualquer reunião que comparecia, a sua maneira simples e espontânea de agir e falar cativava a todos. Os intelectuais, entusiasmados, se prontificavam a suprir as deficiências culturais do líder dos posseiros, organizando uma assessoria parlamentar que era integrada pelos mais expressivos representantes da inteligência goiana, como o escritor Bernardo Elis e o saudoso poeta José Décio Filho. Mas Porfírio era um camponês. Na cidade, passava os dias como um peixe fora d'água. Contava os dias e as horas que faltava para o regresso, ansioso para pisar o seu chão. Atendia gentilmente os convites para participar de assembléias

---

32 Entrevistas concedidas por Kallil Dibb em 5/5/1990 e 12/1/1992. Cf. Campos & Duarte (1996, p.118ss).

e congressos populares, mas quando chegava a época do recesso parlamentar ninguém conseguia retê-lo na capital do estado...

José Porfírio é sempre recordado com simpatia e carinho por alguns antigos companheiros, ainda que ressaltasse negativamente uma característica marcante, o individualismo quanto a determinações de ordem coletiva e sempre confuso, e por essa razão ser visto como um instrumento do Partido incapaz de discordar politicamente. Geraldo Tibúrcio, a exemplo, coloca que sua atuação político partidária nessa fase era muitas vezes contraditória, provavelmente reflexo desse processo de amadurecimento tenso e ambíguo em curso:

> E ao mesmo tempo ele tinha outra coisa... outro fato que não sei se disseram pra você..., que aqui ele não fazia uma política de independência em relação ao governo como deputado, não sei se já falaram isso. Ele não tinha uma atuação independente como deputado... ele era muito governista no caso de Mauro Borges... Então a divergência (Com O Partido) era isso aí... não era um divergência assim... muito consciente da parte dele...[33]

Mauro Borges confirma, em entrevista a este trabalho, essa versão:

> José Porfírio foi eleito mais tarde Deputado... e sempre dizia para mim: as pessoas até sabem a ligação com esses meninos..., ele se referia aos comunistas que o cercavam e que o orientavam ele politicamente. Eu tenho minhas dúvidas com eles... sentimentais, pela ajuda que eles deram. Mas na hora que a coisa endurecer mesmo, o Sr. fale, que eu nunca esqueço o que o senhor fez por nós...[34]

Essa versão não é isolada, é ainda confirmada por muitos dos entrevistados para este trabalho, que, ainda que apontassem divergências e dificuldades no relacionamento político com Porfírio, admitem desconhecer qualquer debate ou proposta de exclusão dele em curso. Segundo Sobrinho:

---

33 Entrevista concedida por Geraldo Tibúrcio em 13/7/1990.
34 Entrevista concedida por Mauro Borges em 18/11/1991.

> O Porfírio é uma máquina nossa... porque ele não tinha condições de divergir. A divergência houve depois que ele foi lá em... (CUBA) divergência pra se discutir, mas nunca pra sair do Partido. E o Porfírio não rompeu não no XX Congresso não. O XX Congresso deu uma força sim, de discutir, de divergir sobre certos aspectos. Mas isso era uma coisa lá da União Soviética. Porfírio veio a divergir do Partido foi depois de 64, depois daquele movimento todo duro que houve...[35]

Dirce Machado aponta a transfiguração de Porfírio no processo político pré-1964:

> Ele era uma pessoa facilmente manipulada, porque ele não tinha consciência política assim profunda não. Ele era um camponês que foi um líder, mas dizer assim que ele sabia tornar um grande dirigente não, ele era mais assessorado. Ele era uma pessoa inteligente, tudo, mas não era político assim, refinado politicamente assim como, não sei como dizer, hábil? Hábil, ele era assim, para ele tornar líder e aprofundar na ética política e discutir, saber entender profundamente o marxismo não. Ele era uma pessoa facilmente levado, empolgado por determinada coisa..., ... ele era um camponês, ele se considerava dono da luta. Ele não via o Partido como conjunto..., ele não via o conjunto, ele ia mais no eu, ele era muito individualista... Ele dizia: Eu vou fazer, Eu fiz, Essa decisão é minha. Às vezes, essa decisão era do Partido, ele não diz nossa decisão. Não, eu vou fazer era isso e pronto, sempre levava o eu...[36]

Tudo indica que, naquela ocasião, havia um gradual afastamento de Porfírio do Partido, e a rigor, reflexo de certa forma da dicotomia rural-urbana existente naquele período no PCB de Goiás e que atingia amplos setores da militância de base. Contudo, vários membros e companheiros na época têm por opinião que Porfírio já estava sendo influenciado por outros grupos de esquerda e até recebia ou era circunstancialmente sensível a outras influências em desacordo com a linha do Partido Comunista Brasileiro na virada de 1963-1964. Percebe-se que ele acreditava na possibilidade de incorporar a expe-

---

35 Entrevistas concedidas por José Sobrinho 15/7/1990 e 21/7/1991.
36 Entrevista concedida por Dirce Machado em 18/7/1991.

riência revolucionária cubana, tendo como parâmetro a luta camponesa em curso delineada pelas ligas, tendo por pólo dinamizador Formoso e Trombas. Ou seja, é o momento em que Porfírio foi incorporando elementos que apontavam para uma superação de uma situação de camponês e liderança carismática com uma total dependência política do Partido Comunista, característica na segunda fase de sua biografia situada no período de 1955 a 1960 e com o término do processo de luta mais agudo de Formoso. Tem início assim a terceira fase de seu amadurecimento político, que em um período muito curto e rápido vivencia a incorporação de experiências novas e outras idéias em um momento histórico extremamente dinâmico.

Na verdade, o desafio de superação de sua condição de liderança regional camponesa para o dirigente político e revolucionário ocorre de uma forma extremamente confusa e paralela às crises e ao debate político que o PCB e suas lideranças estavam inseridos. Por essa razão, não são de estranhar esses impasses, e para um certo desconforto de Porfírio (*e que a rigor era da maioria das bases comunistas*) em curso na véspera do golpe. Abreu (1985, p.127) conta um fato que aconteceu em seu último encontro com Porfírio:

> Zé Porfírio estava profundamente amargurado porque fora vaiado num congresso de camponeses realizados em Belo Horizonte. Procurei ser gentil, dizendo algumas palavras de conforto [...] Em todo congresso há sempre uma minoria radical que quer ver o circo pegar fogo. O líder camponês me olhou com um sorriso triste e desabafou: As vaias foram justas e merecidas. Num momento em que os fazendeiros estão se armando abertamente para impedir as reformas de base, não se pode defender a constituição apenas com palavras. O golpe vem aí e nós seremos massacrados. Estou chateado - prosseguiu - porque fizeram de mim um boneco. Eu queria denunciar o golpe em marcha, apelar para o povo se armar e organizar a resistência, mas os promotores do congresso me pediram que fizesse um discurso água com açúcar, falando em paz quando a guerra está declarada, falando em legalidade quando metralhadoras e fuzis são estocados pelos latifundiários nos porões das associações rurais. Mas eu era convidado e não podia fazer essa desfeita aos organizadores do congresso. Mereci as vaias.

Talvez, José Porfírio possa ser entendido como camponês puro de origem, mas confrontado a uma lacuna teórico-partidária no processo de cooptação e inserção da qual o próprio PCB e, em geral, a teoria marxista não encontraram elementos de compreensão e análise. Mas é fundamental entender Porfírio, e principalmente por detrás dessa realidade (com seus méritos e defeitos) como uma imagem construída social e exteriormente incorporada histórico pelo PCB, e secundado pelo Núcleo Hegemônico de Formoso, que de fato era o partido. Fato é que a ação e a influência deste último foi determinante e superou o carisma pessoal do líder no momento de maior impasse político em Formoso e Trombas quando da polêmica decisão de resistir ao golpe. Como bem coloca Granja: "Ele era um instrumento do Partido, era o homem legal do partido, mas do ponto de vista ideológico era o ponto mais fraco que tínhamos em Formoso...".[37]

Por essa razão, acreditamos que, naquele momento, Porfírio estava tendendo a uma ruptura com o PCB, reflexo da própria indefinição (ou procurando deixar de ser uma máquina) e intimamente associado ao debate em curso do Partido Comunista na saída de seus impasses. Com o golpe, Porfírio fugiu para Trombas juntamente com Geraldo Tibúrcio, com o objetivo de organizar a resistência. Ele tentou levantar Formoso, mas pelo desenrolar dos acontecimentos e após uma noite de debates, o Partido decidiu pela não-resistência e pela evasão das lideranças. Percebe-se que apesar de seu prestígio pessoal, sua influência não era maior que a do Núcleo Hegemônico. As armas foram recolhidas e escondidas na serra. Ribeiro conta que o partido tinha se articulado para a resistência, mas:

> Quando viu que o golpe triunfou aí a conclusão foi essa, inclusive o Mauro Borges apoiou e não teve resistência. Foi um choque muito grande, mas não teve resistência. Agora o Zé Porfírio, ele veio e ele queria levantar aqui... mas nós não topamos não, o povo não topou e nem o partido aqui não topou. Houve discussões duras mesmo, chegou isolar

---
[37] Entrevista concedida por Antônio Granja em 25/1/1992.

as armas que tinha, o partido chegou a tirar elas, esconder para que ele não tivesse acesso a elas, para ele não fazer besteira. Nós sabíamos que isso era um suicídio, era botar a perder todo um trabalho de longos anos aqui, de grande sacrifício... e fizemos um trabalho ainda, porque demorou vir tropas aqui e nesse tempo deu tempo da gente fazer um trabalho em toda a região, rapidamente para que ninguém fosse nessa onda, que qualquer pessoa que aparecesse para um levante... o povo entendeu bem também na hora que nos estávamos realmente certos...[38]

José Porfírio fugiu então, Rio Tocantins abaixo, em uma longa viagem de barco dezoito dias para o Maranhão, com Tibúrcio, Bartô e outros, e ficou clandestino e isolado, vivendo com grandes dificuldades. Algum tempo depois, foi descoberto com a prisão de seu filho e retornou clandestino a Trombas, onde tomou conhecimento das Resoluções Políticas do VI Congresso que indicavam como eixo norteador de luta contra a ditadura um amplo movimento de massas. Foi quando ele rompeu oficialmente com o PCB.

A partir desse momento, podemos delinear o início da quarta fase de sua biografia política, que entendemos não seja muito diferente de sua segunda etapa. Por volta de 1968, ele foi contatado pela Ação Popular (AP) que pretendia cooptá-lo para suas fileiras e iniciar um processo de luta no campo. Inicialmente, Porfírio estava resistente quanto a seu retorno à política, mas foi aos poucos se empolgando com o projeto de intervenção da AP no campo e a montagem de bases camponesas no País, particularmente em Goiás, onde teria um papel determinante por causa de seu prestígio.[39] Mas a AP, em razão de disputas internas, rachou por razões de táticas e estratégias e a cisão deu origem a uma dissidência que se aglutinou no Partido Revolucionário dos Trabalhadores (PRT).

---

38 Entrevistas concedidas por José Ribeiro em 17/7/1990 e 16/11/1991. Bartô igualmente relata a situação nessa linha, sendo ele designado para esconder as armas numa grota de difícil acesso (entrevista concedida por Bartolomeu Gomes da Silva (Bartô) em 24/7/1995).
39 Entrevista concedida por Renato Rabelo a Regina Sader em 30/11/1988 e gentilmente cedida para este trabalho. Sobre esse período, e em especial sobre esse processo, ver Gorender (1987, p.115); ver também IPM 02-BNM, Unicamp.

José Porfírio ingressou precipitadamente nessa última agremiação por meio de uma arriscada manobra do padre Alípio (que evita seu contato com os membros da AP) e que já havia começado a rearticular uma estratégia de ação revolucionária pretendendo dar continuidade à luta contra a ditadura militar com a formação de bases no campo a partir de Formoso e Trombas. Renato Rabelo, em entrevista a Regina Sader, afirma que Alípio praticamente seqüestrou José Porfírio após o seu racha com a AP e chegou à sua casa insistindo na necessidade de sua retirada urgente da área em função do AI-5 e sua iminente prisão.[40] Ele foi levado por Alípio para Brasília, em uma arriscada operação em que ambos chegaram de avião e que, a rigor, era uma manobra para afastá-lo da AP (cujos quadros chegaram à sua casa uma semana depois de sua saída) e procurar dar continuidade à montagem de uma base na região de Formoso com o PRT. Com esses objetivos, entre outros, Porfírio mais uma vez se veria instrumento de uma máquina ou organização, tendo dificuldades de elaborar com autonomia política naquele momento histórico.

Em 1972, ele acabou sendo preso e processado. Cumpriu seis meses de prisão e, libertado, viajou para Goiânia. Após almoçar na casa de José Sobrinho e sair para ir ao banco, pretendia voltar para se despedir antes de viajar para Trombas. Hoje está na lista dos desaparecidos...[51]

Estratégia partidária e atomização local

Os dois últimos anos do processo de Formoso podem ser caracterizados como o momento de "Refluxo e impasses" em que a principal reivindicação dos camponeses da região – a posse da terra – tinha sido atendida, estando o PCB inserido nesse quadro em um

---

40 Entrevista concedida por Renato Rabelo a Regina Sader em 30/11/1988 e gentilmente cedida para este trabalho.
41 Idem, ibid. Entrevistas concedidas por José Ribeiro em 17/7/1990 e 16/11/1991, e por José Sobrinho em 15/7/1990 e 21/7/1991.

processo de transformação e crise local dentro de um quadro semelhante nacional. A linha do Partido Comunista Brasileiro para o campo nessa etapa de sua história apontava para a necessidade de sindicalização rural – incorporado pela Direção Estadual de forma entusiástica e até com bons resultados, já que foram formados mais de quarenta sindicatos em Goiás controlados pelo Partido até 1964 –, e o próprio eixo dos acontecimentos na área de Formoso já demandava alternativas ante as dificuldades de implementar estratégias de intervenção. Já há muito havia sido superada a fase de um ensaio "terras libertas" de revolução em curto prazo advinda do período 1950-1954 (na linha do "Manifesto de Agosto" e do IV Congresso). O conjunto do Comitê Central já entendia que o objetivo principal dos posseiros de Formoso havia sido conquistado, e sua intervenção local e regional, no sentido de evitar uma derrota, parecia eminente em 1957, e assegurar, com desenvolvimento da luta, a posse da terra, tinha sido atingido. Concluía, nessa linha de análise, que seria o fim e/ou máximo da transitoriedade que o potencial camponês poderia alcançar naquela região em um período de limitadas liberdades democráticas de um regime capitalista característico do Brasil da virada dos anos 60. Percebe-se, no entanto, que há vários elementos envolventes e intervenientes que se processavam dialeticamente em uma velocidade de difícil equacionamento à época. Mas ao que tudo indica, persistiam ainda rusgas internas entre as várias esferas de Direção, o Núcleo Hegemônico em Formoso e Trombas, a Direção Estadual de Goiás e o Comitê Central.

Podemos elencar algumas hipóteses explicativas. Um aspecto importante a ser apontado é que a crise existente no PCB como um todo contribuiu para a atomização do núcleo partidário local. Por um lado, é um fato que, para a grande maioria do Comitê Central, tradicionalmente, o campesinato era um fator secundário; por outro, houve limitações de assistência e orientação política no conturbado período pós-1956 e mesmo por algum tempo por parte da Direção Nacional. Um aspecto que deve ser sempre ressaltado decorre da crise advinda do Culto ao Stalinismo, mas sugestivamente é lícito afirmar que o inacabado debate sobre a concepção da revolução no Brasil que se seguiu refletiu a crise no PCB na incapacidade de se elaborar pelo Comitê Central uma política específica para Formoso. É por essa razão que são muitas as afirmações vigentes de que o Comitê Central não quis encampar a luta de Formoso, e isso poderia até ser confirmado por um dado bem ilustrativo a partir do jornal *Terra Livre*, que aponta bem poucas referências em suas edições no período de 1955 a 1957, quando ocorre a fase mais aguda do processo de luta armada.

O curioso é que na redação do *Terra Livre* estava o talentoso jornalista goiano Decliex Crispim, atuando no jornal desde o início da luta em Formoso, conjuntamente a outro goiano participante da fase inicial do conflito, Geraldo Tibúrcio, que foi convocado pouco tempo depois pelo Comitê Central para assumir o estratégico posto de presidente da União dos Lavradores e Trabalhadores Agrícolas do Brasil (Ultab).

Nesse sentido, temos uma outra hipótese que corrobora a leitura desenvolvida ao longo deste livro, e que sugere que a dimensão política e estratégica que o movimento de Formoso e Trombas apontava no processo revolucionário sob a égide do IV Congresso é bem mais significativa e problemática que o conhecido. E contraditoriamente, a política de "terras libertas" em vigor nos anos 50 também ocorre paralelamente ao desenvolvimento da moderna política de sindicalização rural no Brasil (Costa, 1996, p.26ss). Ao que tudo indica, eram esferas de intervenção antípodas que tinham suportes políticos diferenciados internamente no Partido Comunista e, por essa razão, é compreensível a postura dos dirigentes nacionais do trabalho de campo mais conhecidos e afinados a essa linha e seu desconhecimento do que acontecia em relação aos focos armados em curso no País.

Geraldo Tibúrcio, em sua última entrevista para este trabalho, relatou que o fato de a entidade (Ultab) não ter se envolvido diretamente na luta de Formoso e Trombas era em razão de que "havia um interesse do partido, velado, de não expor a Ultab num movimento armado",[42] mas ressalta que a entidade mobilizou apoio político externo, alertando alguns deputados próximos do PCB (um deles se-

---
42 Entrevista concedida por Geraldo Tibúrcio em 18/7/1998.

ria o general Leônidas Cardoso), bem como chamando a atenção de alguns órgãos de imprensa na denúncia do que acontecia na região. O exemplo mais significativo desses esforços foi a série de reportagens da revista *O Cruzeiro*. De certa forma, é compreensível essa postura. A Ultab – por ser a face pública e de massa dos comunistas e com uma política de sindicalização legal em curso, não participava por razões de segurança das decisões do Trabalho Especial (TE), já que não era sua atribuição intervir em apoio à luta armada na região. Como Tibúrcio mesmo afirma, "no partido, a gente só devia saber daquilo que te competia".[43] Também Lyndolpho Silva, ao ser questionado em entrevista, desconversou sobre o assunto e respondeu igualmente na mesma linha de Geraldo Tibúrcio, afirmando que Formoso e outras lutas em curso na época eram objeto de atenção de outros setores, leia-se: Trabalho Especial.[44]

Podemos ainda assim supor, entre outras hipóteses dessa polêmica, a que decorre do fato de o PCB estar envolvido até a medula nas várias crises nacionais urbanas e no conturbado período político daquela fase, a exemplo da Campanha do Petróleo, Campanha pela Paz e contra a Guerra da Coréia, o suicídio de Vargas, o tumultuado processo político decorrente até a posse de JK, entre outras tantas greves nacionais e lutas – e, já enunciado, a crise decorrente da Denúncia do Culto ao stalinismo. Tempos difíceis, como bem sugere Lúcio Flávio de Almeida em análise recente sobre o período, quando o Brasil, nas suas palavras, quase pegou fogo; e, embora a literatura política e acadêmica gere equívocos sobre a correta compreensão dessa conturbada fase histórica, ele a caracteriza como sendo, em última instância, uma fase de ilusão de desenvolvimento.[45] Sem dúvida, além desses fatos políticos nacionais que influenciaram o PCB e a condução de sua política, ocorridos paralelamente à luta na região, a Denúncia do Culto talvez tenha sido a razão principal e que teve como conseqüência

---

43 Entrevista concedida por Geraldo Tibúrcio em 18/7/1998.
44 Entrevista concedida por Lyndolpho Silva em 1º/3/1995.
45 Para uma aproximção deste debate, sugiro a leitura do excelente livro de Almeida (2006), que bem recupera as vicissitudes deste período e sua complexidade.

imediata a total desarticulação orgânica da assistência política, seguida no ano seguinte de uma quase imobilidade por parte da Direção Nacional. Em Goiás, como foi apontado, o impacto das Denúncias sobre a Direção Regional foi demolidor e só seria restabelecido algum grau de orientação política a partir dos anos 60. Concretamente, esses aspectos conjugados tiveram como conseqüência maior o isolamento da luta em Formoso, ainda que por um curto período de tempo. A partir do momento que uma rebelião camponesa não estiver inserida ou impossibilitada de se articular com a sociedade nacional, mais especificamente, com um projeto nacional, como sinaliza Wolf (p. 352), seu equacionamento tende a ser local ou regional, na medida em que tende a ser autolimitador. E isso aconteceu em Formoso e Trombas, embora nunca tenha sofrido um isolamento total.

Mesmo face às muitas referências de falta de apoio e ausência de assistência do Comitê Central à luta na região, pode-se também avaliar como uma fase que indicou fundamentalmente o período pós-Denúncia do Culto a vivida a partir de janeiro de 1956. Mas antes, no ano de 1954, quando teve início o envio dos quadros do Partido à região e ocorreu a fundação da Associação dos Lavradores de Formoso (início de 1955), bem como a deflagração da luta armada pouco tempo depois, é que surgem as referências de passagem de um primeiro assistente político do Comitê Central (não identificado), e temos o relato da passagem de Ângelo Arroyo, ambos com a tarefa de levar armas e assistência política. Foi também nessa fase que João Soares foi enviado à URSS. Essas tarefas, ao que tudo indica, não tiveram prosseguimento e continuidade entre o ano de 1956 até meados de 1957, quando o PCB e particularmente o Comitê Central como um todo virtualmente entraram em colapso, período em que a luta armada em Formoso esteve em uma de suas fases mais agudas. Decorrem dessas lacunas de apoio os ressentimentos.

Como sinalizado anteriormente, o desenvolvimento inicial e a orientação do processo de luta no local podem ser avaliados como de *autodefesa armada* (Moraes, 2005, p.72). sem falar em todos aqueles níveis de solidariedades e apoios articulados nos vários níveis das direções do Partido Comunista, que foram originados em certa medida politicamente a partir das diretrizes do Núcleo Hegemônico em Formoso. Posteriormente à Denúncia do Culto a Stalin, e como um aspecto bem sintomático do quadro de crise que persistiu nas várias instâncias partidárias, a Ultab também ficou praticamente paralisada por quase três anos, e o jornal *Terra Livre* (que saiu com poucas edições no período) pouco pôde contribuir para continuar a chamar a atenção e alterar a situação em Trombas. Pouco tempo depois da crise da Denúncia do Culto e a virtual paralisação do PCB, Geraldo Tibúrcio e Decliex Crispim seriam reenviados de volta a Goiás. Era o reflexo maior das muitas dificuldades que o Comitê Central, seus jornais, entidades e departamentos de atuação e intervenção enfrentaram, estando praticamente paralisados.

Nesse sentido, como indicativo dessa situação, podemos citar o órgão oficial do Comitê Central, *Voz Operária*, dirigido por Mário Alves, que fazia várias referências da luta desde seu início em 1955, interrompe em 1956 e retoma em uma nova fase e um novo momento a questão de Formoso com denúncias de agressão, solidarizando-se com a luta na região, quando o periódico passava por grave crise. Antes de ser substituída pelo semanário *Novos Rumos* a partir de 1959, a *Voz Operária* referenciou Formoso e Trombas em 1958 em uma reportagem de análise do campo como um exemplo de *uma das mais altas formas de luta*, juntamente com o conflito do sudoeste do Paraná em curso naquele momento.[46]

Por essa razão, entendemos que seja questionável e até compreensível a ambigüidade política (ou mesmo a falta de uma política) do Comitê Central e seus reflexos no Comitê Estadual nesse particular período em relação a Formoso. O cenário político de desarticulação nacional e espontaneidade local só começou a ser superado a partir de 1957, quando o Partido Comunista começou a dar sinais de

---

46 Sobre Formoso no jornal: *Voz Operária* de 25/6/1955, 6/5/1955, 24/12/1955, depois 4/5/1957, 01/06/1957, 15/6/1957, 22/6/1957, 4/1/1958. Órgão oficial do Comitê Central até 1958, foi substituído pelo semanário *Novos Rumos*. No pós-1956, praticamente só debateu a denúncia do culto, a crise e seus reflexos no conjunto do PCB, quando o partido também estava envolvido nas várias questões nacionais.

rearticulação e superação da luta interna, principalmente com a chegada dos quadros comunistas que estavam na URSS. No caso de Formoso e Trombas, esse auxílio possibilitou o envio imediato de Antônio Granja para intervir e restabelecer uma articulação mínima entre as várias Direções e o Comitê Central. Naquele momento, essa assistência e a orientação política vieram a ser decisivas, já que a invasão da região e o colapso pareciam iminentes. E ainda que, com debilidades várias no fim dos anos 50 (portanto, pós-Declaração de Março de 1958) e mesmo na virada de 1960, quando havia instabilidade político-militar na região (em que pese, a situação já tendia à normalidade), e uma real possibilidade de novos confrontos, ocorre um último envio de armas pelo Comitê Central e a designação de assistentes militarmente capacitados a treinar os posseiros em seu manuseio, a exemplo do ex-expedicionário da Segunda Guerra Mundial Salomão Malina (2002, p.35ss). Somente a partir de 1961 é que Rui Facó, em sua série de reportagens no semanário *Novos Rumos* dará a atenção e a dimensão analíticas, resgatando todo o processo que caracterizou a luta de Formoso e Trombas. Mesmo assim, as conseqüências foram danosas em médio e longo prazos, como lamentou Ribeiro:

> O trabalho de educação, de politização dos companheiros do Partido foi subestimado desde o princípio, muito subestimado. A partir da Direção Nacional, do Comitê Central, Comitê Estadual foi muito subestimado... Foi um grande erro, porque muitos elementos poderiam ser mais politizados, ter desenvolvido mais seus conhecimentos...[47]

De fato, houve indicativos de reavaliação crítica de todo o processo na fase posterior à rearticulação interna do PCB sob a concepção da Declaração Política de Março e reafirmada no V Congresso. As dificuldades a superar eram enormes, ainda que José Ribeiro tivesse sido eleito membro do Comitê Central, o que significou um avanço positivo na nova composição dirigente e um elemento importante na reestruturação e condução do Partido sob novas bases. Mas ao que

---

47 Entrevistas concedidas por José Ribeiro em 17/7/1990 e 16/11/1991.

parece, em 1961-1962, eram muitos os obstáculos políticos e poucos os aliados; provavelmente naquele momento, somente Antônio Granja, Nestor Vera, Mário Alves e demais integrantes da Corrente Esquerdista de Vanguarda possuíam uma concepção madura alternativa para o papel do campesinato nessa nova realidade no País. Ribeiro mesmo conta uma passagem ilustrativa quando de uma reunião do Comitê Central que participou já na condição de membro:

> Me lembro também, outra reunião do Comitê Central que criou a comissão de campo, essa comissão presidida por Egliberto Azevedo... ele é oficial do exército (na verdade, o assistente ex-militar era Dinarco Rei)... e criou a comissão, pronto, acabou. Eu fui um que pediu a palavra lá na hora de encerrar e levantei a tese lá... mais a comissão, só porque criou, como ela ia funcionar? Cadê o prazo pra ela reunir? Então tinha que se reunir, então separado e traçar um plano de ação, marcar datas de reuniões, onde íamos atuar... [48]

Com efeito, essa questão somente pode ser entendida dialeticamente em sua complexidade, na medida em que para o PCB uma concepção de revolução em curto prazo não ocorria ou haveria necessidade de um projeto estratégico; mas ante as novas diretrizes percebe-se a complexidade de elaboração de um projeto revolucionário e que também incorporasse o potencial de luta do campesinato como elemento germinador e dinamizador como um todo.

O PCB naquele momento tinha como linha de análise sobre a luta no campo que o campesinato era um elemento tático, sem um potencial revolucionário estratégico, utilizando o tradicional argumento do atraso do camponês e seu apego à propriedade para sustentar essa tese, posição essa da grande maioria dos membros do Comitê Central. Esse, porém, não é o caso de outros setores do Comitê Central (ainda assim minoritários, mas crescentes) que tentavam incorporar esse potencial de base e luta à elaboração de uma estratégia da Revolução Brasileira e que, de certa forma, apostavam e acreditavam na experiência e incorporação da luta de Formoso. Granja argumenta que, antes de 1957,

---

48 Entrevistas concedidas por José Ribeiro em 17/7/1990 e 16/11/1991.

O Comitê Central não discutia... Esse problema era discutido em departamentos estanques dentro do Comitê Central... O Formoso era entregue, a sessão de organização no meu caso, que era eu responsável pela política de organização nacional, e era eu que assistia Formoso... e que naquele momento no pós-1960: não é questão de Formoso, a Direção Nacional não tinha uma estratégia para a Revolução Brasileira, não tinha um projeto..[49]

Nessa linha de reflexão, percebe-se a razão do esforço em eleger José Ribeiro para o Comitê Central. Ainda que viesse a ser uma presença pontual e numericamente inexpressiva, era o reconhecimento da experiência de luta ali desenvolvida e da necessidade de sua contribuição na elaboração de um projeto político para o PCB, e que só teria similar muitos anos antes na luta em Porecatu, quando houve a incorporação de alguns quadros.

É provável ter sido esse o momento em que o Núcleo Hegemônico de Formoso se atomizou em um processo de crise local não ocorrendo, por parte do Comitê Central, o aproveitamento daquela experiência de luta acumulada objetivando sua superação. É também o momento em que a ação política aponta taticamente indicativos no sentido de consolidação das conquistas obtidas, paralelamente ao processo de crise interna do Núcleo Hegemônico. Processo esse similar a outros núcleos do País, já que a situação de vulnerabilidade tática e estratégica do PCB não passou despercebida a outras correntes de esquerda que apostavam na possibilidade de incorporar experiência revolucionária cubana tendo como parâmetro as lutas camponesas em curso.

Atomização local e recomposição do núcleo partidário

As Ligas Camponesas e seu sucedâneo braço político, o Movimento Revolucionário Tiradentes, eram portadores de uma concep-

---
[49] Entrevista concedida por Antônio Granja em 25/1/1992.

ção estratégica de luta pelo socialismo a partir da intervenção direta e dirigente do campesinato. Taticamente, por um lado, ocupavam espaços institucionais – participaram do Congresso de BH, viabilizaram a eleição de Francisco Julião ao Parlamento e panfletavam a realização de uma reforma agrária com palavras de ordem "Na lei ou na marra" –; por outro, contraditoriamente, por estarem fortemente influenciados pela revolução Cubana, já na virada dos anos 60, tinham abandonado qualquer possibilidade de ação e intervenção por vias legais.

Em um trabalho recentemente publicado sobre o apoio de Cuba à luta armada no Brasil, Denise Rollemberg (2001, p.212-26) recupera alguns aspectos sobre o projeto de intervenção das Ligas na montagem de núcleos de treinamento guerrilheiros no interior do País, que tinha por objetivo viabilizar essa linha revolucionária à esquerda. Para isso, as Ligas radicalizaram seus discursos e desenvolviam uma agressiva política de cooptação de quadros pecebistas com relativo sucesso, já que vários de seus militantes, além de estarem muito influenciados pela via cubana, estavam tencionados pela moderada resolução política advinda do V Congresso. Segundo a autora, vários campos–fazendas espalhados por Goiás, Bahia, Acre e Pernambuco foram comprados com apoio cubano, e outros estados brasileiros também foram considerados para sua implementação, sem no entanto serem viabilizados. Aos campos instalados pelas Ligas, todavia, dirigiram-se em sua maioria estudantes secundaristas e universitários, e com uma ressalva da autora: poucos camponeses. Houve treinamento militar em alguns deles, embora sob condições precárias para não dizer caóticas, e mesmo alguns militantes do PCB participaram do treinamento, sem maiores compromissos políticos.

A autora sustenta que, desde o início da instalação dos campos houve sérias divergências entre Francisco Julião e Clodomir de Moraes, e isso, entre outras razões, contribuiu para o esfacelamento do projeto. Sem dúvida, o mais conhecido desses campos foi o de Dianápolis em Goiás, cuja carga de armas, munições e outros materiais foi descoberta casualmente quando em trânsito para o local de treinamento numa rotineira operação anticontrabando; mas os documentos apreendidos comprovaram algo que era de conhecimento geral (ou ao menos de forte suspeita), a participação efetiva do governo cubano na revolução brasileira.[50]

Nesse trabalho de Rollemberg não há referências específicas sobre Formoso e Trombas, mas nos documentos aprendidos a intervenção advinda de Dianápolis objetivava estender-se para o restante do Estado de Goiás.[51] Como foi sinalizado, há indícios de que José Porfírio acabou sendo influenciado por Francisco Julião nessa fase e até receberia ou circunstancialmente era sensível a outras influências em desacordo com a linha do PCB na virada de 1962. Tendo estado em Cuba e já deputado estadual, Porfírio acreditava e ao que parece incorporou o modelo cubano e essa concepção de revolução via campesinato tendo por foco dinamizador Formoso e Trombas. Embora seja pouco provável, já que ele mesmo não teve formação militar, consta que ele até chegou a ser convidado para ser um dos instrutores militares da guerrilha; mas teria sido advertido por Luiz Carlos Prestes de que, quando recebesse armas, as entregasse ao Partido.[52]

Foi pela intervenção de Porfírio, entretanto, que muitos quadros de Formoso e Trombas se incorporaram ao projeto do MRT (ou das Ligas em processo de cisão na ocasião) e foram receber (ou fornecer) treinamento em vários locais (cf. Moraes, 1989, p.80-93, 225-6 e 232-40; Bastos, 1985, p.279 e 1984, p.100-5; Azevedo, 1982, p.92-6;

---

50 Há uma séria controvérsia entre os principais dirigentes sobre o apoio de Cuba ao projeto das Ligas. Francisco Julião afirma que as Ligas receberam recursos, mas não por intermédio dele. Já Clodomir de Morais nega esse apoio financeiro em depoimento a Dênis de Moraes (afirma que os recursos eram de origem nacional, inclusive de setores burgueses), e é ambíguo sobre isso em seu relato sobre a história das Ligas, mas sinaliza pistas indicativas da influência da Revolução Cubana na formulação daquela política, sem entrar em maiores detalhes (cf. Rollemberg, 2001, p.212-26; Moraes, 1989, p.80-93, 225-6 e 232-40; Morais, 2002, p.41-51). Também sobre as Ligas, ver Bastos (1984, p.100-5); Azevedo (1982, p.100-96); Moniz Bandeira (2003, p.14-5); *O Estado de S. Paulo*, de 4/12/1962, 6/12/1962, 14/12/1962, 29/1/1963; Del Roio (2006, p.46).

51 Cf. *O Estado de S. Paulo*, 6/12/1962.

52 Essa informação está no trabalho de Luís Mir (1994, p.65) e não apresenta referência de sua origem, bem como não foi corroborada por outras fontes consultadas.

Gorender, 1987, p.47-8).[53] Clodomir Morais sinaliza em entrevista a Dênis Morais que os focos guerrilheiros foram escolhidos "depois de uma longa análise geográfica, logística e sociológica" em número de oito; alguns curiosamente instalados muito próximos a Formoso e Trombas, como o Campo de Gilbués, no sopé da serra que separa o Piauí da Bahia, a nordeste de Formoso, e um outro, localizado na Serra da Saudade, entre Rondonópolis e Alto das Garças no Mato Grosso, a oeste, e que mais tarde seria transferido para a Serra da Jaciara; e, por fim, Dianápolis, um pouco ao norte (cf. Moraes, 1989, p.80-93, 225-6 e 232-40; Morais, 2002, p.41-51; Del Roio, 2006, p.46). O principal deles foi o campo de Dianápolis, que estava situado cerca de duzentos quilômetros ao norte de Formoso e Trombas, geograficamente bem posicionado para uma estratégia foquista onde a região de Trombas, por hipótese de uma articulação, teria um papel fundamental. José Sobrinho diz que: "de fato houve uma reunião e também uma proposta de quem quiser ir, que vá. Nem estimulou e nem desestimulou... Tem esse movimento lá, vocês vão para dar experiência se vocês quiserem...".[54]

Os quadros de Formoso e Trombas, ao que parece, tiveram treinamento em outro núcleo no Mato Grosso (provavelmente na Serra da Saudade ou na Serra da Jaciara em um núcleo a oeste também não muito distante de Dianápolis), tendo permanecido por bem pouco tempo naqueles locais. Em geral, esses militantes voltaram decepcionados e alarmados, criticando não somente a estratégia de intervenção, bem como a ação política e militar das Ligas nos campos de treinamento, tidas como uma proposta aventureira e politicamente pouco sólida; mas especialmente muito comprometedora quanto às mais elementares normas de segurança. Ao final, o Campo de Dianá-

---

53 Cf. entrevistas concedidas por José Sobrinho em 15/7/1990 e 21/7/1991, por José Ribeiro em 17/7/1990 e 16/11/1991, por Dirce Machado em 18/7/91, e por Bartolomeu Gomes da Silva (Bartô) em 24/7/1995.
54 Entrevistas concedidas por José Sobrinho em 15/7/1990 e 21/7/1991. Outros entrevistados, como Bartô (entrevista de 24/7/1995), também se manifestaram nessa linha e indicaram que os quadros de Formoso foram enviados a um local no Mato Grosso.

polis, como outros núcleos guerrilheiros, durou bem pouco tempo e, em particular, Dianápolis cairia com a intervenção direta de forças conjugadas de pára-quedistas do Exército e fuzileiros navais sob grande estardalhaço da imprensa em fins de 1962.[55]

Mais recentemente, alguns aspectos desse quadro caótico presente nos núcleos guerrilheiros descritos por Rollemberg, como igualmente por vários entrevistados para este trabalho, seriam confirmados num recente resgate histórico sobre aquele processo por Clodomir Morais, um de seus dirigentes principais. Nesse relato pormenorizado, Morais não poupa de severas críticas a atuação de Francisco Julião,[56] e chegou a admitir nessa memorialística que as Ligas Camponesas eram um organismo bicéfalo, dada a divisão política existente entre os dois grupos dirigentes à época. Curiosamente, Francisco Julião também reavaliaria algumas de suas antigas posições sobre esse projeto (mas abstendo-se de assumir responsabilidades maiores quanto a sua condução), e numa tímida autocrítica daria vários indicativos da crise existente no dispositivo militar e político das ligas naquele momento, concluindo que: "a aventura da guerrilha fracassou por total falta de habilidade" (Moraes, 1989, p.225-6).

Em face do período de transição pelo qual passava o PCB, entretanto, são vários os indicativos de que esse não foi um caso isolado entre quadros camponeses do Partido, atingindo amplos setores militantes de base. Essa situação poderia ser debitada ao resultado das indefinições da nova linha política do V Congresso em curso, e que ocasionava um gradual afastamento orgânico e ao mesmo tempo paralelo, verificado tanto em Formoso e Trombas como também nas demais regiões do País. Esse afastamento pode ser compreendi-

---

55 Cf. *O Estado de S. Paulo*, de 4/12/1962, 6/12/1962, 14/12/1962, 29/1/1963.
56 Nesse muito bem construído texto sobre a História das Ligas, que é também um belo relato memorialístico, Clodomir Morais (2002, p.41-7) confirma as várias deficiências operacionais e organizativas na implementação daqueles núcleos, bem na linha do exposto em vários depoimentos para este trabalho (como também pode ser aprendido no relato de Gregório Bezerra citado). Cf. também entrevistas concedidas por José Sobrinho em 15/7/1990 e 21/7/1991, e por Bartolomeu Gomes da Silva (Bartô) em 24/7/1995.

do como resultado da dicotomia rural-urbana na via da revolução pacífica e/ou armada no Brasil e na ambígua estratégia de intervenção partidária.

Gregório Bezerra, ainda que pouco à vontade com o processo em curso, mas um militante disciplinado, tendo aliás caracterizado a linha política do V Congresso como "adocicada, como água de flor de laranja", recupera nesse relato a Dênis de Moraes indicativos de que esse processo de cooptação das Ligas não foi um fator alheio e até preocupante para a Direção. Segundo ele:

> Para lá foram muitos companheiros do Partido. Muitos deles vieram me perguntar se eu poderia ir, e eu disse: Vão, rapazes, nós precisamos brigar. O poder não vai ser tomado com saliva. Vão aprender, não tem problema [...] Houve esse treinamento, mas se esfacelou tudo. Falta de disciplina, de orientação. O que havia era mesmo guerrilheiro lutando contra guerrilheiro [...] Divisão interna, dentro das próprias colunas da guerrilha. Não deu certo. Não havia organização, nem um princípio básico. Era uma aventura [...] Sabíamos que as guerrilhas não iam sair, tínhamos nítida convicção. Porque guerrilha, companheiro, é uma luta muito séria. (in Moraes, 1989, p.235)

Se a atomização política foi um aspecto importante, contudo, outros fatores intervieram paralela e até decisivamente em Formoso e Trombas. Um aspecto que acreditamos ser fundamental foram as dificuldades locais decorrentes do processo de alteração econômica em curso, que ocorreu conjuntamente à chegada de milhares de posseiros. Uma primeira conseqüência em Formoso, e é nesse quadro um fator de grave crise no PCB, decorre da impossibilidade de se realizar nesse curto período a identificação desses novos posseiros com um passado de luta revolucionária recente, bem como sua efetiva incorporação como quadros participativos nessa conjuntura. O desafio maior se colocava no sentido de que um novo processo de formação indicava necessariamente o desafio de uma nova e avançada condição de intervenção.

Percebe-se, ainda, que as debilidades no âmbito de todo o Partido, existentes em razão do processo de transformação em curso, apontavam para certas limitações orgânicas do PCB em Formoso e para as dificuldades de superação desses impasses pelo Núcleo Hegemônico. Há, aliás, um elemento importante e polêmico de crise partidária que veio à tona a partir desse momento. Com certa tranqüilidade política e bons ventos econômicos na região, prometendo prosperidade, muitos membros e dirigentes comunistas na região se afastaram da militância partidária. Observam-se aqui os reflexos tardios da ruptura do XX Congresso que atingiam decisivamente o PCB na região no sentido de uma lacuna teórica no processo de formação e estruturação ideológica mais sólida para enfrentar os novos tempos. José Ribeiro relata que, em um primeiro momento, a crise política do Partido Comunista Brasileiro e a ruptura que deu origem ao PC do B não tiveram conseqüências imediatas, mesmo alguma repercussão:

> Porque, aqui como eu já disse anteriormente a nossa preocupação mais era consolidar, inclusive nós discutimos aqui, o comitê de Trombas, o secretariado, que a situação era crítica, era séria, mais que o nosso objetivo era consolidar a nossa vitória que nós tivemos aqui. Não quer dizer que nós ia ficar alheio aqui. A gente acompanhava, inclusive dava as nossas opiniões, mais não teve repercussão nenhuma aqui dentro... Mas aqui conosco não repercutiu muito esse negócio não, porque se nós fôssemos discutir muito esse problema, esquecíamos dos problemas locais e o inimigo nos engolia [...] No Formoso, prejudicou assim do ponto de vista da educação política e assistência..., ideológica, inclusive de alfabetização, porque podia ter desenvolvido e ter surgido muitos quadros do partido aqui dentro.[57]

É bem provável que na conjuntura política de 1961-1962 perdeu-se a oportunidade de avançar em um projeto de formação teórico que possibilitasse o desenvolvimento da consciência revolucionária da grande maioria dos simpatizantes e que os integrasse como membros militantes com tarefas políticas objetivando um processo de luta e mobilização superior ao imediatismo da posse da terra. Tanto é, que parte da liderança originária do processo inicial de luta se afastou do trabalho político e muitos dirigentes do próprio Núcleo Hegemôni-

---

57 Entrevistas concedidas por José Ribeiro em 17/7/1990 e 16/11/1991.

co passaram a se dedicar mais ao trabalho nas posses, estando alheios ao desafio de solidificar e avançar no processo de formação e educação. Percebe-se que pelo fato de o Partido ter um fácil e inédito trânsito no governo do estado, podendo contar com a intervenção de seu deputado representante na Assembléia Legislativa, conclui-se que a atividade partidária nessa fase esteve associada a pouco mais que a manutenção das organizações existentes, e ainda assim de forma precária.

Esses elementos de não-formação política intensiva, associados a uma quase ausência de assistência e orientação política pelo Comitê Estadual em um momento de transformação capitalista na região e tendo uma face aliada ao governo, davam indicativos de uma concepção de Lutas de Classes totalmente anestesiada e que veio a se mostrar trágica. Ainda que o PCB de Formoso tivesse uma considerável e regular participação na Direção Estadual, o eixo condutor e a atenção política a ser desenvolvida em Goiás indicavam uma política de sindicalização para o campo e, paralelamente, para sua consolidação nos grandes centros em uma nova linha política. Daí decorre a lacuna de assistência direta do Comitê Central, nesse momento crítico, uma ausência e falta de compreensão do Secretariado Político da Direção Estadual em relação à problemática de Formoso. E, ao que tudo indica, isso se passava também em outras regiões do estado. Provavelmente foi um período de poucos debates conclusivos, e para a grande maioria dos camponeses, membros ou próximos do partido, teve um significado de vitória e ponto final, com reflexos na própria direção. Como bem lamentou Ribeiro:

> A partir de nós mesmos aqui da Direção... cada um se preocupou mais com suas coisas pessoais, com sua terra, com seu ganho, fazer um capitalzinho e também se preocupava mais com os Conselhos da Associação, porque os Conselhos da Associação é que dirigia a organização de massa.[58]

Acredito que Formoso estaria naquele momento dando razão à análise de amplos setores do Comitê Central sobre o limitado poten-

---

58 Entrevistas concedidas por José Ribeiro em 17/7/1990 e 16/11/1991.

cial revolucionário do campesinato como foco transitório de luta no campo, processo que estaria finalizado quando o posseiro conquistasse seu lote de terra e adquirisse o *status* de proprietário. Ao que parece, nunca a luta de Formoso esteve tão próxima nessa fase de legitimar essa tese. Mas se o desafio da continuidade da luta revolucionária estava posto, era uma problematização em aberto já que permanecera inconclusa. Embora não haja evidências de que Eric Wolf tenha estabelecido um diálogo com Chayanov, suas conclusões sobre a influência do capitalismo no campo – desenvolvidas na introdução – são, sugestivamente, muito próximas da problemática posta em Formoso. Wolf também recupera, numa interessante passagem, aquilo que entende como *crise no exercício do poder* (de fato em curso em Trombas) e desenvolve uma interessante explicação, análoga a outras lutas camponesas:

> Onde as desarticulações produzidas pelo mercado não são contidas, no entanto a crise do poder perturba também as redes que ligam a população camponesa mais ampla, ou seja, a importantíssima estrutura de mediação que intervém entre o centro e o interior. O aumento da comercialização e da capitalização das rendas produz desarticulações e tensões que freqüentemente chegam a enfraquecer os próprios agentes do processo.

Nesse sentido, a normalidade político-social encontra o Núcleo Hegemônico em um conturbado processo de redefinição ideológico-partidária e que resulta na visualização dos quadros partidários locais como sendo a Associação e os Conselhos os órgãos decisórios e intervenientes no cotidiano dos posseiros, onde também já se desenvolviam, paralelamente e com dificuldades, as complexas tarefas de assentamento dos que chegavam diariamente. Isso era a expressão de uma das muitas influências erosivas do capitalismo em curso na região.

Tudo indica que não foi diferente em outras esferas partidárias. Apesar do esforço de muitos quadros comunistas representativos de base em influenciar na elaboração e na definição dos "Novos Rumos", há igualmente uma certa dificuldade desses setores influentes no Comitê Central de possuir uma visão consensual da problemática camponesa e, principalmente, viabilizar uma ação específica em relação a Formoso e Trombas, particularmente na virada de 1962 para 1963. Ao que parece, os prognósticos de Rui Facó estariam se materializando, já que estavam se antevendo enormes dificuldades em aspectos que pareciam ser antes tarefas secundárias. Ainda que Facó, ao finalizar sua série de reportagens, aponte para a problemática de ainda "estarmos diante de um fato novo no nosso meio rural", ele também indicou conclusivamente a dimensão e os limites da intervenção camponesa como uma ação limitada, consciente "de luta direta pela terra", vendo com preocupação o futuro na região.[59]

Antônio Granja foi provavelmente o membro do Comitê Central que mais conheceu Trombas e lá esteve presente, e que pôde entender a dimensão da problemática da luta, e, sinaliza em entrevista para este trabalho um certo ceticismo quanto aos rumos que o movimento estava tomando, diante das dificuldades de compreensão e de superação da massa camponesa em relação a uma nova estratégia revolucionária e a uma nova cultura de produção. Ele chegou mesmo a questionar a possibilidade de superação da crise do núcleo local diante do desafio de avançar politicamente e elaborar formas de coabitação a partir da inserção capitalista da região. Sobre essa questão, confirmando em parte os apontamentos de Ribeiro, Waladares, entre outros, Granja pontua:

> já não havia a necessidade que havia antes de reunir toda a semana, de você se deslocar da sua casa, ficar oito dias lá em Trombas..., porque minha propriedade ia se desenvolvendo, precisava de minha presença mais freqüente... também dentro da minha casa eu não estava seguro, e lá estava preparando a resistência, preparando a retaguarda. Agora não, cada um vai cuidando de si... Agora estou cuidando de fábrica de aguardente, agora eu tenho que cuidar do gado... E antes você deixava dias a mulher em casa, né? Ela tomava conta do trabalho na roça, dos porcos, do gado... Agora não, precisa da presença do homem... Já não tenho tempo pra reunir, e você sabe o que é o campo. O campo você montava num burro, ou ia a pé, de manhã pro meio dia chegava em Formoso ou

---

59 Cf. Rui Facó in *Novos Rumos*, 18 a 24/8/1961 e 25 a 31/8/1961.

em Trombas... não era um negócio assim como na cidade..., você vai perder um dia, dois dias... Então eu digo, não havia condições reais para naquela direção ou impedir a desagregação.[60]

De fato, o desafio da continuidade da luta em uma concepção revolucionária estava posto. Acreditamos que as tensões latentes acumuladas entre o Núcleo Hegemônico e o Comitê Estadual, anteriores até às divergências na escolha de candidato a governador e posteriormente à candidatura única de José Porfírio, bem como os descompassos da atuação desse com a orientação política associada à crise interna do PCB em Formoso, propiciaram, nessa conjugação de fatores, uma definição para a questão. E de que forma?

A superação de crise partidária no local, ao que tudo indica, começou a ser equacionada a partir de uma desastrada tentativa de intervenção do Secretariado Estadual, que procurou, sob várias alegações, destituir Geraldo Marques – sempre tido como ardoroso stalinista – de todas as suas funções no Partido e enviando ao núcleo de Formoso essa determinação (cf. Fernandes, 1988, p.154).[61] Foi o momento que o núcleo zonal se rearticulou política e organicamente e recusou essa proposição. A falta de assistência e de participação dos membros do Diretório Estadual em todo o processo da luta de Formoso pesou decididamente no sentido de que era uma questão interna e deveria ser equacionada politicamente a partir de um debate do

---

60 Entrevistas concedidas por Antônio Granja em 25/1/1992, por José Ribeiro em 17/7/1990, por Valter Waladares a Ana Lúcia Nunes, op. cit.
61 Sobre essa polêmica, cf. entrevistas concedidas por Kallil Dibb em 5/9/1990 e 12/1/1992, por Sebastião Gabriel Bailão em 15/11/1991, por José Ribeiro em 17/7/1990 e 16/11/1991, por José Sobrinho em 15/7/1990 e 21/7/1991 e por Antônio Granja em 25/1/1992. Geraldo Marques, em depoimento a Maria Esperança Fernandes (1988) aponta para esse fato, dizendo que a Cisão foi em 1956, ainda que ressalte não tenha sido total. Embora seja um assunto polêmico, tudo indica que os conflitos internos decorrentes e existentes naquele período não tenham sido objeto de intervenção partidária no momento, e que, de fato, essa "quase cisão", que preferimos chamar de tensões acumuladas de uma Dicotomia Rural e Urbana (intelectual), tenha ocorrido e atingido seu ápice entre 1962 e 1963, quando, em razão da crise interna do PCB de Formoso e sua quase autonomia, ocorreu de fato pelo Comitê Estadual tentativa de controle e orientação política sobre o Diretório local e real tentativa de destituição de Geraldo Marques.

PCB na região. Ou seja, superadas as fases mais tensas, tudo indicava que não seria o momento de o Núcleo Hegemônico aceitar intervenções dessa ordem. Ribeiro descreve como foi tomada a decisão:

> foi uma decisão que me parece..., porque eu era membro do Comitê Estadual, não participei de reunião nenhuma que discutisse esse problema... o Bartô também era... e veio essa decisão aqui, por cima, quando eu tomei conhecimento, ela já tinha chegado aqui... que afastasse Geraldão de todas as funções políticas, administrativas aqui da região, e nós não aceitamos..[62]

Aparentemente, essa tensão política entre o Secretariado Estadual não foi um caso isolado, já que, em outros zonais, crescia a tendência de alterar a composição da Direção do PCB em Goiás para uma vertente com bases camponesas, originária das diversas lutas no período pós-1950. Como afirma José Sobrinho: "Sonhávamos era assumir a Direção... a Direção do Partido em Goiás que era camponês...", já que ainda no pós-1962, "a Direção não conhecia o campo. Direção de intelectual, de escritor, de poeta, de jornalista, de professor de universidade [...] se não viesse o golpe, nós (os camponeses) tinha tomado a Direção...".[63]

Percebe-se que a relação de desconfiança dos quadros camponeses ante os membros da Direção Estadual, (e que sempre foi um elemento diferenciado quando comparado aos Assistentes do Comitê Central) foi se acentuando e ocasionando uma situação quase de rebeldia e hostilidades crescentes, ainda que o PCB como um todo estivesse unido e identificado com a política em curso, especialmente em relação ao governo do estado. Essa determinação inábil e autoritária do Secretariado Estadual quanto à forma e a intenção de destituir Geraldo Marques possibilitou parcialmente a recomposição interna em Formoso de uma unidade partidária e a reaglutinação dos quadros e militantes. Ainda assim, a crise partidária do núcleo de Formoso demandava de alguns elementos de base no estado medidas enérgicas

---

62 Entrevistas concedidas por José Ribeiro em 17/7/1990 e 16/11/1991.
63 Entrevistas concedidas por José Sobrinho em 15/7/1990 e 21/7/1991.

quanto a sua superação. Muitos entrevistados para este trabalho, como José Sobrinho e Sebastião Bailão, militantes de origem camponesa, viam com simpatia a alteração de alguns quadros locais em Formoso e Trombas. Acreditamos que foi a partir desses fatos que a idéia de intervenção orgânica começou a prosperar e galvanizar outros setores partidários de base rural. Sebastião Gabriel Bailão considera:

> Naquela época, eu já era membro da comissão do Comitê Estadual do partido. Então nós estávamos tendo muitos problemas ali... mas lá nós tinha problema, inclusive um choque entre os conselhos... que nós tinha companheiro que já estava querendo usufruir daquilo para tirar resultados próprios, né? E o negócio não estava bem claro, então o partido naquela época, quando deu o golpe, nós estávamos prestes a decretar uma intervenção lá...[64]

Pouco tempo depois, diante da conjuntura política e das novas tarefas que se impunham, ocorre o reencontro do PCB em Formoso no sentido de redirecionar-se politicamente para as tarefas que se impunham e, principalmente, viabilizar estratégias (ainda que tímidas) de intervenção em um momento histórico de definição.

O nó górdio de Formoso e Trombas

O Núcleo Hegemônico (NH) dinamiza o debate interno a respeito de uma de suas reivindicações mais sentidas, a emancipação política do município e a nomeação do futuro prefeito. Acordado em compromisso político com Mauro Borges e diante do grande desenvolvimento local, o NH, por meio da Associação – que efetivamente gerenciava as necessidades práticas do cotidiano da região – entendia que os benefícios advindos da expansão econômica em curso poderiam e deveriam ser potencializados com benefícios maiores

---

64 Entrevista concedida por Sebastião Gabriel Bailão em 15/11/1991. Outros entrevistados apontam aspectos sobre essa polêmica, como José Ribeiro em entrevista em 17/7/1990 e 16/11/1991 e José Sobrinho em entrevistas em 15/7/1990 e 21/7/1991.

para todos com a elevação de Formoso à categoria de município. Esse processo passaria, quanto à forma, pela integração camuflada dos comunistas, atuando institucional e legalmente no Partido Social Democrático (PSD) com o objetivo de participar nas eleições para prefeito e para vereadores.

Segundo algumas fontes, o candidato seria Geraldo Marques; para outras, em menor escala, João Soares; mas somente o fato de Geraldo Marques ser considerado mais uma vez indicava uma recomposição política do Partido no local. Ainda assim, a necessidade de nomear interinamente o prefeito foi objeto de intenso debate partidário. Foi nesse momento que o Comitê de Zona, por meio de uma ampla e tumultuada discussão de base, acabou se definindo pelo nome de Bartolomeu Gomes da Silva (Bartô), encaminhado a Mauro Borges para homologação. Bartô, ao que tudo indicava, era na época o elemento mais dinâmico do PCB em Formoso, seja como dirigente seja como militante, sendo também membro da Direção Estadual. Mas são contraditórias as versões a respeito de a indicação ter sido objeto de um amplo debate junto ao Secretariado Estadual. Sebastião Bailão e José Ribeiro apontam que essa discussão estava de acordo e teve o apoio do Comitê Estadual. Mas Sobrinho afirma que o processo passou, de certa forma, um pouco à margem do conhecimento do Comitê Estadual, sendo decidido anteriormente em Formoso e, fato consumado, notificado às demais instâncias. Por fim, Kallil Dibb, na época primeiro secretário do Partido Comunista Brasileiro em Goiás, só teve conhecimento da nomeação de Bartô, bem como da emancipação de Formoso quando de sua entrevista para este trabalho nos anos 90.[65]

Por essa razão, percebe-se por esse impasse político um fator de crise e de tensão não equacionados, ainda que esse debate interno em Formoso e a nomeação de Bartô tenham ocorrido quase que parale-

---

65 Entrevistas concedidas por Kallil Dibb em 5/9/1990 e 12/1/1992, por Sebastião Gabriel Bailão em 15/11/1991, por José Ribeiro em 17/7/1990 e 16/11/1991, por José Sobrinho em 15/7/1990 e 21/7/1991, por Bartolomeu Gomes da Silva (Bartô) em 24/7/1995.

lamente ao processo de organização e realização do 1º Encontro Camponês de Goiânia. Ao que tudo indica, as evidências da fragilidade política das relações e tensões do Núcleo Hegemônico e o Secretariado Estadual do PCB quase vieram à tona no momento em que a autonomia do Partido no local, também somada a esses fatos, apontava para o crescimento de uma tendência à intervenção orgânica, ainda assim limitada e direcionada na região. Bailão conta sobre essa autonomia que se passava e a necessidade de mudança:

> Porque lá estava surgindo o seguinte: muitas coisas em vez de serem discutidas com a Direção Estadual aqui... estava vindo decidido direto... de certa maneira no nosso partido também existe hierarquia, né?... Nós tínhamos que mudar... tinha que substituir, fazer lá... tirar uma resolução no Formoso, transmitir o poder central aos conselhos, né? Para se criar uma nova Direção para o Comitê de Zona lá, do partido... o momento estava mudando tanto que já estava havendo contradição... E nós estávamos achando por bem fazer uma mudança, trazer elementos daqueles conselhos para assumir a responsabilidade como dirigente do Partido, né? E isso é obvio, em tudo quanto é organização... na maneira que nasce o novo, esse velho tem substituir... esse velho às vezes não está caminhando mais..., quer dizer que existia elementos do partido lá, da Direção que já estavam um pouco desrespeitando um pouco o fundamental da linha política do partido lá..., nós tinha que intervir, mas infelizmente não foi possível por causa do golpe...[66]

Não há dúvidas de que o processo não tenha tomado esse curso, em razão da falta de condições políticas para sua concretização, e ao que tudo indica, ficou restrito a algumas esferas do Comitê Estadual, principalmente em razão dos rumos do processo político, que apontava sugestivamente para um possível compromisso e uma efetiva rearticulação partidária que poderia ocorrer em poucos dias em um fórum privilegiado: o Encontro Camponês de Goiânia. Kallil Dibb admite desconhecer iniciativas em uma linha de intervenção e indica que o Encontro era a preocupação maior dos comunistas goianos naquela ocasião. Aponta também para o grau de descompasso e a

---

[66] Entrevista concedida por Sebastião Gabriel Bailão em 15/11/1991.

falta de projeto de continuidade política para Formoso, quando afirma que para ele e setores do Comitê Estadual:

> Naquela época, Formoso já deixava de ter aquela importância inicial. Por exemplo, nós voltamos nossa atividade para o sudoeste, a região de assalariado agrícola, vamos dizer, de arrendatários etc. E ali era a região onde vivia o povo de Goiás. Então Formoso desceu de importância, para sua verdadeira importância, né? Então, algumas questões, formação de cooperativas, a própria legalização de Formoso, nós não tínhamos em plenário do Comitê Estadual. Era um assunto muito, ligado ao próprio Formoso... no sudoeste era o centro de nossa preocupação. Formoso tinha perdido aquela importância geral no estado, era um elemento de propaganda da vitória dos camponeses na conquista da terra...[67]

Uma vez mais, porém, os descompassos políticos em curso entre o Núcleo de Formoso e a Direção Estadual em Goiás não ficaram totalmente alheios ao Comitê Central e às correntes internas que procuravam politicamente influir na definição das novas políticas que se gestavam e tomavam forma. Ao que parece, foi uma característica da assistência de seus membros, a exemplo de Antônio Granja, que alertava com freqüência o Secretariado Nacional para a necessidade de dar uma maior atenção à questão de Formoso e Trombas.[68] Acreditamos que é aqui que pode se entender a participação e a receptividade de Nestor Vera nesse período, que foi quem projetava e apostava numa linha de incorporação mais otimista as lutas camponesas, objetivando a incorporação dessa experiência a uma ação potencialmente diferenciada no Comitê Central. Ao que tudo indica, sua intervenção e acompanhamento na virada de 1963-1964, onde esteve em Formoso como assistente do Comitê Central, estaria claramente explícita nessa alteração de linha política, com forte inserção de base camponesa e que pôde ser delineada pouco depois no Encontro Camponês de Goiânia.

Nestor Vera (1963, p.97) publicamente apontou em suas conclusões para a necessidade de alterar e incorporar decisivamente o fator camponês e, particularmente, o campesinato goiano. Os campone-

---

67 Entrevistas concedidas por Kallil Dibb em 5/9/1990 e 12/1/1992.
68 Entrevista concedida por Antônio Granja em 25/1/1992.

ses de Formoso (que participaram ativamente do Congresso) e suas lideranças foram citadas como referências, conjuntamente com Sebastião Gabriel Bailão, da luta de Itauçu. Tudo indica que o PCB nesse momento apontava organicamente, ainda que de certa forma com uma relação frágil entre as suas várias correntes internas (camponesas e intelectuais), para um eixo político tendo o campesinato como fator de aglutinação.

Pode-se mesmo verificar que o processo em curso estaria sugerindo no PCB, juntamente com outras forças em Goiás, que o pêndulo da balança intelectuais ou camponeses se redefinia globalmente a favor do real poder inserido e da experiência acumulada no processo de luta e que ocorria paralela ao debate em curso no conjunto do Partido no País, mas abortado pelo Golpe de 1964. Tanto é que a nova correlação de forças em Goiás pós-"Encontro" não passou despercebida às classes conservadoras goianas. Apesar da relativa tranquilidade em contraposição a outras áreas do País, a mítica sobre a luta na região já merecia referências específicas à propaganda golpista em curso. O deputado federal de Goiás Emival Caiado, poucos dias antes do golpe, apontava a região como um dos focos comunistas onde se desencadearia uma sublevação nacional. Denunciou ainda que um informante de sua *confiança* localizou em Trombas:

> "4 metralhadoras de grande porte, com 4 bocas de fogo... que são armas com couraça protetora giratória e que servem também para fogo antiaéreo... russa de novo tipo... e de notável,... tem ela o fato de ser disparada por meio de pedais..., e de contar com 5.000 homens na região e a existência de meio milhar de metralhadoras...".[69]

Em Formoso, no entanto, o quadro real era de tranquilidade política, e a estratégia do Núcleo Hegemônico se definia para três linhas de intervenção para os novos desafios que se impunham, diante das alterações socioeconômicas em curso e, principalmente, das tarefas que tinha que equacionar politicamente com urgência. Uma primeira envolvia a relação de poder entre a Associação, os Conselhos e o novo

---
69 Cf. *O Estado de S. Paulo* de 8 e 9/2/1964. Sobre as manifestações conservadoras em relação à temática, ver também Gorender (1987, p.59); Pereira (1990, p.105-73); Motta (2002, p.260-1); Starling (1986, p.243-65).

poder legalmente instituído com a emancipação do município e implementação da prefeitura. Ao que tudo indicava, era uma questão equacionada, já que, com a rearticulação do Zonal, o PCB continuaria sendo o elo dinamizador de todo o processo e consensual e dialeticamente harmonizaria as contradições. E com a aparente definição da candidatura de Geraldo Marques, em substituição à interinidade de Bartô, estava recomposta provisoriamente a unidade política do Núcleo Hegemônico.

Um segundo aspecto era a relação da Associação e o Sindicato Rural. Também nesse ponto, tudo indicava o controle político e partidário, sem grandes conflitos aparentes na virada em 1964. Ainda que a sindicalização viesse ao encontro de uma política determinada pelo Comitê Central, bem como do Comitê Estadual, e entendida como necessária para as grandes massas camponesas no campo goiano, bem como a formação de uma entidade nacional (Contag), percebe-se que pelo crescente número de trabalhadores assalariados e pelo problema de exploração que se configurava, o sindicato poderia vir constituir num instrumento de representação e de reivindicação diferenciado (e talvez autônomo e posteriormente até conflituoso) da Associação, que tinha por perfil de associado o posseiro em vias de tornar-se pequeno proprietário da terra.

Por fim, a última: o debate e a configuração de um projeto já em curso de uma "Cooperativa Agrícola" de produção e consumo, ao que parece, estava funcionando embrionariamente às vésperas do golpe, como o terceiro e último e maior desafio em Formoso. A proposta vinha no sentido de equacionar as contradições existentes e superar politicamente em uma nova concepção de intervenção que possibilitasse a manutenção das conquistas obtidas até então com a posse da terra e sua superação em uma nova forma ação mobilizadora no processo de inserção capitalista da região.

Ainda assim, a recomposição política do núcleo do Partido e do Zonal nessa proposta enfrentava obstáculo maior, a incorporação consciente da grande maioria dos posseiros a uma nova e superior cultura de produção e de trabalho coletivo cooperativo que era contraditório ao tradicional e característico modo de vida e trabalho individual-familiar camponês. No momento, o quadro já estava aparentemente configurado no real desinteresse da grande maioria de posseiros originários e mesmo vários militantes comunistas advindos de todo o processo de luta, quase todos com o *status* de pequenos proprietários que se davam por satisfeitos com a posse e uso individual da terra. O desafio era maior com o grupo de posseiros advindos em sua grande maioria à região no pós-1961, em que as referências de luta e a inserção do PCB não se configuravam em laços fortes de identidade e, por essa razão, menos sensíveis à participação em um projeto comunitário.

Tudo indica que, em Formoso e Trombas, esse debate interno e embrionário em curso, propiciado por essa ainda frágil rearticulação política, estaria, dialeticamente, em processo de definição e com razoável grau de amadurecimento, especialmente para o núcleo partidário. A configuração desses objetivos era a alternativa possível como uma conseqüente estratégia de intervenção e, principalmente, de superação consciente para uma nova forma de trabalho cooperativo que, para o momento e para a região, viria a ser uma concepção revolucionária.

Em 1964 veio o golpe

Em 1º abril de 1964, com o golpe em curso no restante do País, ocorre uma certa expectativa da Direção do PCB em Goiânia quanto a seus desdobramentos; aliás, como recorda Jacob Gorender (1987, p.13), esperava-se mais uma vez uma favorável iniciativa antigolpista de Mauro Borges e até havia uma certa confiança de que o golpe seria derrotado. Igualmente nessa linha de resistência ao golpe, José Sobrinho relata para este trabalho que, na impossibilidade da permanência do governo em Goiânia (muito perto de Brasília), alguns dirigentes comunistas na capital cogitaram mesmo a transferência da sede do Executivo para Trombas, e de lá Mauro Borges mobilizaria a resistência.[70] Esse plano logo foi suspenso pela imediata adesão de Mauro Borges aos golpistas.

---

70 Entrevistas concedidas por José Sobrinho em 15/7/1990 e 21/7/1991.

Em Brasília, quando vieram as primeiras notícias sobre o golpe e sua evolução, segundo relatou o deputado federal Marco Antônio Tavares Coelho, surgiu um plano de resistência fora da capital. A partir de informações do ex-tenente Valter Ribeiro, bem como de Valter Waladares, o Partido Comunista Brasileiro na capital federal avaliou a possibilidade de resistência em algum outro ponto do Brasil, e desse projeto, mesmo sabendo da adesão de Mauro Borges ao golpe, a idéia daquele grupo era seguir com armas para a região de Formoso e dali iniciar o contragolpe. Ele, no entanto, ressaltou que essa hipótese somente foi contemplada dentro de um quadro em que houvesse uma resistência no Sul do País, onde estava João Goulart e Leonel Brizola. A decepção logo se seguiu e o plano de resistência foi abortado quando o grupo soube que João Goulart preferiu o exílio.[71]

A partir da definição do quadro político e militar a favor dos golpistas, o PCB determinou o recuo organizado de seus quadros, procurando salvar o que fosse possível, embora com reflexos diferenciados pelo Brasil. Paralelo àqueles acontecimentos em Brasília, Goiânia e no restante do País, em Formoso e Trombas também ocorreu um processo de mobilização e expectativa quanto aos desdobramentos do golpe e o reencontro do grupo inicial de 1954, Tibúrcio, Porfírio, Ribeiro e Soares conjuntamente com quadros comunistas formados no processo de luta e outros militantes vindos da capital. Ali, o debate polarizou-se entre Porfírio que queria resistir, ainda que isoladamente, e o Núcleo Hegemônico, que unitariamente decidiu pelo recuo ante a gravidade da situação política e militar. José Porfírio foi isolado e as armas existentes foram escondidas na serra. Em seguida, Porfírio, Tibúrcio e Bartô fugiram para o Maranhão, e Geraldo Marques, José Ribeiro e João Soares caíram na clandestinidade. Pouco tempo depois, com a primeira invasão militar na região, desapareceram a Associação e os Conselhos e um interventor foi nomeado para a prefeitura do município. Muitos posseiros começaram a vender suas posses em razão de dificuldades econômicas advindas

---

71 Entrevista concedida por Marco Antonio Tavares Coelho em 31/6/2003. Ver também Coelho (2000, p.267).

da falta de política de apoio e crédito aos pequenos agricultores e às pequenas propriedades, que, pela tradição de luta e necessidade de acabar com qualquer laço anterior, seria quase que uma política de governo. A região foi relegada a um completo abandono e gradualmente o quadro fundiário foi se alterando.

Poucos anos depois, ocorreram os debates preparatórios ao VI Congresso do Partido Comunista Brasileiro, realizado em 1967, estabelecendo-se a polêmica interna em relação à política a seguir no confronto da ditadura, ou seja "via armada ou frente democrática e de massas". O tom predominante e que acabará prevalecendo pode muito bem ser apreendido no artigo de Orestes Timbaúba, que analisa conclusivamente a necessidade de pôr fim a um ciclo de lutas armadas e de uma forma de intervenção. A luta de Formoso e Trombas e aquele rico processo de intervenção nos anos 50 mais uma vez volta à tona em sua reflexão e é paradigmático nessa nova formulação. Com efeito, a partir de uma análise das lições da história, Timbaúba procurou nesse longo artigo delinear uma política que prevalecesse para o futuro do PCB, particularmente, quando pontua e recupera alguns movimentos armados. Em suas palavras:

> No período de 1948/1954 tivemos os esforços de Porecatu, no Paraná; Formoso, em Goiás; Indianápolis e Fernandópolis, em São Paulo, e Capinópolis, em Minas Gerais. Com exceção de Formoso, que adquiriu conteúdo de massas, em luta por reivindicações locais, nenhum outro passou por pequenos grupos, a despeito da propaganda feita em escala nacional [...] Estes exemplos tomados da prática da revolução brasileira, demonstram que a tese do foco revolucionário não é válido para qualquer país, em qualquer momento. No caso brasileiro, houve muitas fagulhas, mas nenhuma delas conseguiu incendiar o prado. As condições não estavam maduras, vê-se logo. Pegar em armas, ou não, não é critério de julgamento de um partido revolucionário, marxista, mas se fosse, os comunistas e patriotas brasileiros poderiam comparecer de cabeça erguida ante quaisquer julgadores.[72]

---

72 Cf. Orestes Timbaúba, membro do Comitê Central do PCB. *Tribuna de Debates*, n.8 de 15/12/1966 in Mir (1994, p.200).

Posteriormente ao VI Congresso, um pequeno núcleo comunista ainda se rearticulou em Trombas, atuando timidamente; e, paralelamente, no final da década de 1960, o Partido Revolucionário dos Trabalhadores (PRT) começou a atuar quase que ostensivamente na região, como também alguns quadros do PC do B, ambos objetivando incorporar aqueles núcleos a seus projetos de luta no campo, e o último já tinha como cenário de intervenção o Araguaia. Os resultados foram pífios, já que esses atores políticos não foram bem-sucedidos na cooptação dos posseiros e dos antigos militantes aos novos projetos revolucionários.

No ano de 1971, com a descoberta da guerrilha do Araguaia e a prisão de José Porfírio (naquela ocasião, membro do PRT), ocorreu de forma extremamente violenta pelo Exército a segunda invasão da região de Formoso e Trombas e seus arredores, com a prisão e a tortura de dezenas de pessoas e antigos quadros comunistas. No curso da intitulada "Operação Mesopotâmia", a imprensa nacional anunciou com alarde a "Incrível história de um país russo no Brasil" e o fato de que "Goiás abrigou durante 11 anos um Estado Comunista", bem como a prisão das principais lideranças (exceto por João Soares, sendo provável que ele já tivesse morrido em razão da idade avançada) e a descoberta de um sofisticado arsenal de armas.[73] Os quadros comunistas mais uma vez foram confrontados com documentos forjados a respeito de uma "Constituição do Estado das Trombas" explorada com detalhes nessas reportagens, e inquiridos sobre a localização e composição de um vasto arsenal. Os referidos documentos não constam ou nem sequer são citados nos IPM, e em relação ao sofisticado arsenal, foram encontradas bem poucas armas na região de

---

73 Sobre as torturas e a Operação Mesopotâmia, há vários relatos e fontes. Nas palavras de Geraldo Marques em entrevista a Maria Esperança: "*Os principal torturador foi o Coronel Ari, porque ele era o responsável pelo processo, e os subalternos foram o Capitão Madruga, que era especial na tortura, o Sargento Artur e o Vasconcelos, os Cabo Torezan e o Dionísio. Nós fomos soltos depois de muito cacete, mas o Zé Porfírio desapareceu.*" Fernandes (1988, p.179); Cf. *Jornal da Tarde*, 7/8/1972 e 11/9/1971; e *O Estado de S. Paulo*, 11/9/1971; IPM 02-BNM, Unicamp; Abreu (1985, p.129); Freitas (1981, p.179-80); Maciel (2000).

Trombas – dezesseis rifles, mosquetões e alguma munição – escondidas em 1964 em duas posses de difícil acesso, e que, pelo tempo, estavam em péssimo estado de conservação.

Ao longo dos anos seguintes, não houve nenhuma atividade política de esquerda organizada em Formoso e Trombas, e o silêncio perdurou por muito tempo, e muitos dos expoentes originários daquele processo fugiram, sem jamais retornarem. O processo de concentração fundiária foi se alterando e são muito poucas as pequenas propriedades e menor ainda o grupo de posseiros do período 1950. O antigo palco da luta está hoje dividido em cinco municípios, e Trombas se emanciparia de Formoso em 1989. A Associação dos Lavradores, os Conselhos de Córregos, o Partido Comunista fazem parte de um passado distante, embora a luta ali desenvolvida ainda esteja viva e na memória do povo. E, em relação ao povo, vale recuperar uma bela passagem com sabor de poesia: "fica o meu testemunho e continua o do povo. E a memória do povo é do tamanho do mundo..." (Pereira, 1990, p.176).

Conclusão

> *Vamos precisar de todo mundo*
> *Um mais um é sempre mais que dois*
> *Pra melhor juntar as nossas forças*
> *É só repartir melhor o pão*
> *Recriar o paraíso agora*
> *Para merecer quem vem depois.*
>
> ("O sal da terra", de Beto Gedes
> e Ronaldo Bastos)

Ao longo deste trabalho, algumas polêmicas permaneceram abertas sobre o caráter das revoluções camponesas e dos agentes de mediação, particularmente em relação ao sentido etnocêntrico e preconceituoso de muitas abordagens contemporâneas sobre a atuação do PCB no processo histórico de 1950 a 1964. Em relação ao Partido Comunista Brasileiro, ainda que incorporasse uma concepção orgânica leninista de composição e intervenção e atuasse em todas as suas esferas como um bloco monolítico, são muitos os elementos que indicam que o partido somente tenha se aproximado dessa real configuração por um curto período de tempo, no início da década de 1950, quando o "Arrudismo" atinge seu ápice. Mas a partir de 1954, o PCB perde paulatinamente essa feição como característica maior de ação e, por essa razão, resulta ser um equívoco avaliar a possibilidade de um completo controle orgânico do Comitê Central em todo o processo político, independentemente das particularidades regionais e locais em que seus militantes estavam inseridos.

É nessa linha de análise que se percebe uma variante pouco explorada de uma concepção de partido que, ante as limitações de uma atuação clandestina, apontava para a conseqüente impossibilidade do conjunto de suas direções, nacional e regional, de determinar e avaliar as mediações e tensões existentes no processo de intervenção partidária. Dessa percepção decorre "O Partido" como uma expressão de um pólo aglutinador ainda hoje presente na esquerda, que extrapola freqüentemente seu caráter orgânico e dificulta, particularmente em momentos de grande agitação política, a visualização correta de seu quadro constitutivo e dirigente e sua real capacidade de mobilização e intervenção. Nesse sentido, verifica-se que são muitas as considerações a serem realizadas no caso do movimento dos posseiros na luta pela terra em Formoso e Trombas e a política de intervenção revolucionária do PCB nos anos 50-60.

Inicialmente, não se pode dissociar a especificidade da conquista pela posse da terra do contexto histórico de relativas liberdades democráticas daquele período (1945-1964) e que possibilitou, em graus variados, uma pressão positiva e uma articulação política regional inédita em Goiás, com reflexos no quadro nacional. E também, no caso específico de Goiás, encontraria nos sucessivos governos do estado uma classe dirigente portadora de um projeto de modernização, sendo essa, aliás, simpática em relação à alteração da questão fundiária. Percebe-se, no entanto, que se foi uma razão importante, não foi a preponderante da vitória do Partido Comunista e dos posseiros em Formoso e Trombas, já que o período foi permeado de outras lutas por todo o país com resultados diferenciados; variando desde a vitória, ainda que parcial, como foi o caso de Porecatu, até as muitas derrotas, e, em especial, podemos citar, Porangatu, município vizinho a Formoso.

A questão da terra na região é originada pelo avanço capitalista no interior brasileiro, pontuada na região de Trombas por uma política de colonização oficial, que resultou na migração de milhares de camponeses sem terra à Colônia Agrícola de Goiás (Cang). Ao procurar se instalar no local, e em face da impossibilidade de assentamento, muitos deles dirigiram-se à área de Formoso. Muitos desses posseiros, entre outros que lá estavam há anos e outros que chegavam mensalmente, eram expulsos de outras regiões – alguns até participantes de uma embrionária ação política no PCB em outras lutas pelo estado –, e por isso, a questão de resistência era uma razão de sobrevivência e mesmo de falta de opção. Aqui se podem apontar alguns elementos para compreender a interação dos muitos posseiros em atuar coletivamente naquele contexto.

Dessa confluência de fatores, percebe-se a origem de tímidas tentativas de organização até 1954, por elementos que, ainda distantes do PCB como organização política interveniente, o tinham como referência, e no caso de alguns, até uma relação umbilical como reflexo da sua intervenção em momentos anteriores. A linha política do Partido Comunista no período caracterizava-se pela concepção de uma revolução em curto prazo, em que as condições de insurreição estariam maduras, bastando uma fagulha a incendiar o estopim.

As primeiras tentativas de intervenção como em Porecatu, nos anos 50, ainda que não tenham produzido a sublevação nacional, pautavam a concepção política presente e em vigor quando os primeiros assistentes do Comitê Central iniciaram uma avaliação da potencialidade do estado de Goiás de vir a ser o pólo iniciador desse processo. As tensões internas do PCB regional estavam ainda latentes, mas a possibilidade de ação possibilitaria a unidade necessária à revolução. As condições regionais e até nacionais também pareciam maduras, e a Revolução Chinesa já vinha demonstrando a viabilidade de uma política de "terras libertas" que se alastraria por todo o país, com apoios em importantes correntes internas do Partido. Por essa razão é que a região foi apontada como um palco privilegiado onde poderia ocorrer a revolução. Foi a partir desse momento e com esse espírito de luta que alguns quadros comunistas organizados na Cang acabaram sendo enviados com o objetivo de organizar a resistência na área.

O estopim foi aceso e o fogo começou a correr para o barril de pólvora. Armas foram enviadas e assistentes políticos possibilitaram um certo treinamento e instrução em seu manuseio. Mas a impossibilidade maior da incorporação da luta na região a um caráter nacional decorreu da própria inexistência de um projeto revolucionário amadurecido do Partido Comunista para o País. A revolução nacional não existia além de uma vaga proposta de sublevação a partir de uma análise de condições que estariam amadurecidas, análise essa que se mostrou equivocada. A luta de Porecatu, como também a luta de Formoso e Trombas, sem estarem inseridas em um contexto nacional, similar ao que ocorreu em outros países, forçosamente ficou restrita a um contexto regional e somente poderia decolar do isolamento se estivesse associada a um projeto político nacional revolucionário que viabilizasse sua incorporação como elemento potencializador. A incorreta leitura de que a realidade do País possibilitava essa linha de intervenção e a falta de um projeto estratégico e, principalmente, a impossibilidade de desenvolvimento pelo PCB de políticas similares em outras regiões do país que permitissem uma ação integrada —embora houvesse esforços nesse sentido — significou o isolamento do movimento de Formoso e Trombas.

Um elemento diferenciador de muitos outros movimentos orientados pelo PCB se deu em relação à forma localizada de intervenção. Inicialmente, vale ressaltar que todos os integrantes eram camponeses de origem, o que facilitou sua inserção no grupo de posseiros de Formoso. Um outro aspecto decorre do fato de eles terem tido uma militância anterior e, escolados por uma atividade política não muito bem-sucedida na Cang, souberam desenvolver e aplicar com habilidade a linha política vigente, incorporando a ação partidária no atendimento das reivindicações dos posseiros da região, principalmente a mais urgente, a posse da terra. E por extensão, a habilidade com que esse "Núcleo Hegemônico" conduziu a incorporação de novos elementos ao processo, sem expor o PCB de forma ostensiva, foi uma tática que possibilitou a quebra gradual de resistência aos comunistas pelos posseiros em relação a uma política de formação e incorporação de quadros, que aliás aponta, por seus bons resultados, os equívocos até hoje presentes de que a liderança carismática de José Porfírio tenha organizado e conduzido à luta por todo o período.

Essa identificação – objetivando etapas de mobilização, elevar o grau de consciência a um patamar que possibilitasse em uma fase posterior a conquista de outros objetivos – possibilitou o amadurecimento de um elemento que veio a ser decisivo na organização interna do processo de resistência: a Associação dos Lavradores e, posteriormente, o Conselho de Córrego. Sem dúvida, esses fatores foram favorecidos pela incorporação de muitos elementos próximos ao PCB em uma fase anterior e pela correta apreensão de uma forma de cooperativismo do camponês existente a partir da localidade de suas moradias às margens dos córregos. Percebe-se que esses elementos é que definirão, em seguida, o caráter singular do PCB na região como um partido de massas.

A ruptura histórica do XX Congresso do PCUS e a resultante paralisia do partido, contudo, teve como conseqüência o quase isolamento político da luta em Trombas. Essa situação também provocou uma crise no PCB Estadual, que virtualmente entrou em colapso como órgão diretivo, e por um período extremamente tenso ocorreu uma relativa ausência de participação do Comitê Central no processo, já que o Comitê Estadual atuava principalmente nos centros urbanos e desenvolvia uma eficiente articulação política de apoio e de pressão popular. Isso só foi restabelecido com a chegada de muitos quadros advindos de cursos da URSS, que possibilitaram uma articulação orgânica mínima e uma orientação política necessária no momento em que a invasão de tropas estaduais era uma questão de tempo. De qualquer forma, a mobilização armada no local foi um fator preponderante nas vacilações da intervenção por parte do governo do estado. Decorre desses fatos e do momento político a incompreensão vigente sobre a ausência de uma avaliação de parte por Comitê Central em relação à potencialidade da luta de Formoso. Mas foi essa leitura que possibilitou o equacionamento político da luta armada e a conseqüente conquista da terra.

Curiosamente, a nova linha política do Partido Comunista Brasileiro a partir da "Declaração de Março" encontrou condições favoráveis a sua implementação no conjunto do Partido, como também na região. Ainda que o apoio armado por parte do Comitê Central via o Trabalho Especial (TE) continuasse até meados da década de 1960, período este em que essa região foi relegada ao abandono por parte das administrações estaduais, desses elementos conjugados surgiu a necessidade de a Associação assumir o papel de governo na área. É nesse momento que passa a existir no imaginário a República Socialista de Formoso e Trombas, e o PCB adquire efetivamente um caráter de partido de massas. Mas, paradoxalmente, o fecundo debate interno propiciado pela nova linha política do pós-1958, reafirmado como projeto partidário no V Congresso em 1960, indicativo da necessidade de elaboração de uma alternativa democrática e de massas para o País, estabelece-se embrionariamente em um quadro político diferenciado. A cisão interna do Partido, a Revolução Cubana, a erupção de outros movimentos de massa e armados e a permanente tensão das várias correntes do Partido Comunista no sentido de hegemonizar as diretrizes a serem desenvolvidas no futuro projeto encontraram no movimento alguns impasses, como a falta de uma alternativa de continuidade no momento de sua maior vitória, ou seja, a conquista da terra, justamente no ápice de maior prestígio político do partido na região, que foi a eleição de um membro de Formoso e Trombas ao Comitê Central e outro à Assembléia Legislativa do estado.

Por essa linha de análise, é que a problemática em questão deve ser apreendida, ou seja, a partir das tentativas de elaboração de um projeto político nacional do PCB, que delineava naquele contexto histórico extremamente rico e conflituoso os impasses e tensões constantes no processo de intervenção em suas várias mediações internas. Percebe-se a dificuldade do PCB em realizar a ruptura de uma concepção objetivando a continuidade de um processo. Em Goiás e Formoso, as tensões entre o Comitê Estadual e Zonal, o avanço capitalista na região e a conseqüente chegada de milhares de outros posseiros dissociados da relação de luta existente proporcionaram ao Partido e a seus militantes a maior crise de sua história. Mas essa crise, que era extensiva em graus variáveis a outros núcleos do Partido no País, deve ser contabilizada como reflexo da crise do conjunto do Partido Comunista nesse processo que já dava indicativos de superação por volta de 1963.

Naquele ano, mais ou menos em fins de 1963, os indicativos de equacionamento das lutas internas e a reafirmação da nova linha política advinda de uma reflexão posterior aos programas anteriores e à incorporação das experiências de luta e intervenção acumuladas já estavam presentes ao conjunto do PCB. Em Goiás, ocorreu uma crescente incorporação de novos segmentos de base camponesa no Partido, e em Formoso foram superadas algumas tensões internas, sendo criada uma cooperativa agrícola. Ocorre também a emancipação do município. Ao que parece, aqui se apresentam os indicativos da ruptura e superação do nó górdio em Formoso e Trombas. A possibilidade de reincorporar os posseiros em uma nova forma de produção e comercialização coletiva já apontava para contornos de recuperação de uma experiência de trabalho conjunto até então pouco desenvolvido. O projeto cooperativo provavelmente apontaria para uma consciência de intervenção de produção coletiva como a alternativa de continuidade e intervenção revolucionária possível no momento, e que poderia delinear e superar os contornos em relação à individualidade do camponês e à ausência de um projeto estratégico nacional. É na execução desse projeto e em seu desenvolvimento que o Partido Comunista Brasileiro e o movimento de Formoso e Trombas poderiam configurar elementos de reflexão para uma nova história.

Referências Bibliográficas

ABRAMOVAY, R. *Paradigmas de um capitalismo agrário em questão*. São Paulo: Hucitec, 1992.
ABREU, S. de B. *Trombas. A guerrilha de Zé Porfírio*. Brasília: Goethe, 1985.
ALMEIDA, A. W. B. de. As bibliotecas marxistas e as escolas de partido. *Religião e Sociedade*, Rio de Janeiro, n.9, junho de 1983. Tempo & Presença (co-edição).
ALMEIDA, L. F. *Ideologia nacional e nacionalismo*. São Paulo: Educ, 1995.
_____. *Uma ilusão de desenvolvimento*: nacionalismo e dominação burguesa nos anos JK. Florianópolis: Ed. Da UFSC, 2006.
ALVES FILHO, I. *Giocondo Dias*: uma vida na clandestinidade. Rio de Janeiro: Mauad, 1997.
_____. *Brasil, 500 anos em documentos*. Rio de Janeiro: Mauad, 1999.
_____. *A pintura como conto de fadas*: Aparecida Azedo. Brasília: Fundação Astrojildo Pereira/FAP, Abaré, 2003.
AMADO, Janaína. *Movimentos sociais no campo*. 1948-1964. s. l.: Pipsa, 1980.
_____. *Eu quero ser uma pessoa*: revolta camponesa e política no Brasil (Mímeog). s. d.
AMADO, Jorge. *O cavaleiro da esperança*. Rio de Janeiro: Record, 1979.
_____. *Os subterrâneos da liberdade*. São Paulo: Martins Francisco, 1977. v.3.

ANDRADE JÚNIOR, H. de. *A Escola Superior de Guerra*: um estudo sobre o pensamento militar diante da questão agrária (1949-1964). Rio de Janeiro, 1998. Dissertação (Mestrado) – CPDA, Programa de Pós-Graduação em Desenvolvimento, Agricultura e Sociedade, Universidade Federal Rural do Rio de Janeiro.

ANDRADE, M. de P. *Terra de índio*: identidade étnica e conflito em terras de uso comum. São Luís: UFMA, 1999.

ARAÚJO, B. J. de. A questão agrária nas Assembléias Constituintes de 1934 e 1946. *Revista Novos Rumos*, São Paulo, ano 2, n.1, jan.-fev.-mar. 1987.

ARIAS, S. *A Revista Estudos Sociais e a experiência de um marxismo criador*. Campinas, 2003. Dissertação (Mestrado) – Departamento de Sociologia do Instituto de Filosofia e Ciências Humanas, Universidade Estadual de Campinas.

AUED, B. W. *A vitória dos vencidos*. Florianópolis: Ed. da UFSC, 1986.

_____. *Questão agrária*: dilemas e paradoxos no acender das luzes do século XXI. São Paulo, 1990. Tese (Doutorado em Ciências Sociais) – Pontifícia Universidade Católica.

AZEVEDO, F. A. *As Ligas Camponesas*. Rio de Janeiro: Paz e Terra, 1982

BALLARIN, A. H. V. *Doutrina de Segurança Nacional*: elitismo, intervenção e tutela política como projeto para o Brasil. Marília: Faculdade de Filosofia e Ciências, Universidade Estadual Paulista, 2005.

BARROSO, M. A. *Os posseiros*. 2.ed., Rio de Janeiro: Record, 1986.

BARRIGUELLI, J. C. *Subsídios à história das lutas no campo em São Paulo (1870-1956)*. São Carlos: Arquivo de História Contemporânea, Ufscar, 1981.

BASBAUM, L. *História sincera da República*. São Paulo: Alfa-Ômega, 1976. v.1, 2 e 3.

_____. *A caminho da revolução operário-camponesa*. Rio de Janeiro: Editorial Calvino, 1934.

BASTOS, E. R. *As Ligas Camponesas*. Petrópolis: Vozes, 1984.

_____. A mobilização camponesa no Nordeste – 1954/1964, In: SANTOS, J. V. (Org.) *Revoluções camponesas na América Latina*. São Paulo: Ícone; Campinas: Ed. Unicamp, 1985. p.263.

BERNARDES, C. *Nunila*: a mestiça mais bonita do sertão brasileiro. Rio de Janeiro: Record, 1984.

BERNARDES, M. E. *Laura Brandão*: a invisibilidade da mulher na política. Campinas, 1995. Dissertação (Mestrado em História) –

Instituto de Filosofia e Ciências Humanas, Universidade Estadual de Campinas.
BERTELLI, A. R. *Marxismo e transformações capitalistas*. São Paulo: Instituto de Projetos e Pesquisas Sociais e Tecnológicas (Ipso); Instituto Astrojildo Pereira (IAP), 2000.
BEZERRA, G. *Memórias*. Rio de Janeiro: Civilização Brasileira, 1980. v.1 e 2.
BEZERRA, J. L. *Depoimento (Minha vida, a sindicalização rural e as lutas camponesas no Brasil. – Contag: uma vitória dos trabalhadores rurais e da democracia em 1963)*. Fortaleza: Imprensa Oficial do Ceará, 1988.
BIZELLI, E. A. *O processo de urbanização no interior paulista*: um estudo de caso, a cidade de Fernandópolis. São Paulo, 1993. Dissertação (Mestrado) – Pontifícia Universidade Católica.
BOITO JÚNIOR, A. *O golpe de 54*. São Paulo: Brasiliense, 1980.
BORGES, M. *O golpe em Goiás*. História de uma grande traição. Brasília: Centro Gráfico do Senado Federal, 1987.
BRANDÃO, O. *Agrarismo e industrialismo*: ensaio marxista-leninista sobre a revolta de São Paulo e a guerra das classes no Brasil. 2.ed. São Paulo: Anita Garibaldi, 2006.
BRANDÃO, G. M. *A esquerda positiva*: as duas almas do Partido Comunista – 1920/1964. São Paulo: Hucitec, 1997.
BUONICORE, A. *Os comunistas e a estrutura sindical corporativa (1948-1952)*: entre a reforma e a ruptura. Campinas, 1996. Dissertação (Mestrado) – Instituto de Filosofia e Ciências Humanas, Universidade Estadual de Campinas.
CAMPOS, F. I. *Questão agrária*: bases sociais da política goiana (1930-1964). São Paulo, 1985. Tese (Doutorado em Ciências Sociais) – Faculdade de Filosofia, Letras e Ciências Humanas, Universidade de São Paulo.
_____. *Coronelismo em Goiás*. Goiânia: Ed. da UFG, 1987.
CAMPOS, F. I.; DUARTE, A. T. *O Legislativo em Goiás*: história e legislaturas. Goiânia: Assembléia Legislativa de Goiás, 1996. v.1.
CANDIDO, A. *Os parceiros do Rio Bonito*. São Paulo: Duas Cidades, 1988.
CASTRO, J. B. S. de. *O Partido Comunista e a Educação nas décadas de 40 e 50*. São Paulo, 1991. Dissertação (Mestrado) – Pontifícia Universidade Católica.
CARVALHO, A. de. *Vale a pena sonhar*. Rio de Janeiro: Rocco, 1997.
CARVALHO, L. M. de. *Mulheres que foram à luta armada*. São Paulo: Globo, 2002.

CARONE, E. *O PCB, 1943 a 1964*. Corpo e alma do Brasil. São Paulo: Difel, 1982.

_____. *O marxismo no Brasil*. Das origens a 1964. Rio de Janeiro: Dois Pontos, 1986.

CAVALCANTE, P. *Da Coluna Prestes à queda de Arraes*. (O caso eu conto, como o caso foi: Memórias). São Paulo: Alfa-Ômega, 1978.

_____. *Nos tempos de Prestes* (O caso eu conto, como o caso foi: Memórias). Recife: Guararapes, 1982.

_____. *Os equívocos de Caio Prado Júnior*. São Paulo, Argumento, s. d.

CHAIA, M. *Intelectuais e sindicalistas*: a experiência do Dieese – 1955/1990. São Paulo: Humanidades, 1992.

CHAIA, V. L. *Os conflitos de arrendatários de Sta Fé do Sul* – SP, 1959-1969. São Paulo, 1981. Dissertação (Mestrado) – Faculdade de Filosofia, Letras e Ciências Humanas, Universidade de São Paulo.

CHAYANOV, A. V. *On the theory of peasant economy* (paperback). University of Wisconsin Press, May 1986, 316 pages

CHILCOTE, R. *Partido Comunista Brasileiro*: conflito e integração. Rio de Janeiro: Graal, 1982.

COELHO, M. A. T. *Herança de um sonho*: memórias de um comunista. Rio de Janeiro: Record, 2000.

COLETTI, C. *A estrutura sindical no campo*: a propósito da organização dos assalariados rurais na região de Ribeirão Preto. Campinas: Editora da Unicamp, 1998.

CORDEIRO, C. *Memória e história*. São Paulo: Lech, 1982. v.2.

CORRÊA, H. *Memórias de um stalinista*. Rio de Janeiro: Opera Nostra, 1994.

COSTA, H. da. *Em busca da memória*: comissão de fábrica, partido e sindicato no pós-Guerra. São Paulo: Scritta, 1995.

COSTA, L. F. (Org.) *O Congresso Nacional Camponês-Trabalhador Rural no processo político brasileiro*. Rio de Janeiro: Universidade Rural, Sociedade do Livro, 1993.

_____. *Sindicalismo rural brasileiro em construção*. Rio de Janeiro: Forense Universitária, UFRRJ, 1996.

COSTA, S, A. *CGT e as lutas sindicais brasileiras*. São Paulo: Grêmio Politénico, 1981.

COUTINHO, C. N. *Gramsci – um estudo sobre seu pensamento político*. Rio de Janeiro: Campus, 1989.

COUTINHO, C. N.; NOGUEIRA, M. A. (Org.) *Gramsci e a América Latina*. São Paulo: Paz e Terra, 1988.

CUNHA, B. R. R. *A poética da natureza na obra de Eluard e Bandeira*. São Paulo: Annablume, 2000.

CUNHA, M. de F. da. *Eles ousaram lutar...*: a esquerda e a guerrilha nos anos 60-70. Londrina: UEL, 1988.

CUNHA, P. R. da. Agrarismo e industrialismo: pioneirismo de uma reflexão. *Revista Novos Rumos*, São Paulo, ano 12, n.26, set.-out. 1997.

_____. *Um olhar à esquerda*: a utopia tenentista na construção do pensamento marxista de Nelson Werneck Sodré. Rio de Janeiro: Revan, Fapesp, 2002.

_____. *O camponês e a história*: a construção da Ultab e a formação da Contag nas memórias de Lyndolpho Silva. São Paulo: Instituto de Projetos e Pesquisas Sociais (Ipso); Instituto Astrojildo Pereira (IAP), 2004.

DAYRELL, E. G. *Colônia Agrícola Nacional de Goiás*. São Paulo, 1974. Dissertação (Mestrado) – Faculdade de Filosofia, Letras e Ciências Humanas, Universidade de São Paulo.

_____. *O PCB - GO*: 1936-1948. São Paulo: Faculdade de Filosofia, Letras e Ciências Humanas, USP, 1984.

DE PAULA, D. G.; STARLING, H. M. M.; GUIMARÃES, J. R. (orgs). *Sentimento de reforma agrária, sentimento de república*. Belo Horizonte: Editora da UFMG, 2006.

DELGADO, L. de A. N. *O Congresso Geral dos trabalhadores no Brasil (1961-1964)*. 2.ed. Petrópolis: Vozes, 1986.

DEL ROIO, J. L. *Zarattini*: a paixão revolucionária. São Paulo: Ícone, 2006.

DEL ROIO, M. *Os prismas de Gramsci*: a fórmula política da frente única (1919-1926). São Paulo: Xamã, 2005.

_____. *A classe operária na revolução burguesa*: a política de alianças do PCB – 1928/1935. Belo Horizonte: Oficina de Livros, 1990.

DIAS, Giocondo. Francisco Julião, os comunistas e a Revolução Brasileira. In: SANTOS, R. *Questão agrária e política*: autores pecebistas. Rio de Janeiro: Edur, 1996. p.93-101.

ELLIS, B. *O tronco*. São Paulo: Francisco Alves, 1985.

ENGELS, F. *As guerras camponesas na Alemanha*. São Paulo: Grijalbo, 1977.

FACÓ, R. *Cangaceiros e fanáticos*. Rio de Janeiro: Civilização Brasileira, 1965.

FALCÃO, J. *O Partido Comunista que eu conheci*: 20 anos de clandestinidade. Rio de Janeiro: Civilização Brasileira, 1988.

_____. *Giocondo Dias*: a vida de um revolucionário. São Paulo: Agir, 1993.

FALEIROS, M. I. *Percursos e percalços do PCB no campo (1922-1964)*, São Paulo, 1989. Tese (Doutorado) – Faculdade de Filosofia, Letras e Ciências Humanas, Universidade de São Paulo.

FANON, F. *Os condenados da terra*. Rio de Janeiro: Civilização Brasileira, 1979.

FELIX, S. A. *Geografia do Crime*: interdisciplinariedade e relevâncias. Marília: Unesp, 2002.

FERNANDES, F. *Capitalismo dependente e classes Sociais na América Latina*. Rio de Janeiro: Zahar. 1975

_____. *Da guerrilha ao socialismo*: a Revolução Cubana. São Paulo: TAQ, 1979.

FERNANDES, M. E. C. *A revolta camponesa de Formoso e Trombas*. Goiânia: Ed. UFGO, 1988.

FERNANDES SOBRINHO, J. *Vidas e vivência* – Terra e gente (Mimeogr.), s. d.

FERREIRA, E. F. X. *Mulheres, militância e história*. Rio de Janeiro: Editora Fundação Getúlio Vargas, 1996.

FERREIRA, J. *Prisioneiros do mito*: cultura e imaginário dos comunistas no Brasil (1930-1956). Niterói: Eduff; Rio de Janeiro: Mauad, 2002.

FIGUEIREDO, J. R. *Modo de ver a produção no Brasil*. São Paulo: Educ; Campinas: Autores Associados, 2004.

FIGUEIREDO, L. *Ministério do Silêncio*: a história do serviço secreto brasileiro de Washington Luís a Lula (1927- 2005). Rio de Janeiro: Record, 2005.

FREITAS, A. de. *Resistir é preciso*. Rio de Janeiro: Record, 1981.

GARCIA, M. A. M. *Sindicalismo rural em Ribeirão Preto (SP) na década de 1950*: a militância de Nazareno Ciavatta. 2005. Franca, 2005. 216f. Tese (Doutorado em História) – Faculdade de História, Direito e Serviço Social, Universidade Estadual Paulista.

GIOVANETTI NETTO, E. *O PCB na Assembléia Constituinte de 1946*. São Paulo: Novos Rumos, 1986.

GODOY, J. *O caminho de Trombas*. Rio de Janeiro: Civilização Brasileira, 1966.
GOMES, A. de C. et al. (Coord.) *Velhos militantes*: depoimentos de Elvira Boni, João Lopes, Eduardo Xavier, Hilcar Leite. Rio de Janeiro: Zahar, 1988.
GOMES, D. de O. *A práxis do guerreiro*: a história de Antonio Ribeiro Granja. Brasília: Fundação Astrojildo Pereira, 2006.
GOMES, I. Z. *1957: a revolta dos posseiros*. 2.ed. Curitiba: Criar, 1987.
GORENDER, J. *O escravismo colonial*. São Paulo: Ática, 1980.
_____. *Combate nas trevas*. São Paulo: Ática, 1987.
GRAMSCI, A. *Democracia operária*. Coimbra: Centelha, 1976
_____. *Maquiavel e a política do estado moderno*. Rio de Janeiro: Civilização Brasileira, 1978a.
_____. *Concepção dialética da História*. Rio de Janeiro: Civilização Brasileira, 1978b.
_____. *A questão meridional*. Rio de Janeiro: Paz e Terra, 1987.
GRAMSCI, A.; BORDIGA, A. *Conselhos de fábrica*. São Paulo: Brasiliense, 1981.
GRUPPI, L. *O conceito de hegemonia em Gramsci*. Rio de Janeiro: Graal, 1978.
GUIMARÃES, A. P. *Quatro séculos de latifúndio*. 6.ed. São Paulo: Paz e Terra, 1989.
_____. As três frentes de luta de classes no campo brasileiro. In: SANTOS, R. *Questão agrária e política*: autores pecebistas. Rio de Janeiro: Edur, 1996. p.76.
GUIMARÃES, M. T. C. *Formas de organização camponesa em Goiás (1954-1964)*. São Paulo, 1982. Dissertação (Mestrado em Ciência Política) – Pontifícia Universidade Católica.
GUIMARÃES, R. *Travessia*: da tortura e dos meios de resistir a ela. Rio de Janeiro: Revan, 1999.
HIRANO, S. *Pré-capitalismo e capitalismo*. São Paulo: Hucitec, 1987.
HOBSBAWM, E. Os camponeses e a política. *Revista Ensaio de Opinião* (Mimeogr.) s. d.
_____. *Rebeldes primitivos*: estudo de formas arcaicas de movimentos sociais nos séculos XIX e XX. Rio de Janeiro: Zahar Editores, 1978.
IANNI, O. *O colapso do populismo no Brasil*. Rio de Janeiro: Civilização Brasileira, 1968.
_____. *Ditadura e agricultura*. Rio de Janeiro: Civilização Brasileira, 1979a.

_____. *Colonização e contra-reforma agrária na Amazônia*, Petrópolis: Vozes, 1979b.

_____. *Dialética & capitalismo*. Petrópolis: Vozes, 1988.

ISIDORO, C. P. F. *A questão agrária e a constituição de 1934*. Marília, 2003. Dissertação (Mestrado) – Faculdade de Filosofia e Ciências, Universidade Estadual Paulista.

JULIÃO, F. *O que são as Ligas Camponesas?* Rio de Janeiro: Civilização Brasileira, 1962.

LAGOA, M. I.; MAZZEO, A. C. (Org.) *Corações vermelhos*: os comunistas brasileiros no século XXI. São Paulo: Cortez, 2003.

LAPA DO AMARAL, J. R. *Modos de produção e realidade brasileira*. Petrópolis: Vozes, 1980.

LEAL, M. *À esquerda da esquerda*: trotskistas, comunistas e populistas no Brasil contemporâneo (1952-1966). São Paulo: Paz e Terra, 2004.

LEAL, V. N. *Coronelismo, enxada e voto*. O município e o regime representativo no Brasil. 2.ed. São Paulo: Alfa-Ômega, 1975.

LEÃO AQUINO, H. R. R. S.; COSTA VIEIRA, F. A. da; MARTINS, L. (Org.) *PCB*: Oitenta anos de luta. Rio de Janeiro: Fundação Dinarco Reis, 2002.

LENIN, W. I. *Obras escolhidas*. s. l.; Avante, 1977. v. 1, 2, 3.

LINHARES, M. Y.; SILVA, F. C. T. da. *História da agricultura brasileira*. Combates e controvérsias. São Paulo: Brasiliense, 1981.

LIMA, A. S. *Vítimas do ódio*: a luta pela terra em Tupã e a militância comunista no interior paulista. Marília: Faculdade de Filosofia e Ciências, Universidade Estadual Paulista, 2005.

LIMA, H.; ARANTES, A. *História da Ação Popular*: da Juc ao PC do B. São Paulo: Alfa-Ômega, 1984.

LIMA FILHO, A. G. *Resistência ou conformismo?* A ruptura política de Carlos Marighela com o PCB e as razões da ALN (1958-1964). Marília, 2003. Dissertação (Mestrado) – Faculdade de Filosofia e Ciências, Universidade Estadual Paulista.

LOUREIRO, W. N. *O aspecto educativo da prática política*. Goiânia: Centro Editorial e Gráfico da UFG, 1988.

LOURENÇO, F. A. *Agricultura ilustrada*: liberalismo e escravismo nas origens da questão agrária brasileira. Campinas: Editora da Unicamp. 2001.

MACIEL, A. *A história secreta* (prontuários do Dops). Recife: Bagaço, 2000.

MACIEL, D. *A argamassa da Ordem*: da ditadura militar à nova república (1974-1985). São Paulo: Xamã, 2004.

MAIA, C, L. *Estado, capital e poder local*: Goiatuba (1970-1987). Goiânia, 2000. Dissertação (Mestrado) – Instituto de Ciências Humanas e Filosofia, Universidade Federal de Goiás.

MALINA, S. *O último secretário*. Organização Francisco Inácio de Almeida. Brasília: Fundação Astrojildo Pereira/FAP, 2002.

MARIGHELA, C. et al. *A questão agrária no Brasil. Textos dos anos 60*, São Paulo: Brasil Debates, 1980.

MATHIAS, M. *Brasil e Mercosul*: paradoxos de uma política externa. São Paulo, 1999. Dissertação (Mestrado em Ciência Política) – Pontifícia Universidade Católica.

MATHIAS, M.; RODRIGUES, T. (Org.) *Política e conflitos internacionais*: interrogações sobre o presente. Rio de Janeiro: Revan, 2004.

MARTINS, J. de S. *Os camponeses e a política no Brasil*. Petrópolis: Vozes, 1981.

_____. *Não há terra para plantar este verão*. Petrópolis: Vozes, 1986.

MARX, K.; ENGELS, F. *Textos*. São Paulo: Ed. Sociais, 1975.

_____. *A ideologia alemã*. São Paulo: Hucitec, 1984.

MAZZEO, A. C. *Sinfonia inacabada*: a política dos comunistas no Brasil. Marília: Unesp- Marília- Publicações; São Paulo: Boitempo, 1999.

MEDEIROS, L. S. de. *A questão da reforma agrária no Brasil*, São Paulo, 1981. Dissertação (Mestrado) – Faculdade de Filosofia, Letras e Ciências Humanas, Universidade de São Paulo.

_____. *História dos movimentos sociais no campo*. Rio de Janeiro: Fase, 1989.

_____. *Lavradores, trabalhadores agrícolas, camponeses*: os comunistas e a constituição de classe no campo. Campinas. 1995. Tese (Doutorado em Ciências Sociais) – Instituto de Filosofia e Ciências Humanas, Universidade Estadual de Campinas.

MEDICI, A. *9 de novembro de 1947*: a vitória dos candidatos de Prestes. Santo André: Fundo de Cultura do Município de Santo André, 1999.

MIR, L. *A revolução impossível*: a esquerda e a luta armada no Brasil. São Paulo: Best-Seller, 1994.

MONIZ BANDEIRA, L. A. _____. *O feudo* – a Casa da Torre de Garcia d'Ávila: da conquista dos sertões à independência do Brasil. Rio de Janeiro: Civilização Brasileira, 2000.

_____. *O governo João Goulart*: as lutas sociais no Brasil, 1961-1964. Rio de Janeiro: Revan, 2003.

MOORE JÚNIOR, B. *As origens sociais da ditadura e da democracia*: senhores e camponeses na construção do mundo moderno. Lisboa: Edições Cosmo; São Paulo: Livraria Martins Fontes, 1975.

MORAES, D. de. *A esquerda e o golpe de 64*. Rio de Janeiro: Espaço e Tempo, 1989.

MORAES, D. de; VIANNA, F. *Prestes*: lutas e autocríticas. 2.ed. Petrópolis: Vozes, 1982.

MORAES, J. Q. Prefácio. In: FIGUEIREDO, J. R. *Modo de ver a produção no Brasil*. São Paulo: Educ; Campinas: Autores Associados, 2004. p.10.

_____. *A esquerda militar no Brasil*: da conspiração republicana à guerrilha dos tenentes. São Paulo: Siciliano; Expressão Popular, 1991, 2005.

MORAIS, C. dos S. História das Ligas Camponesas no Brasil. In: STÉDILE, J. P. (Org.) *História e natureza das Ligas Camponesas*. São Paulo: Expressão Popular, 2002.

MORAIS, T.; SILVA, E. *Operação Araguaia*: os arquivos secreto da guerrilha. São Paulo: Geração editorial, 2005.

MORALES, L. A. *Vai e vem, vira e volta*: as rotas dos soldados da borracha. São Paulo: Annablume, 2002.

MOTTA, R, P, S. *Em guarda contra o perigo vermelho*: o anticomunismo no Brasil (1917-1964) São Paulo: Perspectiva. Fapesp, 2002.

MOURA, M. F. de. *A questão democrática da crise orgânica do Partido Comunista Brasileiro (PCB)*: 1979-1987. Marília, 2005. Dissertação (Mestrado) – Faculdade de Filosofia e Ciências, Universidade Estadual Paulista.

MOURA E SOUZA, A. M. *Movimento Comunista Brasileiro*; guerrilha do Araguaia – Revanchismo. A grande verdade. Brasília: edição do autor, 2002.

NEIVA, I. *O outro lado da Colônia*. Brasília, 1984. Dissertação (Mestrado) – Universidade de Brasília.

OLIVEIRA JUNIOR, F. *História da Ação Popular*. Recife, 2000. Tese (Doutorado em História) – Universidade Federal de Pernambuco.

OSÓRIO, L. *Terras devolutas e latifúndio*. Campinas: Ed. da Unicamp, 1996.

PACHECO, E. *O Partido Comunista Brasileiro – 1922/1964*. São Paulo: Alfa-Ômega, 1984.

PADILHA, T. M. de A. *Lenin e a questão camponesa*: a preparação de uma teoria revolucionária e o papel dos camponeses russos (1898-

1907). Faculdade de Filosofia e Ciências, Universidade Estadual Paulista, 2006.

PAIVA, O. *Caminhos cruzados*: migração e construção do Brasil moderno (1930-1950). Bauru: Edusc, 2004.

PANDOLFI, D. *Camaradas e companheiros*: história e memória do PCB. Rio de Janeiro: Relume Dumará, 1995.

PCB: 20 anos de política – 1958-1979. São Paulo: Lech, 1980. (Série Documentos)

PENNA, L. de A. *República brasileira*. Rio de Janeiro: Nova Fronteira, 1999.

_____. *Caminhos da soberania nacional*: os comunistas e a criação da Petrobras. Rio de Janeiro: E-papers Serviços Editoriais Ltda., 2005.

PEREIRA, A. *Ensaios históricos e políticos*. São Paulo: Alfa-Ômega, 1979.

PEREIRA, C. O. da C. *Nas terras do rio sem dono*. Rio de Janeiro: Record, 1990.

PEREIRA, S. L. *De fazendeiros a agronegocistas*: aspectos do desenvolvimento capitalista em Goiás. São Paulo, 2006. Tese (Doutorado em Ciências Sociais) – Pontifícia Universidade Católica.

PESSOA, J. de M. *A revanche camponesa*. Goiânia: Editora da UFG, 1999.

PINTO, L. A. C. G. *Contag: uma organização contraditória*; Brasília: UnB, 1978.

PIRES, B. I. *Formoso e Trombas: a utopia real*. Goiânia: Faculdade de Educação, Universidade de Goiás, 1998.

PIOTTE, J. M. *El pensamiento político de Gramsci*. Barcelona: A. Redondo, 1972.

POMAR, V. V. da R. *Comunistas do Brasil*. Interpretações sobre a cisão de 1962. São Paulo, 2000. Dissertação (Mestrado em História) – Faculdade de Filosofia, Letras e Ciências Humanas, Universidade de São Paulo.

PORTELLI, H. *Gramsci e o Bloco Histórico*. Rio de Janeiro: Paz e Terra, 1987.

PRADO JUNIOR, C. *A questão agrária*. São Paulo: Brasiliense, 1981.

_____. *A revolução brasileira*. 7.ed. São Paulo: Brasiliense, 1987.

PRESTES, L. C. Como enfrentar o problema da revolução agrária e antiimperialista. In: CARONE, E. *O PCB (1943-1964)*. São Paulo: Difel, 1982.

_____. *Carta aos comunistas*. São Paulo: Alfa-Ômega, 1980.

PRESTES, M. *Meu companheiro*: 40 anos ao lado de Luiz Carlos Prestes. Rio de Janeiro: Rocco, 1992.

PRIORI, A. A. *A revolta camponesa de Porecatu*. A luta pela defesa da terra camponesa e a atuação do Partido Comunista Brasileiro (PCB) no campo (1942- 1952). Assis. 2000. Tese (Doutorado em História e Sociedade) – Faculdade de Ciências e Letras, Universidade Estadual Paulista.

PUREZA, J. *Memórias camponesas*. Rio de Janeiro: Marco Zero, 1982.

REIS, D. *A luta de classes no Brasil e o PCB*. São Paulo: Novos Rumos, 1981. v.1 e 2.

REIS FILHO, A. *A revolução faltou ao encontro*. São Paulo: Brasiliense; 1996.

REIS FILHO, A.; SÁ, J. F. (Org.) *Imagens da revolução*: documentos políticos das organizações clandestinas de esquerda dos anos 1961-1971. 2.ed. São Paulo: Expressão Popular, 2006.

RICCI, R. *Terra de ninguém*: representação rural no Brasil. Campinas: Ed. da Unicamp, 1999.

RIDENTI, M. *O fantasma da revolução brasileira*. São Paulo: Ed. UNESP, 1993.

RODRIGUES, L. M. O PCB: os dirigentes e a organização. In: FAUSTO, B. (Coord.) *O Brasil republicano*. Sociedade e política (1930-1964). 3.ed.. São Paulo: Difel, 1986. (História da Civilização Brasileira, III)

ROLLEMBERG, D. *O apoio de Cuba à luta armada no Brasil*: o treinamento guerrilheiro. Rio de Janeiro: Mauad, 2001.

RUCKERT, S. J. *Persuasão e ordem*: e escola de quadros do Partido Comunista do Brasil na década de 50. São Paulo: Vértice/Anpocs, 1988.

SADER, E. *Quando novos personagens entram em cena*: experiências e lutas dos trabalhadores na grande São Paulo (1970/1980). Rio de Janeiro: Paz e Terra, 1988.

SALES, J. R. *PC do B – propostas teóricas e prática política, 1962-1974*. Campinas, 2000. Dissertação (Mestrado em História) – Instituto de Filosofia e Ciências Humanas, Universidade Estadual de Campinas.

SAMPAIO, J. de F. R. *A história da resistência dos posseiros de Porangatu - GO*: 1940-1964. Goiânia, 2003. Dissertação (Mestrado) – Faculdade de Ciências Humanas e Filosofia, Universidade Federal de Goiás.

SANTANA, M. A. *Homens partidos*: comunistas e sindicatos no Brasil. Rio de Janeiro: Unirio; São Paulo: Boitempo Editorial, 2001.

SANTOS, A. P. et al. *Vozes da Marcha pela Terra*. São Paulo: Loyola, 1998.

SANTOS, G. R. dos. *A Trajetória de um Comunista* / Geraldo Rodrigues dos Santos. Organização Lincoln de Abreu Penna. Rio de Janeiro: Revan, 1997.

SANTOS, J. V. T. dos. (Org.) *Revoluções camponesas na América Latina*. São Paulo: Ícone; Campinas: Ed. da Unicamp, 1985.

SANTOS, O. O programa do Partido, a questão agrária, a organização e a luta dos camponeses. *Problemas*, n.64, IV Congresso do Partido Comunista do Brasil. s.d.

SANTOS, R. *A primeira renovação pecebista*: reflexos do XX Congresso do PCUS no PCB (1956-1957). Belo Horizonte: Oficina de Livros, 1988.

_____. *O pecebismo inconcluso*: escritos sobre idéias políticas. Rio de Janeiro: Editora da Universidade Rural, 1994.

_____. *Questão agrária e política*: Autores pecebistas. Rio de Janeiro: Edur, 1996.

SECCO, L. *Gramsci e o Brasil*: recepção e difusão e suas idéias. São Paulo: Cortez, 2002.

SCHILING, P. R. *Como se coloca a Direita no Poder*. São Paulo: Global, 1979.

SEGATTO J. A. *Reforma e revolução*: as vicissitudes políticas do PCB (1954-1964). Rio de Janeiro: Civilização Brasileira, 1995.

SHANIN, T. *A classe incômoda* – a casa camponesa russa na virada do século (Mimeogr.). s.d.

SILVA, O. H. da. *A foice e a cruz*: comunistas e católicos na história do sindicalismo dos trabalhadores rurais do Paraná. Curitiba: Rosa de Bassi Gráfica e Editora, 2006.

SOARES, A. R. *Formação histórica e papel do setor estatal da economia brasileira* – 1930-1989. São Paulo: Lume, 1991.

_____. *A ditadura e seu legado*: subsídios à crítica acerca da ditadura militar de 1964-1985. São Paulo: Clíper Editorial, 2004.

SOARES, G. A. D. *A questão agrária na América Latina*. Rio de Janeiro: Zahar, 1976.

SODRÉ, N. W. *Introdução à revolução brasileira*. 3.ed. Rio de Janeiro: Civilização Brasileira, 1967.

_____. *História da burguesia brasileira*. 3.ed. Rio de Janeiro: Civilização Brasileira, 1976.

_____. *Capitalismo e revolução burguesa no Brasil*. Belo Horizonte: Oficina de Livros, 1990.

_____. *Formação histórica do Brasil*. 14.ed. Rio de Janeiro: Graphia, 2002.

STALIN, J. *O marxismo e o problema nacional e colonial*. São Paulo: Lech, 1979.

STARLING, H. M. M. *Os senhores das Gerais*: os novos inconfidentes e o golpe de 1964. Petrópolis: Vozes, 1986.

STÉDILE, J. P. (Org.) *A questão agrária no Brasil*. V.1: O debate tradicional: 1500-1960; V.2: O debate na esquerda: 1960-1980; V.3: Programas de reforma agrária: 1946-2003. São Paulo: Expressão Popular, 2005.

_____. *História e natureza das Ligas Camponesas*. São Paulo: Expressão Popular, 2002.

STEIN, L. de M. *A construção do sindicato de trabalhadores agrícolas no Brasil (1954 a 1964)*. Campinas, 1997. Tese (Doutorado em Ciências Sociais) – Instituto de Filosofia e Ciências Humanas, Universidade Estadual de Campinas.

STUDART, H. *A Lei da Selva*: estratégias do imaginário e discurso dos militares sobre a guerrilha do Araguaia. São Paulo: Geração Editorial, 2006.

TEIXEIRA, M. D. L. *Mauro Borges e a crise política de 1961 em Goiás*: o movimento da legalidade. Brasília: Senado Federal, Centro Gráfico, 1994.

TELLES, J. de A. *Os herdeiros da memória*: a luta dos familiares de mortos e desaparecidos políticos por verdade e justiça no Brasil. São Paulo, 2005. Dissertação (Mestrado) – Faculdade de Filosofia, Letras e Ciências Humanas, Universidade de São Paulo.

TÉRCIO, J. *A espada e a balança*: crime e política no Banco dos Réus. Rio de Janeiro: Jorge Zahar, 2002.

THIOLLENT, M. *Crítica metodológica, investigação social e enquete operária*. São Paulo: Pólis, 1982.

TOPALOV, C. *Estruturas agrárias brasileiras*. Rio de Janeiro: Francisco Alves, 1978.

TSÉ-TUNG, M. *Obras escolhidas*. São Paulo: Alfa-Ômega, 1979. v.3 e 4.

VELHO, O. *Capitalismo autoritário e campesinato*. São Paulo: Difel, 1976.

VERA, N. *O 1º Encontro Camponês de Goiânia*, nov. 1963, Brasiliense, n.50 (Mimeogr.)

VIETEZ, C. G. *Reforma nacional-democrática e contra-reforma*: a política do PCB no coração do ABC Paulista, 1956-1964. Santo André: Fundo de Cultura do Município de Santo André, 1999.
VIANNA, M. de A. G. *Revolucionários de 35*: sonho e realidade. São Paulo: Cia. das Letras, 1992.
VINHAS, M. *O Partidão*. São Paulo: Hucitec, 1982.
VVAA. *A história do marxismo no Brasil*. Campinas: Unicamp, 1995-2004. 6v.
WELCH, C. *Lutas camponesas no Interior paulista*: memórias de Irineu Luís de Moraes. São Paulo: Paz e Terra, 1992.
WHITAKER, D. C. A. *Sociologia rural*: questões metodológicas emergentes. Presidente Venceslau: Letras a Margem, 2002.
WOLF, E. *As guerras camponesas do século XX*. São Paulo: Global, 1984.
ZAIDAN, M. *PCB (1922-1929)*: na busca de um marxismo nacional. São Paulo: Global, 1985.

Periódicos comunistas

- *Novos Rumos*
- *Terra Livre*
- *Estudos Sociais*
- *Voz Operária*
- *Tribuna Popular*
- *Problemas*
- *Revista Temas de Ciências Humanas*
- *Voz da Unidade*

Outros periódicos

- *Manchete*
- *O Cruzeiro*
- *O Estado de S. Paulo*
- *Jornal da Tarde*
- *A Nova Democracia*

Outras fontes documentais

Arquivo do Instituto Astrojildo Pereira Cultural, São Paulo (sob a guarda do Cedem-Unesp).
Arquivo do Cedem – Centro de Documentação e Memória da Unesp – Universidade Estadual Paulista - São Paulo.
Arquivo do Centro da Memória Sindical – São Paulo.
Arquivo do Dops – Universidade Federal de Goiás.
Arquivo Edgar Leuenroth, Universidade Estadual de Campinas (Unicamp), Campinas.
Arquivo Lyndolpho Silva – CPDA – Universidade Federal Rural do Rio de Janeiro.
Arquivo do Instituto Cultural Roberto Morena, São Paulo (sob a guarda do Cedem-Unesp).
Arquivo do Centro Cultural Vergueiro (São Paulo).

Filmes e documentários

- *O tronco* – João Batista de Andrade – 1999.
- *Cadê Porfírio* – Hélio de Brito – 2004.
- *Araguaya, conspiração do silêncio* – Ronaldo Duque – 2004.

SOBRE O LIVRO

Formato: 14 x 21 cm
Mancha: 23,7 x 42,5 paicas
Tipologia: Horley Old Style 10,5/14
Papel: Offset 75 g/m² (miolo)
Cartão Supremo 250 g/m² (capa)
1ª edição: 2007

EQUIPE DE REALIZAÇÃO

Coordenação Geral
Marcos Keith Takahashi

Impressão e acabamento